DIRECTEURS DE COLLECTION ET AUTEUR
Dominique AUZIAS
et Jean-Paul LABOURDETTE

AUTEURS
Guillaume EUSTACHE,
Jean-Paul LABOURDETTE,
Dominique AUZIAS et alter

DIRECTEUR ÉDITORIAL
Stéphan SZEREMETA

RÉDACTION
Briséis TEMPLE-BOYER, Désirée DEBANT, Emilie SAINT-PASTOU, Nicolas WODARCZAK, Clémence HUBERT, Laure CHATAIGNON, Morgane VESLIN, Pierre-Yves SOUCHET, Henri FRUNEAU.

MAQUETTE ET MONTAGE
Delphine PAGANO, Julie BORDES, Romain AUDREN

ICONOGRAPHIE CARTOGRAPHIE
Anne DIOT, Julien DOUCET

DIRECTION GÉNÉRALE
Louis AUZIAS

DIRECTRICE DES VENTES
Bénédicte MOULET assistée d'Aissatou DIOP

RESPONSABLE DES VENTES
Jean-Pierre GHEZ assisté de Nelly BRION

RELATIONS PRESSE-PARTENARIATS
Noémie BOIDANA

DIRECTRICE DES RESSOURCES HUMAINES
Dina BOURDEAU assistée de Sandra DOS REIS et Eva BAELEN

DIRECTRICE ADMINISTRATIVE ET FINANCIÈRE
Valérie DECOTTIGNIES

COMPTABILITÉ
Guillaume PETIT, Aminata BAGAYOKO, Franck LAHADY et Touria ZENASNI

RECOUVREMENT
Fabien BONNAN assisté de Sandra BRIJLALL

NORMANDIE
DURABLE & RESPONSABLE

LES NOUVELLES ÉDITIONS DE L'UNIVERSITÉ
18, rue des Volontaires - 75015 Paris.
✆ 01 53 69 70 00 - Fax 01 42 73 15 24
Internet : www.petitfute.com
SAS au capital de 1 000 000 €
RC PARIS B 309 769 966
Couverture : © AdobeFirefly
Impression : IMPRIMERIE CHIRAT 42540 Saint-Just-la-Pendue
Achevé d'imprimer : octobre 2024
Dépôt légal : novembre 2024
ISBN : 9782305118253

Pour nous contacter par email, indiquez le nom de famille en minuscule suivi de @petitfute.com
Pour le courrier des lecteurs : info@petitfute.com

RECYCLÉ
Papier fait à partir de matériaux recyclés
FSC® C074713

NORMANDIE, CE SEUL NOM, CONNU DU MONDE ENTIER, EST AUSSI UNE DESTINATION À PART ENTIÈRE.

Il existe en effet plusieurs Normandie : la maritime, qui elle-même présente des aspects différents, la verte, qu'elle soit escarpée, faite de plaines ou de coteaux, la mémorielle, notamment là où l'incroyable armada alliée a débarqué en juin 1944, la culturelle, aux innombrables musées et au patrimoine unique.

Dans ce guide, vous allez pouvoir, dans une première partie, mieux connaître la région, au travers de grandes thématiques. Ensuite, nous vous invitons à découvrir la Normandie au moyen de 9 grands parcours, chacun sillonnant un ensemble géographique cohérent. Mais ici, nous vous proposons surtout de sortir des sentiers battus en découvrant les lieux immanquables de la région, mais aussi des petits producteurs biologiques, des chemins inconnus, des espaces naturels préservés, un patrimoine admirablement mis en avant.

L'ensemble peut se réaliser avec des moyens de transport doux, pour peu que vous disposiez du temps nécessaire : une manière de découvrir différemment la région. Bienvenue en Normandie !

SOMMAIRE

DÉCOUVERTE

BIODIVERSITÉ

PATRIMOINE MATÉRIEL

PATRIMOINE IMMATÉRIEL

LES PARCOURS

ÉCO-VOYAGEUR

DÉCOUVERTE

Trouville-sur-Mer, Calvados. © ROSSHELEN - ISTOCKPHOTO.COM

La Normandie, terre des Hommes du Nord, attire depuis des siècles les plus grands conquérants. D'abord envahie par les Vikings, dont on trouve des vestiges sur tout le territoire, ce sont ensuite les personnages de Guillaume le Conquérant, Jeanne d'Arc et Richard Cœur de Lion qui façonnent l'histoire de la région. Plus récemment, le Débarquement des Alliés en juin 1944 a marqué les mémoires et forgé son identité. Sa nature préservée et l'incroyable diversité de ses paysages – entre vallons, marais, campagne bocagère, littoral et hautes falaises – en font un écrin pour la biodiversité que les acteurs territoriaux tiennent à préserver. Sa gastronomie ne serait rien sans ses espèces culturales comme ses pommiers, ses poiriers et ses fameuses vaches normandes, essentielles pour l'élaboration de la crème et du camembert ! L'histoire a forgé le patrimoine bâti de la région, et ses maisons à colombages, ses bunkers et le pont de Normandie attestent d'une région mouvante. Berceau de l'impressionnisme, la Normandie fait la part belle à la peinture, la littérature, la musique ou même au cinéma… Vous allez être conquis !

PAYSAGES MARINS

LA CÔTE D'ALBÂTRE

Elle épouse la majeure partie du littoral de la Seine-Maritime, dont elle est l'un des emblèmes. Elle tient son nom de la couleur blanche de ses falaises, et de l'eau lorsque la craie de ces dernières s'y dissout, qui peuvent atteindre plus de 120 mètres de hauteur. Si leur accès est strictement réglementé – les éboulements sont fréquents –, elles sont parfois entrecoupées d'échancrures naturelles de taille plus ou moins importante, laissant place à de jolis ports : Fécamp, Dieppe ou encore Saint-Valery-en-Caux. Sans oublier l'incontournable Étretat, connue pour les arches formées par ses falaises, qui est une destination à part entière. C'est aussi le paradis des peintres, et des oiseaux, qui peuvent nicher sans être dérangés sur les parois inaccessibles pour l'homme.

LA CÔTE DE GRÂCE

Elle est courte, touristique et atypique. La côte de Grâce s'étend de Trouville à Honfleur : en quelques kilomètres, vous passez ainsi de la mer à l'estuaire de la Seine. On savourera l'anecdote qui donna son nom à ces quelques kilomètres de rivage : Robert le Magnifique, duc de Normandie, fit ériger une chapelle après avoir survécu à une terrible tempête. Cette dernière, détruite par un éboulement au XVIe siècle, fut remplacée par une seconde, sur la colline surplombant le fleuve : c'est Notre-Dame-de-Grâce.

Falaises d'Étretat.

Si les deux cités portuaires encadrant cette côte sont bien connues, on n'oubliera pas de s'arrêter, en parcourant la départementale qui la longe, sur les petites plages de Villerville, Cricquebœuf et Pennedepie – cette dernière étant séparée de la terre ferme par un joli petit marais éponyme. Au loin, le tumulte industriel du Havre vous fait savourer la quiétude des lieux. Un conseil : découvrir les lieux à vélo vous permet non seulement d'éviter les bouchons en été, mais aussi de prendre le temps de parcourir une côte qui mérite mieux qu'un simple passage.

LA CÔTE FLEURIE

Si vous n'êtes pas familiers des dénominations des côtes normandes, quelques repères géographiques vous permettront de localiser facilement celle appelée « Fleurie » : il vous suffit de tirer un trait depuis l'embouchure de l'Orne jusqu'à Deauville, à l'est. Sur quelques dizaines de kilomètres s'étirent petites villes balnéaires et stations cossues. Ces dernières, à commencer par Deauville, bien sûr, mais aussi Cabourg, comptent de nombreuses merveilles architecturales constituées de villas, érigées entre la seconde moitié du XIXe siècle, et le début du XXe. Entre ces deux villes, les petites villes côtières se succèdent : Houlgate, Villers, Blonville ou Bénerville par exemple. Vous êtes ici à l'extrême nord du Pays d'Auge, qui s'échoue dans la Manche par de belles falaises : appelées « Vaches Noires», elles sont comme une coupure naturelle, divisant la côte Fleurie en deux parties de longueurs équivalentes. Protégées, celles-ci ne sont pas accessibles, et pour cause : elles accueillent des espèces protégées telles que la poule d'eau, le pic-vert et d'autres oiseaux. Au fait, pourquoi ce nom de « Côte Fleurie », apparu au tout début du dernier siècle ? Les avis divergent : certains estiment que les pommiers en fleurs, dans l'arrière-pays, expliquent ce nom. D'autres pensent qu'il s'agit des jardins colorés des belles demeures. Plus prosaïques, ces derniers affirment qu'il s'agit d'une invention touristique, fruit de l'imagination de décideurs locaux qui souhaitaient donner un nom susceptible d'attirer les visiteurs. Quoi qu'il en soit, cette côte-là mérite bien une visite !

LA CÔTE DE NACRE

Elle mesure une quinzaine de kilomètres, de Ouistreham, à l'est, jusqu'à Courseulles-sur-Mer, à l'ouest, et sa vocation est principalement balnéaire. La côte de Nacre compte ainsi plusieurs stations de tourisme estival, comme Lion-sur-Mer ou Hermanville. Peu d'espaces sauvages, mais pas d'urbanisation anarchique non plus : ce sont de petites maisons, dont certaines qui ne manquent pas d'intérêt architectural, principalement celles construites au début du dernier siècle. Ici et là, un cordon dunaire est soigneusement entretenu, parfois inaccessible, afin de préserver le littoral des assauts de la mer.

LA CÔTE DU BESSIN

Elle couvre la partie ouest du Calvados, depuis Courseulles jusqu'à Isigny. C'est bien cette délimitation géographique, et non l'uniformité des rivages, qui est considérée ici. Car la côte du Bessin, ce sont en effet plusieurs côtes. À l'est, les activités balnéaires et de petites stations très fréquentées l'été, comme Courseulles-sur-Mer. Au centre, les falaises, entrecoupées rarement, laissant place au port de pêche de Port-en-Bessin-Huppain notamment. À l'ouest, l'embouchure de la Vire, dont la rive est marque la limite occidentale. Mais cette côte, sauvage et dont l'écosystème vit au rythme des marées, c'est aussi un lieu de mémoire mondialement connu. En effet, c'est en partie là que sont arrivés, un certain 6 juin 1944, les soldats alliés pour libérer l'Europe du joug nazi. Omaha Beach, la pointe du Hoc, le port artificiel d'Arromanches et les cimetières militaires, tournés vers la mer, sont autant d'étapes indispensables fréquentées chaque année par des milliers de visiteurs.

LA CÔTE DES HAVRES

Entre Portbail et Granville, la côte ouest du Cotentin n'est pas la plus fréquentée : et pourtant ! Vous qui cherchez des espaces préservés, cette côte s'étirant selon un axe nord-sud vous réserve de belles surprises. Régulièrement, celle-ci s'ouvre et laisse la mer s'engouffrer, lorsque la marée est haute, dans ce qui apparaît comme des ports naturels. La côte des havres : le nom a le mérite de la simplicité. Ces abris, protégés de la Manche par des bancs de sable parfois surmontés de dunes, sont au nombre de huit et, tous, uniques.

À marée basse, la mer se retire loin, parfois à plus d'un kilomètre. À marée haute, les havres se remplissent, les mâts des bateaux échoués se redressent à mesure que la mer soulève ceux-ci, et le spectacle se reproduit à deux reprises chaque jour. De Regnéville (le plus vaste, qui ne couvre pas moins de 1 800 hectares) à ceux de Geffosses ou de la Vanlée, ils sont bordés de petits villages, et les cabines de bain de Gouville-sur-Mer, toutes colorées, donnent à l'ensemble un sentiment de « jamais vu ».

Les amateurs de pêche pourront découvrir une méthode artisanale, totalement oubliée et dont il reste ici un témoignage encore utilisé : une pêcherie. Le principe ? Sur la plage à marée basse, à environ deux kilomètres de la côte, vous distinguez deux haies de bois formant un V, l'ensemble se retrouvant en un cercle : simple et efficace, ce système séculaire, toujours en service, permet de piéger le poisson : on est bien loin de la pêche intensive.

L'ESTUAIRE DE LA SEINE

Du pont de Tancarville à la Manche, l'estuaire de la Seine est l'un des plus spectaculaires d'Europe. Aussi large que celui de la Loire lorsque l'eau du fleuve rejoint la mer – ou l'océan – il a marqué pendant près de cinquante ans la limite entre les deux Normandie, séparée de 1968 à 2015 entre « haute » et « basse ». D'une importance commerciale stratégique, puisque, au-delà du port de Rouen, il est la porte maritime de l'agglomération parisienne, il présente deux aspects distincts : au nord, l'industrielle ville du Havre, et au sud, la touristique Honfleur, aux alentours huppés. C'est le lieu où les bords du fleuve se mélangent petit à petit, à mesure que l'on approche de la Manche, au sable, donnant naissance à de petites plages. Les milieux saumâtres, qui caractérisent le mélange des eaux douces et salées, donnent naissance à de nombreuses roselières : l'activité de la coupe des roseaux est bien présente ici. Dans l'estuaire, civelles et anguilles sont nombreuses, et les phoques y reviennent petit à petit. C'est aussi le paradis des oiseaux, dont la panure à moustaches ou les différents échassiers. Paradoxal, l'estuaire combine ainsi l'intense activité humaine tout en préservant de vastes espaces naturels. Emblème des lieux, le pont de Normandie, inauguré en 1995, achève de relier deux Normandie qui se faisaient face, et sont désormais réunies.

LA BAIE DES VEYS

Son nom est peu connu, et pourtant ! Elle marque la limite est, entre les départements du Calvados et de la Manche, et constitue un vaste estuaire, aussi large que celui de la Seine. Ce sont quatre fleuves qui rejoignent ici la mer : la Vire, l'Aure, la Taute et la Douve. Le marnage y est extrêmement important. Alors à marée haute, les bateaux peuvent y suivre deux chenaux, l'un vers Carentan-les-Marais, l'autre vers Isigny-sur-Mer. Lorsque la mer se retire, très loin, ce sont plusieurs kilomètres carrés qui sont ainsi découverts.

Côté flore, la végétation évolue selon la présence de l'eau de mer, et change rapidement selon que l'on se rapproche du trait de côte. Côté faune, les types d'oiseaux sont particulièrement nombreux, du chevalier arlequin à l'huîtrier pie en passant par la barge rousse et le courlis cendré. Mais l'animal le plus connu et le plus recherché reste le phoque veau-marin. Les lieux, en dehors des sentiers battus touristiques, constituent une réserve exceptionnelle pour ces derniers, qui y vivent en nombre.

Si vous souhaitez découvrir l'endroit, un passage par la Maison du Parc est impératif pour prendre les précautions nécessaires : la marée remonte vite, et les lieux sont le plus souvent dépourvus de toute présence humaine.

LE VAL DE SAIRE

Bordé par la mer, le Val de Saire se repère facilement sur une carte géographique : prenez le Cotentin, et faites glisser votre regard vers l'est. Il s'agit en effet de la pointe nord-orientale de la presqu'île. Son nom, qui rappelle le fleuve d'une trentaine de kilomètres qui serpente entre les collines pour se jeter dans la Manche à Réville, masque sémantiquement une côte splendide et peu fréquentée.

Sur quelques dizaines de kilomètres se succèdent petites plages de sable blond et espaces rocheux. Les cultures maraîchères, réputées, bordent le rivage, profitant autant de la pluviométrie que des sols sablonneux : idéal pour donner des produits d'exception, dûment labellisés et très recherchés. Ses ports de pêche sont autant de lieux de découverte : Barfleur et Saint-Vaast-la-Hougue vivent au rythme des marées.

Plus loin, l'île Tatihou, témoignage du génie de Vauban (voir la partie « patrimoine immatériel »), accessible en marchant lorsque la mer s'est retirée, est devenue l'un des principaux sites culturels du Cotentin, de nombreux événements y étant organisés. Certains estiment que la côte y est légèrement plus fraîche que celle de l'ouest de la presqu'île, cette dernière étant davantage influencée par la douceur du Gulf Stream : la différence est minime et, totalement préservé, le rivage est autant propice aux plaisirs balnéaires qu'aux découvertes naturelles. C'est là, notamment, que se trouve l'étang de Gattemare séparé de la mer par un cordon dunaire. Ses 39 hectares sont protégés par le Conservatoire du Littoral, et accueillent cormorans, hérons cendrés et aigrettes blanches. Cette cohabitation eau douce/eau salée est un peu à l'image du Val de Saire, où le vert n'est jamais loin du bleu.

LA HAGUE

À l'extrémité nord-ouest de la presqu'île du Cotentin, la Hague est un territoire naturel à part entière. Si, au début des années 1960, les pouvoirs publics ont curieusement choisi cette zone pour y implanter une usine de retraitement de déchets nucléaires, elles l'ont installée sur les hauteurs, permettant de préserver une côte découpée par les falaises, les criques et les petites anses, vierges de constructions imposantes et où la nature a tous les droits.

Beaucoup y voient un petit morceau d'Irlande, et le meilleur moyen de parcourir la côte est assurément en marchant, lorsque le sentiment d'immensité, avec le bleu de la mer d'un côté, et les mille couleurs de la nature de l'autre vous procurent un sentiment unique. Les plus hautes falaises d'Europe, à Jobourg ; le cap de la Hague balayé par les vents, mais aussi Port-Racine, le plus petit port de France construit en roches locales, sont autant de merveilles à découvrir.

Nez de Jobourg.
© IGOR PLOTNIKOV - SHUTTERSTOCK.COM

LA BAIE DU MONT-SAINT-MICHEL

Elle débute à Cancale, en Bretagne, à l'ouest, et se termine au nord, à Granville. À cheval sur les deux régions, cette immense baie est aussi le lieu des marées parmi les plus fortes d'Europe. Si la légende dit que l'eau remonte à la vitesse d'un cheval au galop, on gardera certes la belle image en tête, mais on tempérera les ardeurs : elle remonte certes vite, mais pas autant ! Toutefois, le marnage peut atteindre à certains endroits 15 mètres : si vous traversez la baie, faites l'exercice d'imaginer un immeuble de 4 étages, l'effet est saisissant !

Ici, se jettent la Sée, la Sélune et le Couesnon. Sous l'effet des allers et retours de la marée, le sable et les alluvions forment un mélange parfois dangereux lors de la traversée pédestre des lieux, que l'on vous recommande de ne surtout pas effectuer seul. Au cœur de la baie, deux résurgences du Massif armoricain forment deux îles : le rocher de Tombelaine, inhabité, et surtout, bien évidemment, le Mont-Saint-Michel. Mondialement connu, cet îlot sur lequel l'homme a réalisé l'une des plus incroyables prouesses architecturales, travail de près d'un millénaire, et le plus fréquenté des lieux touristiques. Pour son plus grand malheur parfois, car l'afflux de touristes a favorisé la construction d'une digue-route, laquelle a complètement désorganisé pendant des décennies l'écosystème local, empêchant le passage de la mer pour, au final, ensabler la baie. Après des années de travaux, la digue a été supprimée, remplacée par une passerelle piétonne, redonnant au Mont son caractère maritime, et offrant à la nature la possibilité de reprendre ses droits.

LES PLAGES PAVILLON BLEU

Elles peuvent être de longues étendues de sable ou de galets, se situer au pied de falaises ou de dunes ou prendre place dans une petite crique. Les plages normandes sont multiples, et bon nombre d'entre elles sont labellisées « Pavillon Bleu ». Au-delà de la qualité de l'eau, ce sont aussi des actions de préservation des lieux, via notamment des possibilités de réduire son impact environnemental, qui sont proposées. Peu le savent, mais le Pavillon Bleu, ce sont les plages, mais aussi les ports de plaisance !

Ces derniers sont primés s'ils mettent en place des activités environnementales pour les navigateurs. L'année dernière, 19 plages normandes étaient élues « Pavillon Bleu » : 11 dans la Manche, 5 en Seine-Maritime et 3 dans le Calvados. Du côté des plaisanciers, 10 ports étaient également primés – ces derniers n'étant généralement pas très loin des plages précitées. Bilan : l'eau est propre en Normandie !

La baie du Mont-Saint-Michel.

LES ÎLES

En Normandie, et notamment à l'ouest de celle-ci, l'horizon maritime est parsemé d'îles. Passage en revue de ces petits joyaux facilement accessibles. Passage en revue exhaustif.

LES ÎLES CHAUSEY

À seulement 17 kilomètres au large de Granville, dont il fait administrativement partie, l'archipel des îles Chausey, entièrement interdit aux voitures, est un univers à part. Unanimement considéré comme splendide, celui-ci compte une cinquantaine de petites îles à marée haute, et bien davantage à marée

basse. Plage de sable blond, granit affleurant tout juste de l'eau, petites criques se succèdent : la mer, turquoise aux beaux jours, dresse un cadre unique. L'idéal est de dormir une nuit sur place pour savourer la quiétude, et la beauté des lieux.

LES ÎLES ANGLO-NORMANDES

Elles sont cinq îles principales, plus quelques îlots, et font face à l'ouest du Cotentin. Dépendances de la Couronne britannique, mais ne faisant pas pour autant partie du Royaume-Uni, Jersey, Guernesey, Aurigny, Sercq et Herm présentent des côtes découpées similaires à celles que l'on peut voir à La Hague, à quelques dizaines de kilomètres. La visite vaut également pour le dépaysement linguistique : on y parle anglais, on y vit à l'anglaise (conduite à gauche !), à une trentaine de kilomètres de la France seulement.

LES AUTRES ÎLES

Hormis quelques bancs de sable qui affleurent à la surface de l'eau et des îles précitées, la Normandie compte peu d'îles. Tout juste signalera-t-on l'archipel des îles Saint-Marcouf, face à la commune éponyme, à l'est du Cotentin. Inhabité, il est constitué de l'île de Terre et de l'île de Large, et est interdit d'accès. Eden des cormorans et des goélands, l'île de Terre constitue une réserve ornithologique, de laquelle on ne peut s'approcher qu'en bateau. Plus au nord, la petite île de Tatihou, accessible à marée basse, est devenue, avec son fort, un lieu touristique et culturel. À l'extrême sud-ouest de la région, enfin, impossible de ne pas mentionner le Mont-Saint-Michel, qui a retrouvé son caractère insulaire il y a quelques années. Située à environ deux kilomètres au nord du Mont, la petite île de Tombelaine, dont le surnom de « rocher » témoigne de la faible superficie, est le refuge des oiseaux de la vaste baie.

Île de Jersey

© VFKA - iStockphoto.com

LA NORMANDIE INTÉRIEURE

LA SUISSE NORMANDE

C'est un territoire aux confins du Calvados et de l'Orne, et qui mérite bien son surnom. Si le qualificatif de « Suisse » est attribué un peu partout en France de manière parfois un peu trop facile, en ces lieux, on comprend vraiment pourquoi. Si les altitudes ne dépassent pas les 400 mètres (c'est-à-dire moins qu'au Signal d'Écouves, plusieurs dizaines de kilomètres au sud), l'encaissement des rivières, à commencer par l'Orne, ont créé des paysages de toute beauté, pouvant en effet rappeler la moyenne montagne.

La neige y tombe davantage que dans le reste de la Normandie, et les roches gréseuses émergent des forêts, nombreuses ici. Un tourisme vert s'y est développé : on est loin de hordes de touristes que l'on peut voir sur la côte, à une quarantaine de kilomètres au nord, mais on pratiquera avec plaisir le kayak, la tyrolienne ou l'escalade. Vous aurez peut-être également la possibilité d'y découvrir la loutre d'Europe, dont il s'agit du seul peuplement en Normandie.

LE PERCHE

Certains ont un peu de difficultés à situer le Perche sur une carte géographique : cette région naturelle est à cheval entre l'Orne, l'Eure-et-Loir et une petite partie du Loir-et-Cher.

La Suisse normande.

Espace de transition entre la Normandie orientale et le bassin parisien – un peu comme le Vexin, plus au nord – elle se caractérise par des plateaux, des collines et des vallées qui, sans atteindre les hauteurs observées en Suisse Normande, sont les dernières résurgences du Massif armoricain. À cheval sur les bassins versants de la Seine et de la Loire, elle compte de nombreux cours d'eau, et l'agriculture y est très présente. Elle compte également de nombreuses forêts, et la majeure partie de son territoire est couvert par le Parc naturel régional du Perche. L'inventaire écologique mené par ce dernier a permis de comptabiliser une riche biodiversité : 164 espèces d'oiseaux, 11 espèces de reptiles et 49 espèces de mammifères. Dans un autre registre, le Perche est le lieu de villégiature de nombreux Parisiens, attirés par la proximité relative de la capitale, et en quête de résidences secondaires dans un cadre splendide et facile d'accès.

LE VEXIN NORMAND

Ce territoire situé au nord-est du département de l'Eure fait la jonction entre l'Île-de-France, et notamment le département du Val-d'Oise, et la Normandie. Dans sa globalité, le Vexin est à cheval sur ces deux départements, bien que la majeure partie soit bel et bien côté province ! Cet ancien comté était déjà divisé en deux parties sensiblement simi-

Abbaye de Mortemer.
© JONATHAN - STOCK.ADOBE.COM

laires par le traité de Saint-Clair-sur-Epte en 911 ! Si la partie francilienne est regroupée au sein du Parc naturel régional éponyme, rien de tel en Normandie pour le moment. Le Vexin normand allie agriculture et forêts, il est également riche d'une longue histoire. Les abbayes, collégiales et châteaux sont nombreux, aux Andelys, au Mesnil-Verclives ou Lisors (abbaye de Mortemer).

LA SEINE NORMANDE

Sur sa partie normande, la Seine est un vaste fleuve, qui termine sa course dans l'apothéose de son vaste estuaire. Si elle peut se diviser en plusieurs bras, l'amplitude des marées s'y fait sentir jusqu'au barrage de Poses, à Amfreville-sous-les-Monts, à environ 150 kilomètres du Havre. Son cours, en allant de l'amont vers l'aval, longe de jolies petites villes, dont Vernon, porte d'entrée normande et Giverny, réputée pour ses peintres impressionnistes. Son cours réalise des dizaines de méandres, se faufilant entre les falaises de craie qui l'entourent. Si les péniches peuvent l'emprunter sur la totalité de son parcours normand, le commerce de marchandises est intense jusqu'à Rouen, port principalement céréalier, qui est le dernier depuis la mer à pouvoir accueillir des cargos à fort tonnage. Une fois « la ville aux cent clochers » passée, la Seine continue son chemin, passant successivement sous trois hauts ponts : Brotonne, Tancarville et le pont de Normandie. Afin de protéger un riche environnement naturel a été créé le Parc naturel régional des Boucles de la Seine normande. Le fleuve est ici bordé de marais et de réserves naturelles et d'un patrimoine historique remarquable, comptant notamment de nombreuses abbayes. En fin de parcours, lorsque les eaux de la Seine se mêlent à celle de la mer, la rive droite industrielle du Havre fait face à Honfleur, et les rives vaseuses laissent place progressivement au sable des premières plages.

LE PAYS D'OUCHE

Au nord du Perche, à cheval sur l'Orne et l'Eure, le Pays d'Ouche est un vaste plateau entaillé de plusieurs vallées, dont celles de l'Iton, de l'Avre et de la Risle. On considère le territoire habité depuis le néolithique, à en croire le nombre de dolmens présents. Son climat semi-continental – car on est dans l'un des points les plus éloignés de la mer – lui vaut plusieurs originalités. Ainsi vous y trouverez la seule essence de sapin endogène de l'Ouest européen. En effet, le sapin de l'Aigle – du nom de la capitale de ce petit pays – toise de sa belle hauteur les nombreux massifs forestiers. Si les sols sont moins riches qu'ailleurs en Normandie, en raison de la présence de silex, il convient toutefois à l'élevage bovin, qui est fréquent dans ce pays. Faune et flore spécifiques à ce territoire valent le détour : champignons, papillons, petits reptiles et insectes sont au paradis ici. L'Aigle, qui nous avons déjà cité, mais aussi Conches-en-Ouche et Rugles en sont les principales villes.

Vernon.

LE PAYS D'AUGE

C'est certes la Normandie des cartes postales, avec ses vallons verts, ses pommiers, ses vaches et chevaux ou encore ses maisons à colombages, mais le Pays d'Auge, c'est encore bien davantage ! Labellisé « Pays d'art et d'histoire » depuis près d'un quart de siècle, il s'étend des rives de la Manche du côté de Honfleur, au nord, jusqu'au Pays d'Ouche, au sud. Touristique, la région l'est assurément : balnéaire au nord, elle propose de multiples activités dans un cadre vert préservé sur le reste de son territoire. Peu de forêts, mais de vastes étendues vertes et des activités en rapport, à commencer par l'équitation. C'est aussi, ici peut-être plus qu'ailleurs en Normandie, le pays des fromages, puisque c'est dans le Pays d'Auge que sont nés le camembert, le pont-l'évêque et le livarot, les noms étant issus de jolies petites villes locales. Ajoutez à cela l'importance spirituelle de Lisieux, en raison de sa basilique dédiée à Sainte-Thérèse, et vous disposez là d'une petite Normandie en miniature !

LE PAYS DE CAUX

Ce vaste pays couvre la majeure partie du département de la Seine-Maritime, du Havre à Dieppe côté mer au nord-ouest, et le long de la Seine depuis son estuaire jusqu'à Duclair au sud, et de cette dernière ville jusqu'au port précité à l'est. Il est multiple, et présente de nombreux aspects. Le littoral est assurément l'un des plus emblématiques de la Normandie, puisqu'il est une succession de hautes falaises de craie, dont les plus célèbres sont celles d'Étretat. À l'intérieur des terres, peu de dénivelé, car le Pays de Caux est un vaste plateau s'élevant très progressivement vers l'est. L'activité y est principalement agricole, la vache normande étant sur son territoire, et quelques villes, comme Yvetot, en sont les cœurs d'activité. La faune dépend de l'endroit où vous vous trouvez : mollusques et autre faune maritime le long de la Manche, chouette et cigogne, notamment, sur le plateau. Riches naturellement, les lieux ont, pour une bonne part, été négligés pendant longtemps par l'activité de l'homme : agriculture intensive, port industriel du Havre, constructions parfois en dépit du respect de l'endroit à l'instar du port du Havre-Antifer, qui n'a quasiment ja-

Découverte du Pays d'Auge à vélo, Beuvron-sur-Auge.

mais été utilisé. Fort heureusement, la prise de conscience collective a permis de rectifier le tir, et le secteur renoue progressivement avec le respect de l'environnement naturel.

LE PAYS DE BRAY

C'est la frontière entre Normandie et Picardie. Sur une bande géographique orientée nord-ouest/sud-est, se trouvant uniquement dans les terres, cette zone n'est pas la plus connue de la région, et pourtant ! Ses vastes prairies, son bocage et sa succession de petites villes en font un coin normand bien tranquille. De son sol argileux, on extrait la matière première pour réaliser de belles poteries, un savoir-faire existant en ces terres depuis des siècles. Moins connus que leurs homologues du Pays d'Auge, les fromages du coin sont tout aussi appréciés, à commencer par le neufchâtel, du nom de l'une des communes du pays. Si l'on se sent bien ici en Normandie, car le cidre est encore largement produit, et les champs recouverts de pommiers fréquents, on notera l'influence du nord de la France dans l'architecture. Les maisons perdent leurs colombages au profit de la brique rouge. Ce n'est pas une région de transition, mais bien une dernière terre normande avant de rejoindre les Hauts-de-France.

LA PLAINE DE CAEN

Tout autour de la capitale du Calvados s'étendent à perte de vue des champs voués à l'agriculture et à l'élevage. Délimitée au nord par la mer, à l'est par le Pays d'Auge, au sud par la Suisse Normande et à l'ouest par le Bessin, la plaine de Caen a vu son paysage remodelé par le remembrement, qui a ici été mené à son terme. En résultent de vastes parcelles, peu à peu gagnées par l'urbanisation : celle de l'agglomération caennaise, et l'autre de la côte, au nord. Pour vous repérer, vous pouvez toujours regarder au loin, et vous avez de fortes chances d'apercevoir la haute silhouette du bâtiment principal du centre hospitalier universitaire de Caen, haut de près de 100 mètres. Vous l'aurez compris : les raisons de venir ici sont principalement patrimoniales et touristiques, même si la plaine conserve quelques petites forêts non dénuées de charme.

LE NORD-COTENTIN

C'est l'extrémité de la presqu'île, bordée sur ses flancs, est, ouest et nord par la mer. Mais le nord-Cotentin, ce sont certes des paysages marins (traités dans la partie précédente), mais aussi de splendides paysages intérieurs. À partir de Valognes, en filant vers le nord, alors que l'on penserait que l'approche de la mer rendrait le paysage plat, il n'est en rien : le relief s'élève, offrant des paysages verdoyants, avec de petites vallées, des cascades, des bocages. C'est le paradis du tourisme vert, et les amateurs de vélo sont aux anges, entre petites routes permettant de muscler les mollets, et voies vertes. Le réseau hydrographique, très important, vous indique la direction du rivage le plus proche. La faune et la flore s'épanouissent dans des espaces largement préservés, ponctués de jolies petites villes, comme Bricquebec, Saint-Sauveur-le-Vicomte ou le Vast. Tout au nord, la capitale des lieux, Cherbourg-en-Cotentin, dont la présence imposante n'est jamais loin, vous permet de disposer d'une excellente base de départ pour partir à la découverte de ce Cotentin intérieur, qui ne manque pas d'atouts.

LE BOCAGE ORNAIS

Il épouse la plus grande partie du département : le bocage ornais est une succession de paysages naturels à vocation essentiellement agricole. Les haies séparant les champs sont faites de chênes, de châtaigniers et de frênes, et les vergers de pommes sont nombreux – surtout à l'ouest. Dans l'Orne, le bocage est commun à plusieurs zones géographiques : de la plaine située entre Argentan et Alençon aux massifs et autres escarpements, il est ponctué de nombreuses petites villes, et bénéficie d'une pluviométrie importante. Si le climat y est plus marqué que sur la côte, les étés peuvent être chauds, et les hivers plus rudes qu'ailleurs en Normandie. C'est aussi le terroir des productions agricoles de qualité, à commencer par le cidre et le poiré.

LES MARAIS

Cigognes.

Qu'ils soient salés ou d'eau douce, la présence de la mer et l'hydrographie importante sont autant de raisons qui expliquent la présence de marais. Parmi ceux-ci, les deux plus importants sont situés pour l'un au pied du Cotentin, pour l'autre le long de la Seine.

LE MARAIS VERNIER

C'est dans un ancien méandre de la Seine – le fleuve coulant à quelques dizaines de mètres –, que s'épanouissent une riche faune et une flore non moins importante, favorisées par l'humidité et la quiétude des lieux. Dominé par la haute stature du pont de Tancarville, au loin, le marais Vernier occupe un espace semi-circulaire, et ses extrémités ouest, sud sont marquées par des hauteurs de plusieurs dizaines de mètres, créant une sorte d'amphithéâtre naturel dont le marais serait la scène.

Les lieux regroupent, sur 4 500 hectares, un réseau hydrographique riche de canaux, de mares et de petites rivières. Cigognes et busards qui s'épanouissent dans les roselières et autres prairies humides, et le paysage ponctué d'arbres têtards et de haies de houx, sont comme un symbole de cette zone classée Natura 2000, et faisant partie du Parc naturel régional des Boucles de la Seine normande.

LES MARAIS DU COTENTIN

Regroupés au cœur du Parc naturel régional des Marais du Cotentin et du Bessin, ils se situent à l'est du Cotentin. Ce sont ces derniers qui ont valu au Cotentin le surnom de presqu'île : en hiver, la pluviométrie abondante, et la remontée des flots de la mer dans des terres situées au niveau de cette dernière sur des milliers d'hectares faisaient que la partie nord du Cotentin n'était reliée au continent que par une mince bande de quelques kilomètres de largeur. Aujourd'hui, des portes à flots s'ouvrent et se referment au gré des marées : si elles permettent une régulation des eaux des rivières du coin (Douve, Ay, Taute, Vire, Aure), elles n'empêchent pas pour autant les marais de se recouvrir entièrement d'eau l'hiver, lorsque les précipitations sont le plus marquées. Le spectacle est magnifique : une véritable mer intérieure, de laquelle n'émergent que quelques arbres, et parfois des routes et de petites habitations, prend place dans un silence absolu. La faune et la flore y sont abondantes, et le parc naturel régional dispose ici de sa maison, lieu d'accueil pédagogique incontournable, à quelques kilomètres au nord de Carentan-les-Marais.

Marais Vernier.

© JAG IMAGES - STOCK.ADOBE.COM

Oeil-de-perdrix.

© ROBERT BIEDERMANN - STOCK.ADOBE.COM

LES PARCS NATURELS

LE PARC NATUREL RÉGIONAL NORMANDIE-MAINE

Entre collines, vallées et bocage, ce parc, à cheval entre Normandie et Pays de la Loire, s'étire sur une centaine de kilomètres d'est en ouest. Ce qui frappe ici, c'est la multiplicité des belvédères, et sommets et des points de vue. Le Massif armoricain y est à son sommet, jusqu'à 417 mètres, au mont des Avaloirs. De nombreux cours d'eau permettent, dans les vallées, à l'agriculture de disposer de vastes et propices espaces. On peut traverser le parc, au gré des forêts et des petites villes, via la Véloscénie, cet itinéraire cyclable qui relie la capitale et le Mont-Saint-Michel. Le parc, qui ne compte pas moins de 12 espaces classés « Natura 2000 », est le paradis du renard roux et de la grive draine, et la flore compte plus de 2 000 espèces soigneusement préservées, à commencer par les fleurs sauvages : gessette ou œil-de-perdrix par exemple. À l'écart des grands axes, vous ne serez jamais envahis par la foule dans ce parc !

Renard roux.

LE PARC NATUREL RÉGIONAL DES MARAIS DU COTENTIN ET DU BESSIN

Peu de relief, mais des paysages qui s'étirent à l'infini : tel est ce parc, créé en 1991. Principalement situé dans la Manche, mais aussi dans le Calvados, il couvre près de 1 200 km², dont 250 km² de zones dites humides. Celles-ci, en hiver, lorsque les pluies sont abondantes, deviennent en effet une vaste étendue d'eau intérieure.

La faune locale ne s'y trompe pas, et les oiseaux s'y installent en saison : les cigognes, qui se sont réinstallées dans les marais, mais aussi les oies cendrées et autres bernaches nonnettes y sont nombreuses. Si les forêts sont plutôt rares, les arbres délimitent les parcelles et sont adaptés à un milieu particulièrement humide, le frêne et le chêne notamment. Lorsque le relief s'élève en mont (on fera abstraction du mont de Doville, qui culmine à plus de 100 mètres et constitue une résurgence du Massif armoricain), le bocage agricole prend le relais.

LE PARC NATUREL RÉGIONAL DES BOUCLES DE LA SEINE NORMANDE

Il s'étend entre deux villes industrielles, Rouen et Le Havre : sa création, en 1974, a été salvatrice pour préserver les zones humides locales. Épousant les boucles de la Seine – ou méandres, selon la terminologie – le parc naturel du même nom couvre près de 90 000 hectares répartis sur les départements de la Seine-Maritime et de l'Eure. Les limites du parc sont logiquement peu éloignées du fleuve, et de jolies petites villes, Yvetot ou Pont-Audemer par exemple, parsèment un paysage de marais et d'herbages. C'est le domaine de l'arbre têtard : ce n'est pas une espèce, mais un mode de coupe qui permet de le préserver du bétail, et une exploitation multiple par l'homme. La faune, vertébrée ou non, et la flore, et notamment les plantes d'eau, sont très riches.

Chevaux percherons.

© DOMINIQUE VERNIER - STOCK.ADOBE.COM

LE PARC NATUREL RÉGIONAL DU PERCHE

Réparti sur les départements de l'Orne (à l'est de celui-ci) et de l'Eure-et-Loir, ce parc est le plus récent des parcs normands, puisque créé en 1998. Le paysage bocager, marqué par de nombreuses collines, est le paradis des oiseaux, qu'il s'agisse de la chouette ou du héron pourpré. Les amateurs d'insectes rares viennent également y admirer de nombreuses espèces. C'est le royaume du cheval percheron, l'un des plus puissants chevaux de trait. Bois, coteaux, étangs et tourbières se succèdent ici. Notez enfin que la Maison du parc se tient dans le splendide manoir de Courboyer, à Perche en Nocé.

© FANNY DION

CYRIL DION

Voyager responsable, c'est possible !

Écrivain, réalisateur et militant écologiste, Cyril Dion est l'une des figures les plus connues en la matière. Après avoir réalisé de nombreux documentaires et sillonné les routes pour sensibiliser le grand public aux enjeux environnementaux, il s'apprête à sortir un recueil de slam et de poésie musicale, « Résistance poétique », réalisé avec Sébastien Hoog. Voyager responsable, dans une démarche de respect de la nature : Cyril Dion a accepté de nous donner quelques informations pour adopter les codes d'un tourisme durable.

Se déplacer de manière respectueuse de l'environnement, c'est possible ?

Oui ! En Normandie vous pouvez notamment prendre de nombreuses lignes de train. Certaines des rames comportent un espace dédié aux vélos, vous donnant ainsi la possibilité de rayonner autour d'une gare ou même, pourquoi pas, de réaliser votre itinéraire à partir d'une gare. Ce combo train-vélo est une manière de se déplacer qui existe beaucoup en Suisse, aux Pays-Bas et au Danemark entre autres. Voyager responsable, c'est possible !

Et concernant les hébergements ?

Il existe de plus en plus d'éco-lieux qui ont adopté une démarche particulière, qui sont éco-construits. Vous pouvez également faire le choix d'un lieu refusant le plastique, qui fait attention à la consommation d'eau ou réalise des économies d'énergie.

L'alimentation peut également être soigneusement choisie ?

Oui, par exemple quand vous allez au restaurant, vérifiez que celui-ci propose des produits locaux, de saison, et en circuit court. Généralement, les établissements en parlent d'eux-mêmes, et ils ont raison ! Si vous vous fournissez en produits, privilégiez les acteurs indépendants du territoire où vous vous trouvez : faire ce choix, c'est générer deux ou trois fois plus d'emplois dans le secteur. On est ici dans un cercle vertueux.

La BIODIVERSITÉ

Pomme normande.
© INGA NIELSEN - STOCK.ADOBE.COM

La biodiversité normande est riche et variée. Forte de 4 parcs naturels régionaux et de plus de 90 sites protégés Natura 2000, la région, reconnue pour ses magnifiques paysages, fait de la préservation de sa faune et de sa flore une priorité. La diversité des lieux associée à un climat doux et humide a permis à une végétation variée de voir le jour dans la région. Une végétation qui nécessite beaucoup d'attention puisque c'est le refuge de nombreuses espèces. Les parcs naturels régionaux sont des sites de prédilection pour observer la flore locale, tout comme les espaces naturels sensibles. Biches, dauphins, cigognes, ou aubépines sont autant d'animaux et de plantes que vous pourrez rencontrer lors de vos balades sur la côte ou en campagne.
Il est également important de noter que la Normandie est une terre d'élevage. Parmi les principales espèces que vous pourrez aussi découvrir durant votre séjour : l'âne du Cotentin, les chèvres de la Hague, le cob normand, le cheval percheron, la vache normande ou encore les agneaux qui pâturent dans les prés salés de la baie du Mont-Saint-Michel.

LA FAUNE AQUATIQUE

LA FAUNE MARINE

Des centaines de kilomètres de côtes font du littoral normand l'un des endroits où la faune marine est la plus diversifiée. Poissonneuses, les eaux le sont assurément, et les ports normands, pratiquant une pêche qui n'est pas industrielle, comptent de nombreux pêcheurs conscients de la nécessité des équilibres naturels.

Maquereaux, bars, saint-pierre pullulent ici. Mais ces dernières années, c'est du côté des mammifères que l'attention du grand public s'est focalisée. En effet, si ces derniers ont toujours été présents, le cadre naturel préservé de la grande majorité des côtes normandes a permis à de nombreuses espèces de devenir de plus en plus abondantes. Le groupe mammalogique normand a ainsi recensé des espèces aussi diverses – et parfois inattendues – que le phoque veau-marin ou le phoque gris, lesquels y vivent en colonies

Phoque commun.
© ERIC ISSELÉE - STOCK.ADOBE.COM

(notamment dans la baie des Veys), mais aussi des marsouins, dauphins et quelques orques, plus au large. Pour avoir la chance d'apercevoir ces derniers, il vous faudra filer vers le large, dûment encadrés par des connaisseurs. Enfin, outre les mollusques, des bulots aux moules en passant par les huîtres, qui font l'objet de nombreux élevages, les crustacés, qu'ils se cachent sous les rochers ou dans les profondeurs, ne manquent pas : crevettes grises ou roses, crabes divers dont les tourteaux, étrilles ou homards.

Sensible, la faune marine l'est assurément, et le changement climatique en cours, si l'on ne peut clairement observer son impact sur le long terme, peut avoir quelques répercussions : l'été 2022 par exemple, particulièrement chaud en Normandie, a fait monter la température de la mer à des niveaux jamais vus, provoquant une raréfaction de certaines espèces pêchées.

LA FAUNE DES FLEUVES ET RIVIÈRES

Le réseau hydrographique normand est non seulement très dense, mais les précipitations y étant abondantes, les cours d'eau ne se retrouvent que rarement à sec : l'idéal pour permettre à un grand nombre d'espèces de poissons de s'y épanouir. En Normandie, le bassin versant de la Seine regroupe une vaste partie de l'Eure et de la Seine-Maritime, mais les bassins versants littoraux, qui regroupent ceux des fleuves se jetant directement dans la mer, couvrent la majeure partie. Notez enfin qu'aux confins du sud de l'Orne et de la Manche, vous êtes sur celui de la Loire : les petits cours d'eau filent ici vers la Mayenne, puis vers la Loire. Comestibles ou non, les espèces de poissons sont très diversifiées : la carpe (argentée ou commune) compte parmi les plus fréquentes, la lamproie, la perche, ou la vandoise sont également présentes. La truite, faisant partie de la grande famille des salmonidés, sera davantage présente dans certains bassins versants de fleuve, où les eaux sont plus fraîches, et dont les vitesses sont plus rapides. Les étangs, enfin, sont le royaume de la bien nommée loche d'étang, mais aussi du goujon et du brochet. Attention : la pêche est strictement réglementée, et vous devez bien vous renseigner en amont.

Crabe.

LA FAUNE TERRESTRE

Vaste région comptant d'immenses espaces naturels, la Normandie est le refuge d'une faune d'une grande diversité.

Au-delà des espèces typiquement normandes, listées précédemment, et sans faire d'exhaustif inventaire – le guide seul ne suffirait pas –, l'agence normande de biodiversité ne recense pas moins de 65 mammifères sauvages. Parmi ceux-ci, les chauves-souris (dont le Vespertilion bicolore, observé pour la première fois en 2005) et les carnivores sont davantage présents dans les forêts : le renard roux, la fouine, et même – cela restant toutefois à être confirmé – le loup. Si ce dernier reprend sa place progressivement dans les régions montagneuses, quelques observations, dont certaines dans le Pays de Bray, ont été réalisées. Dans les forêts, toujours, cerfs, chevreuils et biches, bien que soumis à la chasse, restent nombreux.

Du côté des rongeurs, le rat des moissons, le mulot (à collier ou syl-

Mulot. © CREATIVENATURE.NL - STOCK.ADOBE.COM

vestre) ou le campagnol (agreste, des champs ou roussâtre) côtoient martres, taupes et lièvres. Parmi les espèces disparues, le castor d'Eurasie, le chat forestier et le vison d'Europe, chassés pour diverses raisons, n'existent plus en Normandie depuis longtemps.

En dépit d'actions de préservation menées, le loir gris et le rat noir sont en grand danger. Vous qui visitez la Normandie, n'oubliez pas que les espaces de visites sont indissociables du respect des lieux que vous arpentez, et ce n'est pas seulement dans les parcs naturels que vous devrez redoubler de vigilance. Du côté des reptiles, et si les conditions météorologiques, associées à l'image d'Épinal qui tend à penser que seules les zones chaudes sont aptes à en compter, on trouve de nombreuses espèces ! Le lézard des souches, vivipare ou à deux raies, mais aussi la couleuvre helvétique ou la vipère péliade se situent dans des zones éloignées des habitations, si possible rocheuses.

Notez que l'est et le sud de la région, et notamment l'Orne, mais aussi les vallées de l'Eure et de la Seine, sont les lieux privilégiés de vie des papillons, dont la subsistance est impérative pour la chaîne alimentaire, dont ils sont à la base. Enfin, la Normandie est une zone dense de présence d'insectes : des dizaines d'espèces s'épanouissent ici. Là encore, observez, mais pas davantage !

© ANNEKEDEBLOK - ISTOCKPHOTO.COM

LES RACES NORMANDES

Difficile de parler des races d'élevage sans évoquer la vache normande ! Considérée comme la 3e race laitière en effectifs, elle donne un lait riche qui n'est pas sans permettre la réalisation de beurres, crèmes et fromages qui, eux aussi, font la réputation de la région. Pour reconnaître une vraie vache normande, c'est simple : ses yeux sont entourés de taches (appelées « lunettes »), son corps volumineux pèse jusqu'à 1 100 kilos pour les mâles, et sa robe tachetée possède trois couleurs : blanche, marron ou noire.

Région équestre, vous trouverez ici également des races 100 % locales. Le rigoureux Cob normand, par exemple, est un cheval de trait : après avoir beaucoup servi dans l'agriculture, il est principalement utilisé aujourd'hui dans les centres équestres, ou de manière générale pour les activités de loisirs. Sa tête rectiligne, son encolure épaisse, sa silhouette trapue et élégante et sa crinière fournie en font un cheval atypique. Autre race normande, le Percheron est lui aussi un cheval de trait, dont la robe grise ou noire est caractéristique. Très robuste, celui-ci est adapté aux travaux des champs ou à la traction : doux et travailleur, il est très apprécié des enfants.

Les moutons, davantage élevés dans l'ouest de la région, et plus particulièrement dans le département de la Manche, comptent plusieurs races propres : le Roussin, dans le nord, le Cotentin, au centre, et l'Avranchin, au sud. Ces races, destinées à l'alimentation, sont dûment encadrées et leurs appellations très strictement préservées. Toujours dans la Manche, l'âne du Cotentin est une race qui a bien failli disparaître : dans les années 1980, une association locale est créée afin de sauvegarder les derniers animaux, dont la population a depuis repris des couleurs. Sa robe, d'un joli gris tourterelle, et son caractère affectueux en font l'ami des plus jeunes.

Du côté des volailles, enfin, l'oie normande, le dindon noir, les poules de Gournay ou de Crèvecœur sont autant de petites races emblématiques.

Vous l'aurez compris : il ne s'agit là que de quelques races emblématiques, mais au fur et à mesure de vos parcours dans la région, vous aurez l'occasion d'en découvrir bien d'autres !

LES FORÊTS

Une répartition inégale, mais un massif forestier qui est au global important par sa taille cumulée : le massif forestier normand est vaste de 400 000 hectares, couvrant 13 % du territoire régional. Si l'Orne, l'Eure, et la Seine-Maritime sont les départements les plus boisés, la Manche ne compte que peu de massifs. Principalement constituées de feuillus, à commencer par des chênes et des hêtres, elles comptent également près de 20 % de résineux : pin douglas, pin sylvestre, épicéas. Parmi les forêts remarquables, on évoquera notamment celle de Lyons-la-Fo-

Lyons-la-Forêt.

© ARIANE CITRON - STOCK.ADOBE.COM

rêt. Ses hauts arbres lui donnent une allure de cathédrale, et ses près de 11 000 hectares abritent une faune particulièrement importante, comptant cerfs, chevreuils, écureuils et renards. Autre massif d'importance, la forêt d'Andaine dans l'Orne épouse un relief parfois escarpé, et se traverse à vélo via plusieurs chemins soigneusement entretenus.

Parmi les autres ensembles forestiers d'importance, on notera également les forêts de Brotonne, d'Écouves, du Perche, de Roumare, de Cerisy ou de Saint-Sever. On ne compte pas les forêts de petite taille, qu'elles soient privées ou publiques. Si un quart des forêts normandes sont publiques (dont une très large part domaniale), l'Office National des Forêts veille, permettant l'entretien des massifs.

Bon nombre d'entre elles sont également incluses dans des réserves naturelles. Mais pourquoi une telle inégalité de répartition ? Le poids de l'histoire agricole et industrielle est passé par là : dans la Manche, la déforestation des XVIIe et XVIIIe siècles a été intense pour permettre à l'agriculture de disposer de grands espaces, et certaines activités comme la manufacture de verre de la bien nommée commune de La Glacerie, dans la Manche. Ainsi Vauban expliquait que les environs n'étaient que « pays bossu et couvert de bois fort épais », permettant d'alimenter des manufactures particulièrement gourmandes en bois.

Aujourd'hui, une utilisation uniquement économique de la forêt ne verrait plus le jour, et si la filière bois de la région est très active, elle est aussi respectueuse des massifs, en préservant les espaces protégés, et veillant à maintenir l'importance des espaces forestiers.

Patrimoine MATÉRIEL

Eglise de Saint-Etienne-le-Vieux à Caen.

© LEONID ANDRONOV - STOCK.ADOBE.COM

Plus de mille ans d'histoire ont façonné le patrimoine architectural de la Normandie. De son passé médiéval, la région conserve de jolis fleurons comme le château de Falaise ou les vestiges de celui de Domfront. L'architecture normande a aussi inscrit son style dans la pierre de majestueux édifices religieux romans et gothiques avec les cathédrales de Rouen, Bayeux ou Sées. Dans un autre registre, le pays d'Auge et la Haute-Normandie sont connus pour leurs maisons à colombages. Et ses villas, à découvrir le long du littoral, qui s'affichent dans le pur style néo-normand du XIXe siècle. Reconnaissables à leurs façades colorées et leurs fenêtres arquées communément appelées « *bow windows* », les maisons à étages de style Belle Époque sont à découvrir à Granville ou Bagnoles-de-l'Orne. Évidemment, les affres du Débarquement et de la bataille de Normandie ont réduit en poussière des joyaux du patrimoine et l'importante phase de reconstruction qui a suivi a donné lieu à des réalisations d'attraits variés. La région s'est aussi réinventée, avec succès, dans des ouvrages d'art contemporain comme le célèbre pont de Normandie.

LE PATRIMOINE MARITIME

Difficile de l'évoquer de manière exhaustive ! Car tout au long de ses centaines de kilomètres de rivages, la Normandie ne manque ni de vieux gréements ni d'infrastructures datant parfois de plusieurs siècles, et qui forcent l'admiration. À la différence du patrimoine construit dans les terres, celui en rapport avec la mer a fait l'objet d'un début d'intérêt à l'orée des années 1970. Il faut dire que des ports splendides ou de vieux bateaux ne faisaient jusqu'à présent l'objet d'aucune préservation. Donc, selon le ministère de la Culture : *« le patrimoine maritime comprend l'ensemble des éléments matériels ou immatériels liés aux activités humaines qui ont été développées dans le passé en relation avec le milieu maritime ». Par conséquent, les ports sont* l'objet de toutes les sollicitudes, afin qu'ils soient préservés, tel celui de Honfleur, mais aussi d'autres moins connus, comme le port de Saint-Germain-des-Vaux (réputé pour être le plus petit de France) ou Port-en-Bessin. Le patrimoine, ce sont aussi des constructions : des halles aux poissons, les fortifications de l'île Tatihou et d'incroyables réalisations telles que la gare maritime de Cherbourg. Merveille Art déco, aux dimensions époustouflantes, elle a subi les destructions de la guerre, avant d'être en partie reconstruite puis en partie de nouveau démolie pour des besoins économiques, avant que les années 1980 ne sonnent la fin de ces destructions. Garder des témoins des techniques de pêche anciennes est aussi au cœur des intentions publiques : c'est valable pour d'anciens chalutiers présentant un intérêt patrimonial (tel entre autres le chalutier *Jacques-Louise*), des navires morutiers de Granville, de vieux gréements (célébrés lors de l'Armada de Rouen), et de vieux objets ayant servi pendant des générations pour chercher poissons et crustacés. Le patrimoine maritime, enfin, est entretenu par la mémoire : plusieurs musées normands sont désormais reconnus pour permettre de ne pas oublier définitivement ce qui a fait son patrimoine, en partie encore bien vivant, du fait de son importance économique.

Port de Saint-Germain-des-Vaux

LES CHÂTEAUX ET MANOIRS

sChâteau de Balleroy.

Fruits d'une riche histoire, ils se comptent par centaines : les châteaux et manoirs normands sont autant de témoins du génie architectural de l'homme au fil des temps. Les plus anciens avaient une fonction militaire et ont été édifiés il y a plus d'un millénaire, à l'époque où Guillaume Le Conquérant régnait sur la Normandie comme par exemple l'imposant château de Caen, en plein cœur de la ville ; ceux de Château-Gaillard, dans l'Eure, dont la prise en 1204 entraînera la chute du Duché de Normandie, ou de Falaise. Aux côtés de ces massifs ensembles, la majeure partie des châteaux sont des constructions civiles, souvent réalisées entre les XVe et XVIIIe siècles.

C'est le cas à Carrouges, dans l'Orne, dont le splendide château est niché au creux d'une vallée. On citera également Balleroy, Saint-Germain-du-Livet, le château des Ravalets à Cherbourg-en-Cotentin, Bizy, Arques-la-Bataille ou Ango. Si certains se visitent, d'autres non, et sont parfois uniquement dédiés aux événements privés. Notez également que les Journées européennes du Patrimoine permettent de pousser certaines portes qui ne sont habituellement pas ouvertes, et que certains châteaux et manoirs accueillent de belles chambres d'hôtes ou gîtes. Enfin, ceinturant ou sublimant ces constructions, des parcs et jardins splendides existent parfois : ceux des châteaux de Canon, de Vendeuvre et de Champ-de-Bataille, notamment, en sont d'exceptionnels exemples.

Les Chartreuses du château de Canon.
© ANNE DIOT

L'ARCHITECTURE DE VAUBAN

Maréchal de France, le marquis de Vauban, plus communément appelé Vauban, a tant fait pour renforcer les défenses du royaume de France que les constructions imaginées par ce dernier sont de nos jours unanimement appelées de son nom. Architecte militaire, il a révolutionné les infrastructures défensives en supervisant la construction de nombreux ouvrages. En Normandie, la menace anglaise a favorisé l'émergence de plusieurs édifications, dont les tours de l'île Tatihou et de Saint-Vaast-la-Hougue, au nord-est du Cotentin, mais aussi d'une tour circulaire d'artillerie sur les hauteurs de Port-en-Bessin-Huppain, dans le Calvados. Plus au sud, il reste quelques « cabanes Vauban » : une série de corps de garde côtiers, dont un exemplaire en excellent état est visitable à Carolles, dans le sud du département de la Manche.

Tour Vauban sur l'île Tahitou.

LES COLOMBAGES NORMANDS

C'est une image d'Épinal, ou plutôt de Normandie : les maisons à colombages. Striées d'alignements de bois, les façades sont aisément reconnaissables. Parfois surmontées d'un toit de chaume, ces maisons se trouvent principalement dans le Pays d'Auge et dans l'Eure. Soyons francs : les colombages ne sont pas l'apanage de la région – l'Alsace n'en est pas dépourvue –, mais aucun autre territoire ne peut se prévaloir d'en compter autant. À l'origine, il s'agissait de réaliser une charpente verticale, à une époque où la brique et la pierre n'étaient que peu utilisées. Donc au Moyen Âge, de la terre crue était utilisée : la durée de vie de ces maisons était limitée à quelques années, parfois décennies, et bien peu ont été sauvegardées. Les plus anciennes sont bien celles comptant des pierres entre les pans de bois. Au niveau de la terre ferme, des solins protègent le bois des colombages de l'humidité du sol, et c'est ainsi que la totalité de l'armature de la maison, du sol à la charpente, était faite de bois : ingénieux. Dans les cœurs de ville – comme à Rouen, par exemple –, les colombages sont colorés, donnant à l'ensemble un aspect unique. Plus récemment, de belles villas du XIXe siècle, comme à Bagnoles de l'Orne ou sur la côte du Calvados, mettent en avant leurs colombages, dont l'utilité s'est transformée petit à petit en faire-valoir esthétique. Aujourd'hui, selon des techniques qui n'ont pas fondamentalement changé, mais avec des matériaux bien plus robustes, des artisans perpétuent ces constructions, mettant en avant les avantages environnementaux de ces dernières.

Façades à colombages à Rouen.

LE MONT-SAINT-MICHEL

Certains le surnomment « la merveille » et c'est, il est vrai, l'un des symboles de la Normandie, pour ne pas dire de la France : le Mont-Saint-Michel, millénaire, est assurément la plus atypique des communes françaises. Peuplé d'une petite trentaine d'habitants, il n'était à l'origine qu'un îlot perdu dans une immense baie, à l'image de celui de Tombelaine, juste à côté, lequel est resté vierge de toute construction. Du petit oratoire établi au VIe siècle, il s'est progressivement transformé en lieu religieux de toute première importance, passage de pèlerinages, avant de prendre, à force d'ingéniosité et de merveilles réalisées par l'homme, son apparence actuelle. Après une sombre période post-révolution française, qui a transformé une partie du site en prison, est arrivé le temps du tourisme. Parfois avec des excès : une digue a été construite pour relier le Mont et le rivage. Les années passant, un chemin de fer y est adjoint, d'immenses parkings construits pour accueillir les millions de touristes, engendrant l'ensablement du Mont, où les flots ne venaient presque plus. Après une dizaine d'années de travaux titanesques, la digue est détruite, remplacée par une passerelle sur pilotis, le réseau hydrographique est reconstitué, et le Mont a retrouvé son caractère maritime.

Le Mont-Saint-Michel.

PATRIMOINE RELIGIEUX

Depuis deux millénaires, l'histoire de la Normandie se confond avec celle des cultes. C'est presque exclusivement la chrétienté qui a donc marqué l'architecture cultuelle de la région, qui comprend des centaines de petites églises de village, de basiliques plus ou moins anciennes, d'abbayes, de cathédrales et de monastères. Une proportion importante est classée et protégée, et certains édifices sont associés à l'image des villes où ils sont situés : que serait Coutances sans sa cathédrale, Lisieux sans la basilique, Caen sans ses abbayes, et Rouen, la capitale régionale, n'est-elle pas surnommée « la ville aux cent clochers » ? À côté, le protestantisme vaut à la région quelques beaux temples, dont celui de Luneray, en Seine-Maritime, classé Monument historique. Les mosquées, enfin, ont été pour la majeure partie construites depuis la Seconde Guerre mondiale.

Cathédrale de Lisieux.

© ELENA DIJOUR - STOCK.ADOBE.COM

LE HAVRE, PATRIMOINE MONDIAL DE L'UNESCO

Une surprise pour les uns, une confirmation pour les autres : lorsque, en 2005, l'UNESCO a décidé de classer le centre-ville du Havre au Patrimoine mondial, l'annonce a fait sensation. Depuis sa destruction au moment de la guerre, la ville traînait en effet une réputation de ville à fuir, de grisaille, de pollution. Et pourtant ! Cinquante années après les travaux, le projet de l'architecte Auguste Perret a été récompensé pour le « vaste champ d'expérimentation et de conception » qu'a représenté le chantier, ainsi que pour « l'exemple éminent d'un type de construction ou d'ensemble architectural illustrant une période significative de l'histoire humaine ». L'utilisation du béton, « la pierre que nous fabriquons », l'homogénéité des bâtiments, la haute silhouette de l'église Saint-Joseph, l'aspect rectiligne des rues permettant un urbanisme fonctionnel, la mise en place de contre-allées et de vastes parcs permet de jeter les bases de ce que Perret appelle « la ville du futur ». L'est-elle encore aujourd'hui ? Assurément pas. Mais atypique, oui !

Le Havre.

© FRIEDBERG - STOCK.ADOBE.COM

LE PONT DE NORMANDIE

C'est le trait d'union qui a préfiguré, 20 ans avant son officialisation, la réunification des deux Normandie, administrativement séparées depuis les années 1960 jusqu'en 2015. Le pont de Normandie, dont la silhouette et les gigantesques piles s'aperçoivent à des kilomètres. À l'origine du projet, la saturation du trafic routier sur les deux seuls ponts existants en aval de Rouen : le pont de Brotonne, et celui de Tancarville. Ce dernier, le plus proche du Havre à l'époque, devait toutefois contraindre les voitures à réaliser un détour de plusieurs dizaines de kilomètres pour rejoindre Honfleur et la côte du Calvados.

Depuis longtemps, les ingénieurs et pouvoirs publics réfléchissaient à la meilleure manière de rapprocher les deux rives : tunnel ou pont ?

Rapidement, notamment en raison de la nature des sols, la seconde solution s'impose. Or les contraintes techniques ralentissent le projet : un pont, permettant le passage d'immense bateau, et donc d'une hauteur et d'une portée jamais vues jusque-là, est-ce possible ? Si certains prônaient la construction de deux ponts reliés par une île artificielle en plein cœur de l'estuaire de la Seine, cette hypothèse se révéla rapidement préjudiciable pour l'équilibre naturel fragile des lieux. Dans les années 1980, les experts confirment que les avancées techniques permettent la faisabilité du pont dans sa forme actuelle. Dès lors, tout s'accélère : les premiers appels d'offres sont lancés en 1987, la première pierre est posée en mars 1988 et, 6 ans plus tard, les voussoirs, depuis les deux côtés, sont joints. Le pont est inauguré en 1995. D'une longueur de 2 141 mètres, sa portée principale mesure 856 mètres, record du monde à l'époque. Ses piles s'élèvent dans le ciel à près de 215 mètres (davantage que la tour Montparnasse). Le concepteur, Michel Virlogeux, et les milliers d'ouvriers s'étant relayés ont réalisé ici une véritable prouesse. Accessible aux piétons et aux vélos, il permet de relier efficacement, au-delà des deux rives normandes, le nord de la France et sa façade ouest. Sa silhouette élancée – dont on a du mal à croire qu'elle a déjà plus d'un quart de siècle – en fait un emblème de la Normandie, et un élément du patrimoine architectural moderne. Depuis les rives de la Seine, et surtout côté sud, de jolies promenades permettent de mieux appréhender l'élégance de l'ouvrage, et son gigantisme.

Pont de Normandie.

© OLIVER HLAVATY - ISTOCKPHOTO.COM

VALOGNES, LE VERSAILLES NORMAND

Château de Valognes.

© FRANCOIS - STOCK.ADOBE.COM

On la surnomme le Versailles normand : si la petite ville de Valognes n'est pas la plus connue de la région, elle compte un patrimoine bâti de toute première importance, d'où son surnom. Elle fut longtemps la capitale administrative du Cotentin, avant d'être supplantée par Cherbourg, à une vingtaine de kilomètres au nord-ouest.

Du temps de sa splendeur, et notamment sous Louis XIV, de nombreux hôtels particuliers y ont été construits, témoignant d'un faste et de merveilles architecturales hors pair. Sur une surface relativement restreinte, la concentration de ces beautés est impressionnante : hôtels de Blangy, Anneville du Vast, Grandval-Caligny, Thieuville ou Carmesnil comptent parmi les principaux. Le plus vaste est l'hôtel de Beaumont, classé Monument historique, et se visite. Attention : si certains sont facilement visibles, d'autres sont moins mis en évidence, et méritent en amont un passage par l'Office de Tourisme du coin, pour disposer d'une carte afin de s'y retrouver facilement !

LES PLUS BEAUX VILLAGES DE FRANCE

En Normandie, ce sont six communes qui ont l'honneur d'être officiellement estampillées « Plus Beaux Villages de France ». Vous les retrouverez bien évidemment selon les différents parcours proposés dans ce guide, mais retenez leurs noms ! Vous trouverez ainsi le petit port de Barfleur, situé au nord-est du Cotentin, niché dans une petite anse naturelle, la jolie commune du Bec-Hellouin dans l'Eure, dominée par son abbaye, ou encore la cité de Lyons-la-Forêt, elle aussi dans l'Eure, dont les splendides maisons à colombages côtoient un riche patrimoine bâti. On retiendra également la petite station balnéaire de Veules-les-Roses, en Seine-Maritime, aux jolis jardins et maisons longeant la rivière avant que celle-ci ne se jette dans la mer, le village de Beuvron-en-Auge, paisible et tellement typique de l'architecture normande, ou enfin Saint-Céneri-le-Gérei dans l'Orne, dont les peintres ont immortalisé les belles maisons de pierres, en plein cœur des Alpes mancelles.

Saint-Céneri-le-Gérai.

Patrimoine IMMATÉRIEL

Cavaliers à Obama Beach.

© PECOLD - STOCK.ADOBE.COM

La Normandie est une région chargée d'histoire. On retrouve encore de nombreux témoignages de son riche passé médiéval grâce à ses châteaux, ses lieux de cultes ou ses colombages. Le Débarquement de 1944 et les mémoriaux de la Seconde Guerre mondiale font eux aussi partie du paysage culturel normand. Bien que de nombreux musées retracent les différents pans de l'histoire de la région, ce ne sont pas les seules thématiques que l'on retrouve entre leurs murs. Les impressionnistes, des peintres qui ont révolutionné le monde de l'art par leurs paysages normands, sont régulièrement exposés, et les maisons des plus grands sont ouvertes à la visite.

La Normandie est aussi réputée pour sa gastronomie. Les éleveurs seront les plus à même de vous parler de leurs produits, et plusieurs d'entre eux vous ouvrent leurs portes pour mieux comprendre leurs métiers. Cidre, fromage, et huîtres, on en profite au restaurant ou en circuit court, directement chez le producteur ! Bien sûr, la région regroupe aussi un grand nombre de savoir-faire différents – la dentelle, les haras ou la fonderie de cloches – qu'il faut venir découvrir !

LES LANGUES LOCALES

Statue Guillaume le Conquérant à Falaise.

© PHILIPPE BOSSEBOEUF - STOCK.ADOBE.COM

À la base de toutes ses déclinaisons, le normand est une langue partagée entre la Normandie continentale et les îles anglo-normandes. Encore peu pratiqué de nos jours, son enseignement est rare. À l'origine de cette langue d'oïl, le latin, qui a petit à petit évolué à mesure que l'histoire se déroulait et un peu d'anglais ou de langue scandinave sont venus apporter quelques touches différenciantes. Langue puissante au temps de Guillaume Le Conquérant, elle ne serait parlée que par quelques dizaines de milliers de locuteurs aujourd'hui. Plusieurs déclinaisons locales du normand existent, et forment autant de langues locales : le rouennais, le cotentinais, le cauchois, le jersiais ou le guernesais. Si l'UNESCO a classé la langue normande « sérieusement en danger », quelques initiatives se font jour, comme celle de la région, qui a mis en place une stratégie de sauvegarde et de valorisation. Quelques conseils pour bien comprendre votre interlocuteur s'exprimant en normand : le son « oi » se transforme en « ei » et le « ch » devient « c ». « Le cat va beire » signifie donc « Le chat va boire ». Simple ?

Pas toujours !

LES PLAGES DU DÉBARQUEMENT

Elles font l'objet d'un parcours dédié dans votre guide : les plages du Débarquement font partie depuis près de 80 ans maintenant du patrimoine mondial. Si rien ne prédestinait ces paisibles étendues sableuses, situées sur les départements de la Manche et du Calvados, à jouer un rôle majeur dans l'histoire, c'était sans compter sur les événements du 6 juin 1944. Rebaptisées des noms de code d'*Utah, Omaha, Juno, Gold* et *Sword* – des noms qui resteront dans l'histoire – les lieux furent le cadre, le 6 juin et dans les semaines qui suivirent, de l'arrivée d'une incroyable armada libératrice. Depuis longtemps, les lieux ont regagné leur quiétude, et les abords de ces plages, afin de conserver leur aspect originel, ont échappé à toute urbanisation massive

Omaha Beach.

LES IMPRESSIONNISTES

Berceau de l'impressionnisme, la Normandie est le lieu idéal pour l'inspiration, et cette constatation ne date pas d'hier. Ce mouvement artistique, dont les origines remontent au milieu du XIXe siècle, et dont la vision personnelle et l'émotion prennent le pas sur la stricte représentation d'une personne, d'une situation ou d'un lieu, est l'un des marqueurs culturels locaux. Millet, Pissarro, Renoir, Boudin ou Monet – pour n'évoquer que les plus célèbres – ont sublimé la Normandie, ses côtes, ses bocages. De Giverny au Havre ou de Caen à Rouen en passant par Cherbourg, les musées ne manquent pas. Plus original encore, l'Office de Tourisme normand a pensé des moments uniques : peindre comme Monet sur la Côte d'Albâtre (que vous découvrirez dans votre parcours « Pays de Caux, Pays de Bray »), parcourir la Seine à vélo dans la roue des impressionnistes, ou une liste des plus beaux couchers de soleil normands, illustrés autrefois par ces peintres de génie.

Eugène Boudin, Sur La Plage, *1865, Huile sur toile*

LES JARDINS REMARQUABLES

Des conditions climatiques favorables, de l'espace et un grand nombre de passionnés font de la Normandie une région où les jardins remarquables sont nombreux.
Botaniques, ceinturant un château ou une belle demeure, reprenant les standards en vigueur il y a des siècles ou inspirés par de grands noms, ils sont donc labellisés « Jardins Remarquables », et se comptent par dizaines. On retiendra notamment le Parc Floral des Moutiers à Varengeville-sur-Mer, les Jardins de Claude Monet à Giverny, le Jardin de la Petite Rochelle à Rémalard, le Parc du château des Ravalets à Cherbourg, le Jardin des Plantes de Caen ou le Parc du manoir de Villers à Saint-Pierre-de-Manneville.

Jardin Monet

© ANDRE QUINOU - SHUTTERTOCK.COM

LE CHEVAL EN NORMANDIE

© GERARD - STOCK.ADOBE.COM

C'est une terre de cheval : la Normandie est réputée internationalement pour ses élevages, et l'excellence de ses haras. Fréquentes sont les personnes fortunées qui viennent de loin pour faire l'acquisition d'équidés élevés en ces terres et destinés à participer aux plus grandes compétitions. Mais au-delà, la Normandie, c'est aussi la pratique de l'équitation sous toutes ses formes, et pour tous les niveaux.

Peut-être que votre parcours normand s'effectuera à cheval, les espaces ne manquant pas. Vous comptez ici des centaines de centres équestres proposant autant de pratiques différentes, dans une région où 12 000 naissances d'équidés sont comptabilisées par an. La Normandie, ce sont enfin deux haras nationaux : celui de Saint-Lô, dans la Manche, et celui du bien nommé Haras du Pin, dans l'Orne, ce dernier faisant office de centre d'entraînement pour les Jeux olympiques de Paris.

LES DENTELLES NORMANDES

Si l'origine de la dentelle semble être italienne, c'est Colbert qui fera en sorte que les premières manufactures dédiées voient le jour en Normandie, qui s'est rapidement imposée comme la première région française en la matière. Qu'elle soit d'ornement ou pièce d'habillement, elle se décline selon plusieurs techniques, comme autant de possibilités et de rendus. Ainsi, Caen, Argentan, Bayeux ou Alençon sont célèbres pour leurs dentelles, ces deux dernières étant les plus connues dans la région, et au-delà. Celle de Bayeux est dite « aux fuseaux », et se présente sous forme de métrage ou de pièces entièrement réalisées pour un usage unique. Dans la ville, le musée Baron Gérard vous donne à mieux connaître cette technique. Alençon, de son côté, est considérée comme la capitale de la dentelle. Son savoir-faire est classé à l'Inventaire du patrimoine culturel immatériel de l'humanité par l'UNESCO depuis 2010 : une belle reconnaissance pour une dentelle d'une finesse inégalée, surnommée « la reine des dentelles », que vous pouvez découvrir dans le musée local des Beaux-Arts. Entre Manche, Calvados et Orne, la route de la dentelle normande passe par les plus importants lieux de production du XIXe siècle, de la Perrière, dans l'Orne, à Villedieu-les-Poêles, dans la Manche, en passant par les villes précédemment évoquées.

© GERARD - STOCK.ADOBE.COM

LA GASTRONOMIE NORMANDE

Riches, les plats traditionnels de la région le sont assurément. Riches, car souvent à base de crème et de beurre, mais également riches de leur diversité ! Les fromages se comptent ici par dizaines, et sont répartis sur l'ensemble de la région, depuis le neufchâtel, à l'est, jusqu'à la trappe de Bricquebec, à l'ouest. Ils sont le plus souvent servis entre le plat principal et le dessert, mais peuvent aussi être présentés en tarte, ou constituer le plat principal, à l'image du camembert rôti. Les viandes, souvent accompagnées de sauces à base de crème, sauront ravir les amateurs, telle l'escalope normande – à base de veau, c'est important. Les tripes à la mode de Caen et l'andouille de Vire, du côté des abats, mais aussi les grillades d'agneau de pré-salé sont parmi les plats les plus recherchés. Les crustacés se déclinent selon des plateaux ou en accompagnement de poissons qui, eux aussi, ne manquent pas : le filet de poisson à la normande, avec pommes de terre et crème, est le plus fréquent. L'ensemble est le plus souvent accompagné de cidre, le calvados, de son côté, étant servi en digestif où au moment du trou normand, quand il n'est pas utilisé pour faire flamber viandes et desserts. Ces derniers, enfin, se déclinent selon les fruits locaux, dont bien évidemment la pomme. La star des desserts n'en est pas moins la teurgoule, elle aussi très riche, et dont vous trouverez la recette ci-après. Et puis, à l'instar de toute gastronomie, la cuisine normande évolue au gré de l'imagination des chefs.

Neufchatel. © PICTURE PARTNERS - STOCK.ADOBE.COM

LA TEURGOULE

© CATHERINE CLAVERY - STOCK.ADOBE.COM

Peut-être en dégusterez-vous le long de l'un des parcours de ce guide : les occasions ne manqueront pas. La teurgoule est en effet le dessert star de la Normandie, une sorte de condensé des meilleurs produits du coin en un dessert.

Simple à réaliser, elle demande néanmoins un long temps de cuisson.

POUR 8 PERSONNES,

1 • Mélangez 150 grammes de riz et 200 grammes de sucre avec deux cuillères à café de cannelle – une variante avec de la vanille existe.

2 • Faites chauffer – mais non bouillir – 2 litres de lait entier que vous ajoutez au mélange dans un vaste plat rond et profond.

3 • Faites cuire l'ensemble 5 heures à 130 degrés : la cuisson est longue, pour permettre à la texture crémeuse de bien prendre.

Vous pouvez conserver la teurgoule quelques jours au frais, mais l'attrait de cette dernière fait qu'en général, le plat est rapidement vidé !

LE FOLKLORE NORMAND

Disons-le clairement : à côté de nos voisins bretons, le folklore local n'est pas le plus connu. Peut-être est-ce à cause de la multiplicité des langues normandes, des danses et des habits. Par conséquent les chants normands se distinguent selon qu'ils se chantent en patois ou en français. Les gens du Cotentin considèrent que « su la mé » (traduisez « sur la mer »), du poète local Alfred Rossel, est leur hymne, tandis que d'autres Normands s'en tiendront à « Ma Normandie » (que l'on appelle également « J'irai revoir ma Normandie ») de Frédéric Bérat.

Les danses locales, encore entretenues par quelques groupes, se font au son de l'accordéon le plus souvent, sont très rythmées et se distinguent selon promenades, rigodons ou pastourelles. Elles se réalisent en habit normand : coiffe imposante en dentelle et robe large, souvent colorée et surmontée d'un châle pour les dames, bonnet ou casquette noire pour les hommes, qui revêtent également une blaude, vaste tunique de coton, ou parfois une marinière, selon que vous vous trouvez à l'intérieur des terres ou au bord de la mer.

LA LÉGENDE DU SEIGNEUR DE TESSÉ

Votre parcours dans le Sud normand vous fait découvrir la tour de Bonvouloir, en forêt d'Andaines, à la forme sans équivoque. La légende raconte que l'abandon d'un cheval est à l'origine de cette dernière. Ainsi Hugues, seigneur de Tessé, avait abandonné dans ces bois son cheval, qu'il jugeait trop vieux. Plusieurs jours plus tard, il le retrouve complètement revigoré. Montant sur son destrier, celui-ci l'amena directement aux sources de Bagnoles de l'Orne. Bien inspiré, le seigneur prit ici un bain et retrouva à son tour jeunesse et fougue. Il rencontra alors madame de Bonvouloir, avec laquelle il eut une progéniture nombreuse. On dit que la tour, nommée en l'honneur de sa douce, serait comme un hommage à cette vitalité retrouvée, l'apparence de cette dernière le prouverait…

Tour de Bonvouloir.

Les PARCOURS

Balade a velo près du Mont-Saint-Michel.

Du nord au sud, la Normandie est un vaste territoire aux multiples facettes. Que vous partiez sur la route de la Vélowest Normandy pour visiter les plages du Débarquement, les tapisseries de Bayeux ou le Mont-Saint-Michel, ou le long de la Seine, de Honfleur à Vernon en passant par Rouen ; la région n'aura pas fini de vous étonner. À pied, à vélo ou en transports en commun, chaque parcours est l'occasion de découvrir une Normandie historique, intimiste et accueillante. Escaladez les hauteurs de la Suisse normande, écoutez les récits des batailles pour la libération de la France sur les plages du Débarquement, dégustez un morceau de camembert avec un verre de cidre sur une terrasse à Dieppe, randonnez sur les sentiers balisés le long des falaises à Étretat ; il y a de nombreuses activités à essayer tout au long de l'année ! Que vous préfériez les longues balades sur le littoral, pédaler au milieu des marais du Cotentin ou encore les pauses bien-être au milieu de la forêt à Bagnoles-de-L'orne Normandie, chacun y trouvera son compte !

En suivant la Seine, DE VERNON À HONFLEUR

CE PARCOURS ÉPOUSE LE FIL DE LA SEINE : VÉRITABLE FIL BLEU, DUQUEL VOUS NE VOUS ÉLOIGNEREZ JAMAIS, IL VOUS FAIT SUIVRE UN ITINÉRAIRE JALONNÉ DE CHÂTEAUX, DE VILLES HISTORIQUES, DANS UN ENVIRONNEMENT NATUREL LE PLUS SOUVENT PRÉSERVÉ ET REMARQUABLE, ET TERMINANT EN APOTHÉOSE PAR LE SPLENDIDE ESTUAIRE DE LA SEINE. POUR DÉBUTER CELUI-CI, RENDEZ-VOUS À VERNON : LA PETITE SOUS-PRÉFECTURE DE L'EURE EST TRÈS BIEN RELIÉE À LA CAPITALE, ET À ROUEN, PAR DE FRÉQUENTS TRAINS, QUI PERMETTENT NOTAMMENT D'EMBARQUER VOS VÉLOS. CAR C'EST L'AUTRE AVANTAGE DE VOTRE PARCOURS : LA VOIE VERTE « LA SEINE À VÉLO » VOUS PERMET DE SUIVRE VOTRE CHEMIN EN VOIE PROPRE OU PARTAGÉE, CETTE DERNIÈRE ÉVITANT LES ROUTES TROP FRÉQUENTÉES. LE SENTIER DE GRANDE RANDONNÉE 2 (GR2 POUR LES INITIÉS) SUIT ÉGALEMENT LE FLEUVE. LA SEINE, TOUT AU LONG DE VOTRE ITINÉRAIRE QUE VOUS SUIVREZ DE L'AMONT VERS L'AVAL, EN SUIVANT SES MÉANDRES, NE CESSERA DE PRENDRE DE L'AMPLEUR : SON TRAFIC Y EST DEPUIS PRESQUE TOUJOURS IMPORTANT. STRATÉGIQUE, SON IMPORTANCE A FAÇONNÉ UNE RICHE HISTOIRE. RENDEZ-VOUS FACE À LA COLLÉGIALE NOTRE-DAME DE VERNON, POINT DE DÉPART DE VOTRE ITINÉRAIRE.

COMMUNES TRAVERSÉES :

VERNON, GIVERNY, LES ANDELYS, POSES, PONT DE L'ARCHE, SAINT-ÉTIENNE-DU-ROUVRAY, ROUEN, LA BOUILLE, LE HAVRE.

VERNON ET GIVERNY

Actif et commerçant, le cœur de Vernon est animé et vous permettra de faire les courses nécessaires avant de débuter votre itinéraire. La collégiale Notre-Dame, que vous découvrez ici, date du XIIe siècle, et a été remaniée au fil des siècles, gardant des témoignages de chaque époque, faisant son originalité.

L'autre spécificité de Vernon, c'est d'être répartie sur les deux rives de la Seine : à la majeure partie de la ville, rive gauche, répond le petit quartier de Vernonnet, rive droite. Seul le pont Clemenceau relie les deux rives : depuis celui-ci, vous apercevrez les aménagements récents des bords de Seine, côté centre-ville puis, avant d'arriver sur l'autre rive, juste sur votre gauche, le vieux moulin, dernier de ceux ayant existé ici. Cet édifice à colombages repose sur deux piles de l'ancien pont médiéval. Prenez la direction de Giverny, que vous gagnez après 5 kilomètres environ. Mondialement connu des amateurs de peinture impressionniste, le nom de la petite commune résonne en écho de celui du peintre Claude Monet. Ce dernier a en effet vécu ici de 1883 à sa mort, en 1926. Après avoir vécu à Argenteuil, Paris, Vétheuil ou encore Poissy, le peintre s'est installé dans un ensemble appelé « Le Clos Normand ».

SYLVIE PALPANT

100% vélo, 100% nature

Directrice de Vélo Loisir Provence depuis 2006, structure qu'elle a intégrée dès sa fondation en 1996, Sylvie Palpant a passé plus d'heures sur la selle de son vélo que dans un bureau. Enfant déjà, elle avait décidé d'aller à vélo au collège de L'Isle-sur-la-Sorgue où elle était scolarisée, à 10 km de sa maison, une fois par semaine. Elle devait monter son vélo dans le couloir du proviseur car il n'y avait alors aucune structure pour le parquer. En 1995, Sylvie Palpant réalise son mémoire de master sur le développement du vélo-tourisme dans le Parc naturel régional du Luberon. « *Ce fut le premier territoire en France à baliser une itinérance en vélo. Mais il restait à faire connaître l'itinéraire et organiser son animation, impliquer hébergeurs, restaurateurs, loueurs…* » Cette démarche donna naissance au label Accueil vélo et à l'association Vélo Loisir Luberon, devenue depuis Vélo Loisir Provence, forte de 13 salariés et regroupant 180 professionnels de la filière tourisme. Son expertise est reconnue dans toute la France. « *On a fait appel à nous pour la Loire à vélo, nous sommes coordinateurs sur l'EV8, la véloroute de la Méditerranée. Nous sommes référents pour les tracés et le balisage, mais aussi la formation des professionnels de la filière touristique. Ce n'est pas le vélo sportif qui m'intéresse, mais le vélo plaisir et le développement du vélo au quotidien.* » Et que fait Sylvie Palpant en vacances ? Elle part en itinérance à vélo : « *Pendant 10 ans nous sommes partis en famille avec nos quatre filles, en France et en Europe. Et j'ai fait une demi-douzaine de fois le tour du Luberon !* »

→ www.veloloisirprovence.com

Parcours DE VERNON À HONFLEUR

La Porte Océane

Cinq siècles ont façonné cette ville aux mille visages, berceau de l'impressionnisme au XIXe siècle et musée à ciel ouvert de nos jours, grâce aux œuvres créées à l'occasion de « Un Été au Havre ».

Le charme d'autrefois

Avec ses rues pavées, ses maisons à colombages et son célèbre Vieux Bassin, Honfleur attire les visiteurs du monde entier. Haut lieu de l'art, elle a inspiré de nombreux peintres impressionnistes.

Village d'artistes

Cette commune des bords de Seine est devenue touristique grâce à son bac, ses restaurants, ses ruelles et ses galeries de peinture. On y trouve la maison natale d'Hector Malot, l'auteur de *Sans famille*.

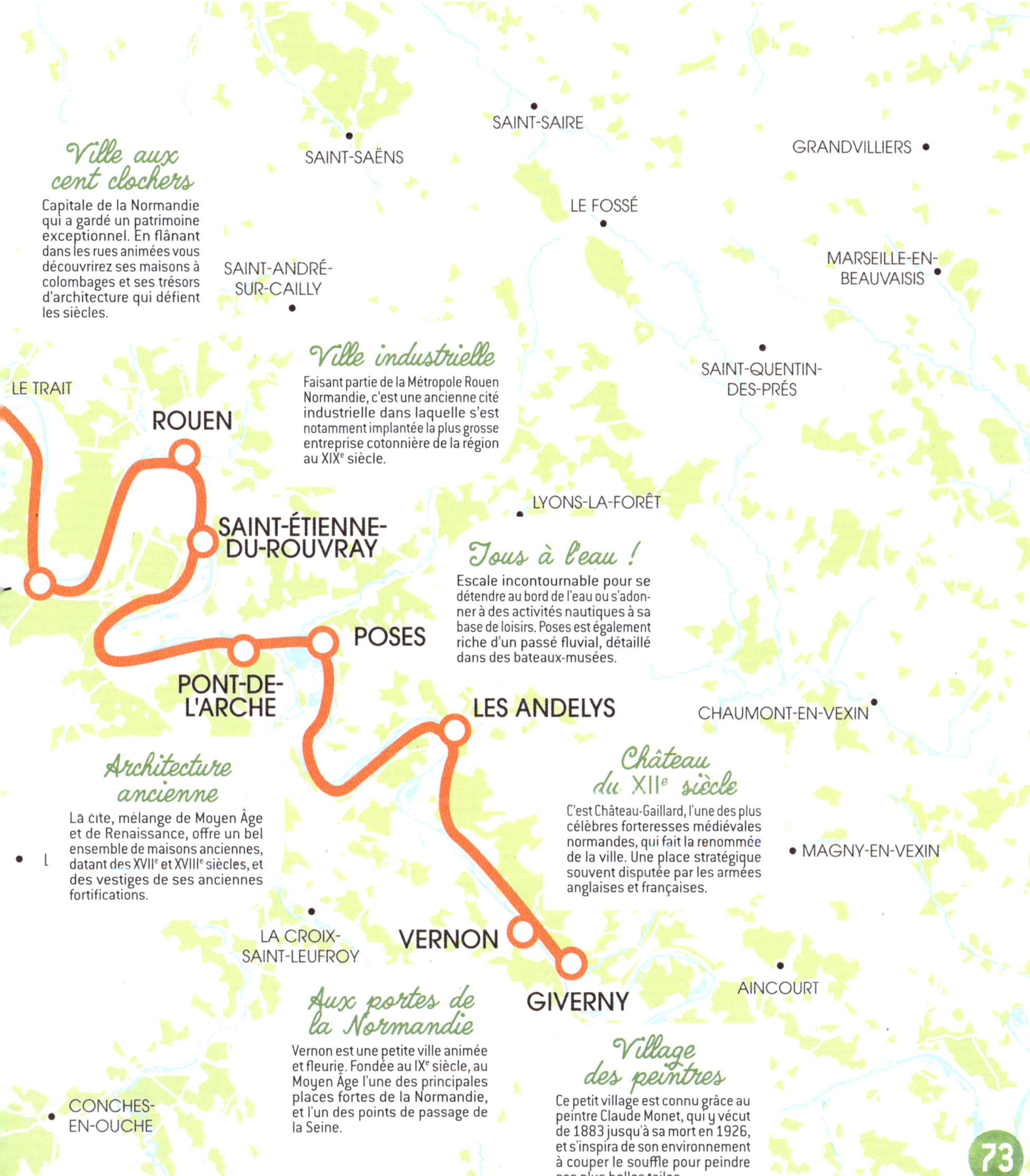

Ville aux cent clochers

Capitale de la Normandie qui a gardé un patrimoine exceptionnel. En flânant dans les rues animées vous découvrirez ses maisons à colombages et ses trésors d'architecture qui défient les siècles.

Ville industrielle

Faisant partie de la Métropole Rouen Normandie, c'est une ancienne cité industrielle dans laquelle s'est notamment implantée la plus grosse entreprise cotonnière de la région au XIXe siècle.

Tous à l'eau !

Escale incontournable pour se détendre au bord de l'eau ou s'adonner à des activités nautiques à sa base de loisirs. Poses est également riche d'un passé fluvial, détaillé dans des bateaux-musées.

Architecture ancienne

La cité, mélange de Moyen Âge et de Renaissance, offre un bel ensemble de maisons anciennes, datant des XVIIe et XVIIIe siècles, et des vestiges de ses anciennes fortifications.

Château du XIIe siècle

C'est Château-Gaillard, l'une des plus célèbres forteresses médiévales normandes, qui fait la renommée de la ville. Une place stratégique souvent disputée par les armées anglaises et françaises.

Aux portes de la Normandie

Vernon est une petite ville animée et fleurie. Fondée au IXe siècle, au Moyen Âge l'une des principales places fortes de la Normandie, et l'un des points de passage de la Seine.

Village des peintres

Ce petit village est connu grâce au peintre Claude Monet, qui y vécut de 1883 jusqu'à sa mort en 1926, et s'inspira de son environnement à couper le souffle pour peindre ses plus belles toiles.

C'est l'époque où celui-ci, déjà connu, peint des paysages du quotidien ou des bâtiments à différents moments de la journée, ou selon différentes saisons. Inspiré par les paysages naturels, il entretient autour de sa propriété un splendide jardin : sa visite est l'un des immanquables de la petite commune, ainsi que la découverte de la maison, dont le petit salon bleu et les appartements privés. L'ensemble est classé Monument historique et « Maison des Illustres », et est géré par l'Académie des Beaux-Arts. Ce sont plus de 500 000 visiteurs qui viennent ici chaque année, faisant des lieux le second site le plus fréquenté de Normandie, après le Mont-Saint-Michel. Dans le village, vous pourrez également découvrir le musée des impressionnismes de Giverny, comptant de nombreuses œuvres. Pour vous restaurer, restez dans l'esprit en faisant étape à la Guinguette de Giverny, assurément l'un des plus accueillants des établissements. Reprenez votre itinéraire en restant sur la même rive de la Seine, longeant celle-ci entre collines et fleuve, vers l'aval : traversez par la Départementale 313 les petits villages de Pressagny-le-Val, Port-Mort (ou vous pourrez découvrir un joli menhir surnommé « gravier de Gargantua ») et Bouafles jusqu'à atteindre Les Andelys, que vous traversez également dans votre parcours « De l'Eure au Pays d'Auge ».

DES ANDELYS À ROUEN

Petite sous-préfecture de l'Eure, la ville est dominée par son massif Château-Gaillard. Ce dernier, qui marque l'entrée de la ville lorsque vous suivez la Seine depuis l'amont, date du XIIe siècle. Situé sur une butte calcaire, dominant un méandre de la Seine, il se distingue de très loin, et l'état de conservation de son donjon est quasiment unique pour un édifice du XIIe siècle. Au-delà, la commune des Andelys se divise entre des quartiers bas, situés le long de la Seine, et d'autres situés en hauteur, où se trouvent les commerces et de beaux éléments d'architecture, dont la collégiale Notre-Dame. L'ensemble constitue une parfaite ville-étape. Vous pourrez, par exemple, passer la nuit à la Villa Aliénor, à proximité de la Seine, dans un magnifique relais du XVIIIe siècle reconverti en une jolie maison d'hôtes. En poursuivant vers l'aval, les coteaux calcaires qui longent la Seine, rive droite, constituent une zone de protection Natura 2000 où vous pourrez peut-être apercevoir, par exemple, ce joli petit papillon qu'est le Grand mars changeant, ou admirer des pentes colorées de jaune par une jolie fleur : la Biscutelle de Neustrie.

Les amateurs de parapente et d'escalade pourront, en toute prudence, également s'y adonner. Depuis Les Andelys, prenez le pont suspendu, et continuez vers l'aval sur la rive gauche. Vous prenez la petite rue de la Garenne et gagnez la mairie des Trois-Lacs, en longeant des lacs artificiels issus de l'exploitation de carrières. Vous poursuivez via le chemin de halage, longez le petit port de plaisance de Venables, passez Saint-Pierre-du-Vauvray et poursuivez jusqu'à Poses. Ici, une petite association fait vivre la mémoire de la batellerie au moyen de balades sur la Seine avec deux bateaux, la *Fauvette* et le *Midway* : de rares moments pour entretenir la mémoire de métiers qui ont profondément changé.

Les Andelys.

GERMAIN LELARGE

Fondateur du Domaine Écologique des Roches Noires

UNE EXPLOITATION AGRICOLE, MAIS AUSSI UN LIEU DE SENSIBILISATION

Comment vous est venue l'idée de lancer un domaine comme celui-ci ?

Je suis né à la campagne et j'ai toujours aimé la nature. Pendant des années, j'ai travaillé dans le web, mais je voulais me recentrer sur les questions en rapport avec les problèmes environnementaux. Ayant une maison de vacances dans le coin, j'ai découvert un terrain totalement recouvert par les ronces et abandonné : le lieu idéal, entre mer et nature, pour lancer un domaine écologique.

Les lieux étaient composés, au-delà du terrain qu'il a fallu totalement débarrasser de ses ronces, d'un ancien bâtiment industriel – une cidrerie – que nous avons entièrement rénové. L'avantage, c'est que pendant 25 ans, les lieux avaient été vierges de tout pesticide, donc très sains pour démarrer notre exploitation agricole.

Le Domaine des Roches Noires, c'est quoi ?

C'est d'abord une exploitation agricole, totalement bio, où les productions sont réalisées selon les principes de permaculture. Le maraîchage se fait ainsi sur sol vivant, en utilisant du compost lui aussi produit sur place. Nous récoltons ainsi notamment fraises, framboises, tomates, salades, haricots, petits pois, oignons, courgettes, ou encore radis que nous vendons sur place de mai à octobre aux particuliers. Des restaurateurs locaux, des épiceries fines et cantines locales comptent également parmi nos clients.

Quel est l'autre axe du Domaine ?

La sensibilisation ! Le bâtiment industriel rénové nous permet de proposer de nombreux ateliers de sensibilisation à l'écologie et à la permaculture, mais aussi des ateliers, avec notre cuisine pédagogique, l'ensemble à destination de tous, scolaires compris. Le bâtiment, d'une surface de 250 m², est le lieu dédié pour ces activités !

Heureux de ce changement de vie ?

Oui, c'est un projet de couple qui prend de l'ampleur, et qui est très épanouissant !

La petite commune de Poses, comme posée le long du fleuve, fait face à de nombreuses îles, qui peuvent rendre la circulation des bateaux difficile : Grande-Île, Île Gribouillard, Île Vadeney, Île du Trait. Poses, c'est aussi un barrage sur la Seine, auquel a été adjointe une petite centrale hydroélectrique.

C'est surtout, pour de nombreux vacanciers, une base de loisirs créée sur le lac niché au cœur du méandre. Poursuivez votre chemin jusqu'à Pont de l'Arche. La ville est connue pour sa belle abbaye de Bonport, classée Monument historique, de style roman et fondée par Richard Cœur de Lion. Là, le pont qui traverse la Seine enjambe également l'Eure. La confluence de cette dernière avec le fleuve est à quelques kilomètres plus à l'ouest, mais c'est un peu comme si les deux cours d'eau avaient du mal à se séparer, et Eure et Seine évoluent en parallèle à quelques dizaines de mètres : c'est le cas à Pont de l'Arche ! Si vous êtes à la recherche de bons produits, filez jusqu'à Val-de-Reuil, à quelques kilomètres : le magasin géré par l'association des maraîchers bio des hauts-prés vous propose de nombreux paniers de légumes de saison, garantis 100 % naturels : de quoi préparer votre pique-nique ! Vous pouvez ensuite revenir vers l'Eure, que vous longez jusqu'à la confluence, puis de nouveau la Seine jusqu'à Elbeuf. Vous arrivez ici dans les banlieues sud de Rouen. Elbeuf, au cœur d'un énième méandre, est coincée entre Seine et coteaux. Industrielle, la ville compte des lieux de culte luthériens : lorsque l'Alsace et la Lorraine étaient annexées, de 1870 à 1914, de nombreux réfugiés y sont venus, et se sont plu dans la ville au point d'y rester. Là, ne manquez pas une visite à la Fabrique des Savoirs : vous y trouvez le musée d'Elbeuf, qui compte de belles collections de machines et de taxidermie, mais aussi un très joli centre dédié à l'architecture. Pour déjeuner, on ne saura que trop vous conseiller Alter Klavass, un chouette restaurant où les menus développent une cuisine préparée sur place, avec d'excellents produits, y compris pour les végétariens. Restez rive gauche, traversez la petite commune d'Orival et empruntez le chemin de la Roche Foulon : vous prenez un peu d'altitude, et arrivez dans un vaste massif forestier, celui de la Londe-Rouvray. Là, pendant des décennies et jusque dans les années 1950, des habitations troglodytes ont hébergé de nombreuses personnes.

Si elles ne sont plus occupées aujourd'hui, il en reste de nombreuses traces, et un sentier vous invite à les découvrir. Plus loin, un magnifique panorama sur le méandre que vous venez

Rouen.

de parcourir s'offre à vous : celui de la Roche Fouet. La forêt est le poumon vert de l'agglomération rouennaise, elle a également marqué l'histoire de la région. Si Richard Cœur de Lion – encore lui ! – avait fait édifier un château dont il ne reste que quelques ruines, les soldats, principalement canadiens, ont payé un lourd tribut lors des combats pour la libération en 1944. Victorieux au prix de lourds sacrifices, ces derniers ont permis d'ouvrir la voie vers Paris. Labellisée « Forêt d'exception » par l'Office National des Forêts, ce poumon vert de l'agglomération rouennaise compte de nombreux points d'eau, le cadre idéal pour le développement du menacé triton crêté, ainsi qu'une faune abondante, des chevreuils aux oiseaux. Poursuivez votre chemin vers le nord, jusqu'à arriver à Saint-Étienne-du-Rouvray. La ville, industrielle, marque votre entrée dans une agglomération réputée également pour ses nombreuses installations portuaires. Regagnez le cours de la Seine, puis longez cette dernière par le chemin de halage, qui longe de nombreuses usines. Poursuivez encore, passez sous le pont Mathilde, et gagnez le pont Corneille que vous traversez : vous arrivez au cœur de Rouen.

ROUEN

On l'appelle « La ville aux cent clochers », et depuis les collines qui l'entourent, le panorama sur l'immense cité permet en effet d'en apercevoir de très nombreux. Ville-centre de la plus grande agglomération normande, préfecture de la région Normande, elle est également un port fluvial de première importance : premier port européen pour les céréales, premier de France pour les farines et les engrais, il compte de vastes installations.

Jusqu'ici arrivent de navires pouvant atteindre presque 300 mètres de longueur et 150 000 tonnes. Jusqu'à l'estuaire de la Seine, à environ 80 kilomètres par le fleuve, les ponts (Normandie, Tancarville, Brotonne) permettent le passage de bateaux hauts de 50 mètres. L'histoire et l'essor de la ville se confondent avec la Seine : les lieux qui étaient peuplés dès l'époque gallo-romaine, ont attisé les velléités territoriales des vikings qui ont rudement attaqué les lieux au IXe siècle, puis est venue l'époque des Normands, jusqu'en 1204, où Rouen est rattachée au domaine royal suite au siège de la ville par Philippe Auguste, avant d'être occupé, entre 1419 et 1449, par les Anglais – période pendant laquelle Jeanne d'Arc fût brûlée dans la ville, en 1431. Le XVe siècle marque l'essor économique de la ville, principalement autour de ses activités portuaires.

Les XVIIIe et XIXe sont marqués par la révolution industrielle, et la ville compte en parallèle plusieurs milliers de tisserands. Si la ville subit de lourdes destructions lors de la Seconde Guerre mondiale, elle n'en est pas pour autant rayée de la carte, comme Le Havre, Caen ou Saint-Lô. L'immédiat après-guerre est marqué par un développement économique très fort.

Aujourd'hui, ville universitaire et culturelle, Rouen est parfois considérée comme une lointaine banlieue de Paris : à tort ! Certes, la ville n'est qu'à une petite heure de train de la capitale, mais elle conserve son identité propre. Maintenant que la ville vous est plus familière, arpentez le Vieux Rouen.

Les maisons à pans de bois des rues de Martainville, Damiette, Eau-de-Robec ou Saint-Romain, notamment, sont à découvrir impérativement. Première ville à avoir mis en place un plateau exclusivement piétonnier, Rouen compte – on vous l'a dit précédemment – de nombreuses églises, dont la plus connue est la cathédrale Notre-Dame. Joyau de l'art gothique français, son édification s'est étalée du XIIe au XVIe siècle. Ses décors sculptés, ses portails, sa tour Saint-Romain et bien évidemment, ses intérieurs simples et uniques à la fois, en font un ensemble d'exception.

Si la cathédrale a souffert pendant la Seconde Guerre mondiale, sa restauration lui a redonné son lustre initial. Autre symbole de la ville : le Gros Horloge. Cet édifice fut tour à tour hôtel de ville et beffroi, dont il reste une tour (1389) et un pavillon Renaissance (1527) qui enjambe la rue par une arche surbaissée. Vous y trouverez représenté de nombreuses fois l'emblème de la ville : le mouton. Sur chaque face, un cadran en plomb doré et richement ornementé est encadré de deux pilastres. Vous remarquerez qu'il n'a qu'une seule aiguille, celle des heures.

La cathédrale gothique de Rouen.

© E55EVU - ISTOCKPHOTO.COM

La ville compte également de nombreux musées : l'incontournable musée des Beaux-Arts, celui des traditions et arts normands ou de la céramique comptent de très riches collections. Savourer ici les délices sucrés de la Maison Vatelier, prendre un verre à la Fée Torchette ou dîner de plats de poissons à la Pêcherie, sur les quais, combleront vos envies de sorties et de gastronomie. Assurément, la visite de Rouen mérite bien deux journées entières, et constitue l'un des points principaux de votre parcours.

DE ROUEN AU HAVRE : LES BOUCLES DE LA SEINE

Vous quittez la ville en suivant la Seine sur sa rive gauche, toujours vers l'aval. L'approche de la mer se fait sentir de plus en plus : le cours du fleuve s'élargit peu à peu, et le marnage se fait sentir. Après avoir passé les villes portuaires et industrielles de Petit-Couronne et Grand-Couronne, vous montez sur les coteaux, vers la petite ville de Moulineaux, afin de découvrir le château de Robert le Diable. Cette forteresse médiévale située en hauteur, permettant ainsi de dominer toute la région, a été fondée au Xe siècle. Si, de Robert le Diable ou Robert II de Bellême, on ne sait lequel est à l'origine de cet ensemble architectural, dont le donjon reste bien conservé, les visites guidées sont régulièrement proposées, permettant de ne pas passer à côté de son histoire. Malheureusement, lors de la construction de l'autoroute de Normandie, on a décidé de faire passer à quelques mètres seulement du château la voie rapide : l'environnement est donc assez bruyant. On imagine mal aujourd'hui autoriser l'édification d'une telle artère routière au pied d'un vestige… Pour poursuivre votre itinéraire, redescendez sur les bords de Seine et poursuivez vers l'aval. Vous passez le charmant petit village de la Bouille, relié à l'autre rive du fleuve par un bac. Blottie autour de son église, épousant le cours de la Seine, la commune a été peinte par de grands noms, dont Sisley et Pinchon.

Quelques kilomètres plus loin, en suivant le chemin de halage, vous arrivez face à Duclair, que vous pourrez gagner en empruntant, là aussi, un bac. Peut-être apercevrez-vous sur les bords de Seine le canard de Duclair, espèce originaire d'ici. Ne manquez pas d'admirer le château du Taillis, dont le parc est sublime. Depuis quelques kilomètres, sans peut-être le savoir, vous arpentez le territoire du Parc naturel régional des Boucles de la Seine Normande, lequel s'étend jusqu'aux portes du Havre. Créé en 1974 sous le nom de Parc naturel régional de Brotonne, il s'étire d'ouest en est, la Seine étant une sorte de fil bleu, mais le parc englobant les plateaux et marais environnants. La richesse de la faune, de la flore et des paysages, dans un espace compris entre les deux métropoles de Rouen et du Havre, a justifié l'existence de celui-ci. Pour tout saisir des enjeux environnementaux des lieux, la Maison du Parc, située à Notre-Dame-de-Bliquetuit, plus à l'ouest, est un incontournable. Poursuivez, depuis Duclair, rive droite, en empruntant le chemin de halage. Tournez à droite lorsque vous arrivez au niveau du bac, pour gagner la petite commune du Mesnil-sous-Jumièges : la visite du manoir Agnès Sorel vous plongera dans les périodes de la royauté, la visite de cette belle bâtisse valant de surcroît le détour. Continuez encore, et vous arrivez à Jumièges, qui a donné son nom à la presqu'île éponyme, au cœur d'un méandre. Jumièges est principalement connue pour son abbaye, la plus haute église de Normandie au XIe siècle.

C'est en effet autour de 1040 que l'abbé Robert de Jumièges, dit Champart, lance la reconstruction du monastère puis l'édification de l'abbatiale Notre-Dame dans le style roman. En 1204, la construction du chœur est entreprise et fait entrer le style gothique dans l'ensemble. En mai 1552, les protestants pillent le monastère : autels, saintes reliques, argenterie, meubles, vin, provisions, bêtes, tout est détruit ou volé. Un siècle plus tard, en 1663, la bibliothèque est reconstruite, le nouveau logis abbatial est terminé en 1671, puis le grand dortoir en 1732. Mais la grandeur de l'abbaye est un lointain souvenir. Finalement, la Révolution de 1789 réduit l'ensemble à l'état de ruines. Le site sert dès lors de carrière de pierres jusqu'en 1824. La visite de ces lieux constitue un incontournable de votre trajet. Sur l'autre rive de la Seine, la forêt domaniale de Brotonne : sur près de 7 000 hectares dûment protégés, les activités sportives et nature sont possibles. La faune, en revanche, y est peu diversifiée, en raison du relatif isolement du massif : la Seine, au nord, et l'autoroute de Normandie, au sud, constituent des barrières – naturelle pour l'une, artificielle pour l'autre. Vous passez ensuite Caudebec-en-Caux, dont le véritable nom est aujourd'hui « Rives-en-Seine » en raison du regroupement des communes environnantes. Les lieux, que vous pouvez également découvrir par l'intermédiaire du parcours « Pays de Caux, Pays de Bray », comptent notamment un joli quai, depuis lequel vous pouvez admirer le passage des cargos et la haute armature du pont de Brotonne. Plus loin, Villequier est célèbre pour son musée Victor Hugo : c'est ici que l'illustre auteur a vécu le drame de sa vie, la noyade de sa fille et de son gendre, lorsque le canot sur lequel ils voguaient a chaviré. Revenez sur vos pas, repassez Caudebec et empruntez le pont de Brotonne, pour longer la Seine sur la rive gauche. Avant un avant-dernier méandre, vous arrivez dans un espace unique : le Marais Vernier. Lui aussi entièrement compris sur le territoire du Parc naturel régional des Boucles de la Seine Normande, cet espace est niché dans un ancien méandre de la Seine – ce que n'importe quelle carte géographique vous montrera aisément.

Comment un méandre peut-il disparaître ? La réponse est simple : ce sont deux coudes qui étaient si proches qu'ils se sont finalement réunis, les flots délaissant le lit initial qui formera ainsi le sud de cet espace, en contrebas de coteaux d'où la vue sur l'ensemble est magnifique. Le Marais Vernier, c'est l'histoire de la victoire finale de la nature sur l'homme. Depuis le Moyen Âge et jusqu'au XXe siècle, les tentatives d'assécher ce dernier, puis de le transformer en espace d'agriculture intensive, ont échoué.

À la fin des années 1970, une prise de conscience s'opère enfin : celle de la grande valeur paysagère et écologique du marais, enfin reconnue. Venir visiter le Marais Vernier aujourd'hui, c'est un moment à part : vergers et habitations occupent les coteaux, lesquels dominent des terres où agriculture raisonnée, petits canaux et arbres têtards, représentatifs des lieux, strient avec douceur le paysage. Plusieurs mares, souvent proches de la Seine, participent à cet écosystème unique. Au loin, l'avant-dernier pont avant le Havre : celui de Tancarville, resté jusqu'en 1995 et l'inauguration du pont de Normandie le premier lien entre Le Havre et l'autre rive. Rejoignez Foulbec, puis empruntez la Départementale 312 jusqu'à Berville-sur-Mer – qui se trouve en fait sur l'estuaire. Gagnez le chemin de halage, et rapprochez-vous du pont de Normandie, sous lequel vous passerez enfin : l'ouvrage, qui a nécessité 7 années de travaux, est longtemps resté le plus long pont à haubans du monde. Le passage sous celui-ci, original et impressionnant, précède de quelques centaines de mètres votre arrivée à Honfleur, le point final de votre parcours. Haut lieu du tourisme normand, la ville a gardé son charme d'autrefois et son port, peint à d'innombrables reprises par les plus grands noms, est un petit morceau de Normandie à part entière. Depuis Honfleur, vous pouvez continuer jusqu'à Deauville : ne manquez pas un passage au Domaine écologique des Roches Noires, exploitation agricole bio, mais aussi lieu de sensibilisation de premier plan. Vous pouvez également emprunter le pont de Normandie pour gagner Le Havre : la cité, classée au patrimoine mondial de l'UNESCO, vaut largement une visite.

Honfleur.

LES BONNES ADRESSES SUR LE PARCOURS

Collégiale Notre-Dame de Vernon
Pl. Adolphe Barette
27 200 Vernon
✆ 02 32 51 03 81
www.vernon27.fr/la-ville/patrimoine

Maison de Claude Monet
84, rue Claude Monet
27 620 Giverny
✆ 02 32 51 28 21
https://fondation-monet.com/giverny/la-maison-de-monet

Guinguette de Giverny
6, rue de Falaise
27 620 Giverny
✆ 06 72 76 03 66
https://laguinguettedegiverny.com

Château Gaillard
27 700 Les Andelys
✆ 02 32 21 31 29
www.nouvelle-normandie-tourisme.com/a-vivre-nouvelle-normandie/chateau-gaillard-le-medieval

L'auberge du Halage
34, chemin du Halage
27740 Poses
✆ 02 32 59 38 40

Villa Aliénor
1, rue Grande Entrée, Quai Grimoult
27 700 Les Andelys
✆ 06 44 19 15 22
www.villa-alienor.fr

Magasin géré par l'association des maraîchers bio
1, voie des vendaises, pôle d'agriculture biologique des Hauts Prés
27 100 Val-de-Reuil

Fabrique des savoirs
7, cour Gambetta
76 500 Elbeuf
✆ 02 32 96 30 40
http://lafabriquedessavoirs.fr

Cathédrale Notre-Dame de Rouen
Place de la Cathédrale
76 000 Rouen
✆ 02 35 71 85 65
www.cathedrale-rouen.net

Gros Horloge de Rouen
Rue du Gros Horloge
76 000 Rouen
✆ 02 32 08 01 90
www.rouen.fr/gros-horloge

Maison Vatelier
78, rue des Carmes
76 000 Rouen
✆ 02 59 05 00 01
www.maison-vatelier.com

Fée Torchette
21, rue des Augustins
76 000 Rouen
✆ 09 87 10 93 80

La pêcherie
29, pl. de la Basse Vieille Tour - 76 000 Rouen
✆ 02 35 88 71 00
www.lapecherie.fr

Château de Robert le Diable
1061, rue Lieutenant Jacques Hergault
76 530 Moulineaux
✆ 02 35 52 48 09
www.chateauderobertle-diable.fr

Maison Agnès Sorel
Manoir Agnès Sorel, Route du Manoir
76 480 Le Mesnil-sous-Jumièges

Abbaye de Jumièges
24, rue Guillaume le Conquérant
76 480 Jumièges
✆ 02 35 37 24 02
www.abbayedejumieges.fr

Domaine écologique des Roches Noires
Hameau du Grand bec
36 bis, Rte du Littoral
14 113 Villerville
✆ 07 72 18 31 03
https://instagram.com/les-rochesnoires

Le Sud normand, du PAYS D'OUCHE AU MONT-SAINT-MICHEL

HORS DES SENTIERS BATTUS, CE PARCOURS VOUS DONNE À RENCONTRER PLUSIEURS MICRORÉGIONS NORMANDES, ARPENTANT AINSI LA RÉGION PAR DE PETITS ITINÉRAIRES DANS LE SENS EST-OUEST. VOUS N'ÊTES JAMAIS ÉLOIGNÉS DES RÉGIONS LIMITROPHES DU SUD NORMAND (CENTRE – VAL DE LOIRE, PAYS DE LA LOIRE, BRETAGNE), ET TRAVERSEZ DES PAYS À BIEN DES ÉGARDS DIFFÉRENTS, MAIS QUI ONT EN COMMUN UN RELIEF PARFOIS ESCARPÉ, DES FORÊTS, DES COURS D'EAU ET LE BOCAGE NORMAND DANS TOUTE SA VERDURE.

COMMUNES TRAVERSÉES :

L'AIGLE, SAINTE-BARBE, MOULINS-LA-MARCHE, MORTAGNE-AU-PERCHE, LE MÊLE-SUR-SARTHE, ALENÇON, SAINT-CÉNERI-LE-GÉREI, BAGNOLES-SUR-ORNE, PRÉ-EN-PAIL-SAINT-SAMSON, DOMFRONT, SAINT-HILAIRE-DU-HARCOUËT, AVRANCHES, CAROLLES, MONT-SAINT-MICHEL.

DE L'AIGLE À MORTAGNE-AU-PERCHE

Ville millénaire, puisque Guillaume Le Conquérant en avait fait le lieu de préparation de l'une de ses expéditions contre les seigneurs de Nogent, l'Aigle est également une ancienne ville industrielle, qui a su se reconvertir avec brio dans le tourisme vert. Son patrimoine et son activité commerciale en font un beau point de départ. Avant d'entamer votre itinéraire, vous pouvez emprunter la toute nouvelle voie verte qui longe la Risle sur plusieurs kilomètres : l'occasion de découvrir la manufacture Bohin, qui continue depuis 150 ans de produire aiguilles et épingles, et au sein de laquelle se trouve un musée portant sur les savoir-faire locaux. Dans un autre registre, Saint-Évroult-Notre-Dame-du-Bois mérite le détour : les ruines de son abbaye, son plan d'eau et la quiétude qui se dégage de la petite commune entourée de bois sont très appréciables.

Votre parcours prend la direction de Mortagne-au-Perche, vers le sud. Les petites routes de campagne sont toutes destinées pour vos déplacements à vélo. Vous passerez à proximité de Moulins-la-Marche, où deux boulangeries réalisent de savoureuses brioches dont la recette est gardée secrète, et pour lesquelles beaucoup font des kilomètres.

© D.R.

FRANÇOISE ET JEAN GOUFFAULT

propriétaires du Jardin des Violettes

LA NATURE EST RECONNAISSANTE

Quelle est l'histoire de votre jardin ?

Elle est simple : à l'origine, il s'agissait d'un jardin vierge et abandonné. Nous sommes partis de zéro, ou presque, sur 7 000 m², pour créer un lieu où la nature prend tous ses droits. Nous avons planté des arbres pour la structure du jardin, puis des haies, des arbustes et des fleurs. Le potager occupe une grande place. C'est un coup de cœur que nous avons eu pour les lieux, et notre passé, dans le maraîchage, et l'agriculture, nous prédestinait à cet endroit.

Le jardin, c'est un travail quotidien ?

Oui, mais c'est avant tout un plaisir et un besoin ! On y consacre au moins deux heures par jour, car le jardin doit être beau en toutes saisons, c'est comme un tableau : chaque photo que l'on y prend doit être similaire à une petite œuvre d'art ! Pour l'entretien, nous avons l'habitude de dire que nous utilisons le « PTB », c'est-à-dire « Prends ta binette » ! L'entretien se fait de manière entièrement naturelle, pas de désherbant, mais la tondeuse et la débroussailleuse de temps en temps. Alors oui, c'est plus de travail, mais le résultat est là ! Prenez les pucerons par exemple, je n'utilise aucun produit chimique, mais j'asperge de l'eau, et ils ne sont plus là : la nature en est reconnaissante ! Idem pour le compost, qui permet de manière naturelle de nourrir la terre en hiver, par exemple. La faune est également reconnaissante, puisque de nombreux oiseaux passent ici.

Et aujourd'hui ?

Le jardin se visite (la réservation est impérative, car le Jardin des Violettes, c'est aussi un magnifique gîte, NDLR) et au-delà des lieux, nous expliquons comment l'entretenir de manière écologique, sans aucun produit chimique ou industriel. Les visiteurs apprécient l'endroit, et certains d'entre eux viennent ici après avoir découvert notre jardin dans des magazines spécialisés.

Parcours
DU PAYS D'OUCHE AU MONT-SAINT-MICHEL

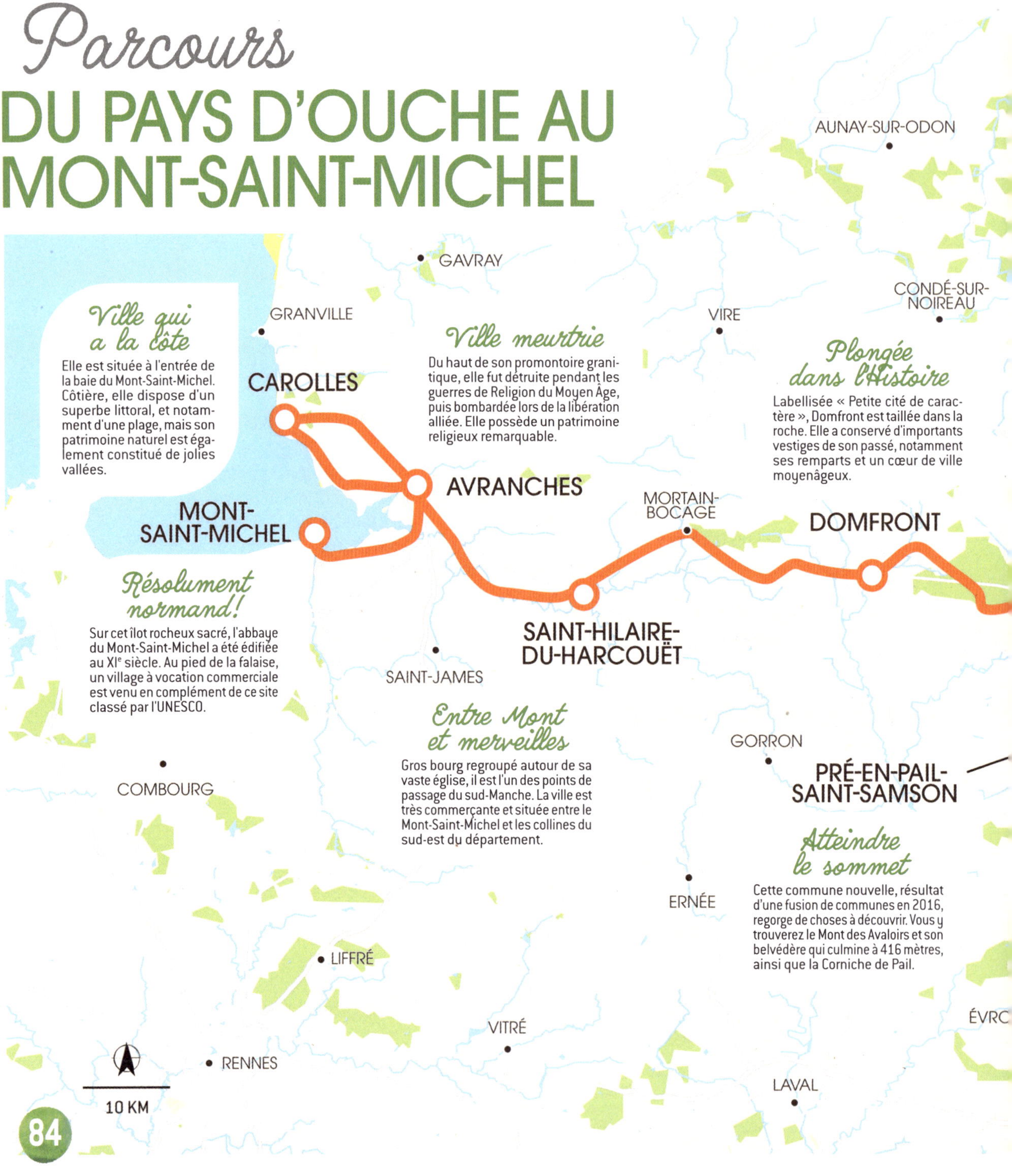

Ville qui a la côte

Elle est située à l'entrée de la baie du Mont-Saint-Michel. Côtière, elle dispose d'un superbe littoral, et notamment d'une plage, mais son patrimoine naturel est également constitué de jolies vallées.

Ville meurtrie

Du haut de son promontoire granitique, elle fut détruite pendant les guerres de Religion du Moyen Âge, puis bombardée lors de la libération alliée. Elle possède un patrimoine religieux remarquable.

Plongée dans l'Histoire

Labellisée « Petite cité de caractère », Domfront est taillée dans la roche. Elle a conservé d'importants vestiges de son passé, notamment ses remparts et un cœur de ville moyenâgeux.

Résolument normand !

Sur cet îlot rocheux sacré, l'abbaye du Mont-Saint-Michel a été édifiée au XIe siècle. Au pied de la falaise, un village à vocation commerciale est venu en complément de ce site classé par l'UNESCO.

Entre Mont et merveilles

Gros bourg regroupé autour de sa vaste église, il est l'un des points de passage du sud-Manche. La ville est très commerçante et située entre le Mont-Saint-Michel et les collines du sud-est du département.

Atteindre le sommet

Cette commune nouvelle, résultat d'une fusion de communes en 2016, regorge de choses à découvrir. Vous y trouverez le Mont des Avaloirs et son belvédère qui culmine à 416 mètres, ainsi que la Corniche de Pail.

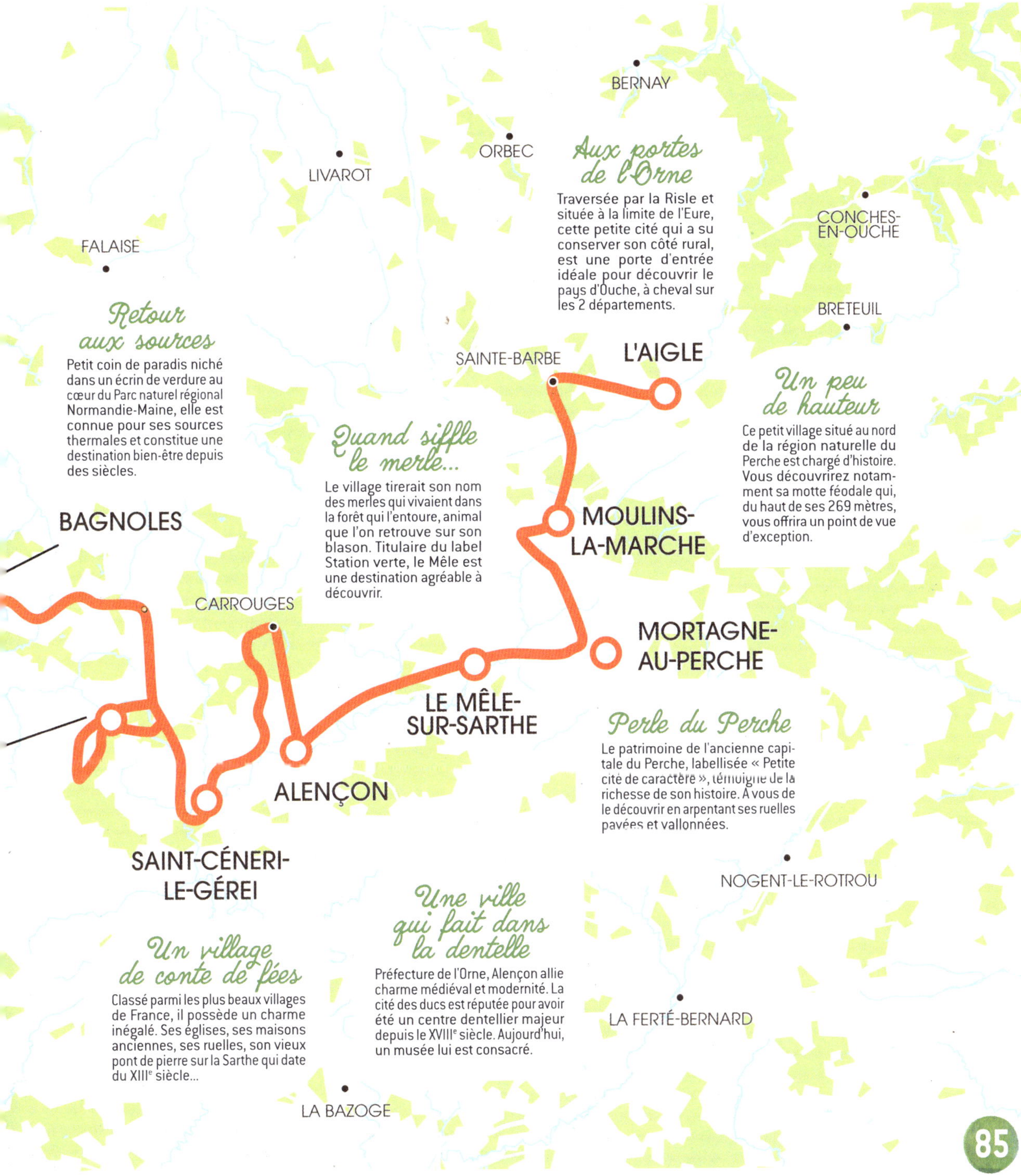

Aux portes de l'Orne

Traversée par la Risle et située à la limite de l'Eure, cette petite cité qui a su conserver son côté rural, est une porte d'entrée idéale pour découvrir le pays d'Ouche, à cheval sur les 2 départements.

Retour aux sources

Petit coin de paradis niché dans un écrin de verdure au cœur du Parc naturel régional Normandie-Maine, elle est connue pour ses sources thermales et constitue une destination bien-être depuis des siècles.

Quand siffle le merle…

Le village tirerait son nom des merles qui vivaient dans la forêt qui l'entoure, animal que l'on retrouve sur son blason. Titulaire du label Station verte, le Mêle est une destination agréable à découvrir.

Un peu de hauteur

Ce petit village situé au nord de la région naturelle du Perche est chargé d'histoire. Vous découvrirez notamment sa motte féodale qui, du haut de ses 269 mètres, vous offrira un point de vue d'exception.

Perle du Perche

Le patrimoine de l'ancienne capitale du Perche, labellisée « Petite cité de caractère », témoigne de la richesse de son histoire. À vous de le découvrir en arpentant ses ruelles pavées et vallonnées.

Un village de conte de fées

Classé parmi les plus beaux villages de France, il possède un charme inégalé. Ses églises, ses maisons anciennes, ses ruelles, son vieux pont de pierre sur la Sarthe qui date du XIIIe siècle…

Une ville qui fait dans la dentelle

Préfecture de l'Orne, Alençon allie charme médiéval et modernité. La cité des ducs est réputée pour avoir été un centre dentellier majeur depuis le XVIIIe siècle. Aujourd'hui, un musée lui est consacré.

Si le pays d'Ouche vous donne envie de passer une nuit sur place, c'est assurément au Jardin des Violettes qu'il faudra vous arrêter. Les chambres d'hôtes sont splendides et n'ont d'égal que la qualité de l'accueil de Françoise et Jean. Cernant la jolie bâtisse, un jardin, qui a, vous l'aurez compris, donné son nom au lieu : entretenu de manière naturelle, il est le paradis des fleurs en été, et est un lieu de visite à lui seul.

Vous arrivez ensuite à Mortagne-au-Perche, la plus au sud des sous-préfectures normandes – en l'occurrence, vous êtes toujours ici dans l'Orne. Visible de loin, sur une butte, elle est la seconde plus importante commune du Parc naturel régional du Perche, après Nogent-le-Rotrou, qui se trouve en Eure-et-Loir. Ville natale du philosophe Alain, elle compte de nombreuses belles demeures, et une vie commerçante active, qui vous permet d'en faire une base idéale pour partir à la découverte du Perche (NDLR : un parcours spécifique au Perche est proposé dans ce guide).

DE MORTAGNE À ALENÇON

Depuis Mortagne, direction Alençon ! Une petite quarantaine de kilomètres séparent les deux villes, joignables par la voie verte de la Véloscénie. À mi-chemin, votre parcours passera par Le Mêle-sur-Sarthe. La rivière qui arrose la petite commune entame – ou termine – son parcours (sa source ne se situe qu'à quelques kilomètres plus au nord-est) et alimente un joli plan d'eau. Dans la petite cité, une halte est hautement recommandée chez Rose Métayer. Cette maison pâtissière, totalement inattendue en un tel lieu, est devenue un incontournable en quelques années. L'expérience, le savoir-faire et les bons produits utilisés sont la recette de ces merveilles, qui peuvent aussi se décliner selon des offres véganes, sans lactose et sans gluten. Le parcours, accidenté sur sa première partie, se fait plat dans la seconde. En vous rapprochant d'Alençon toutefois, l'horizon laisse apparaître de hautes buttes : la forêt d'Écouves.

ALENÇON ET LA FORÊT D'ÉCOUVES

Capitale de la dentelle, préfecture de l'Orne, Alençon est une jolie ville au patrimoine médiéval et religieux important. Ces dernières années, le centre de la cité a fait l'objet de travaux de rénovation, réduisant la place de la voiture au profit des déambulations piétonnes : voilà qui permet une agréable promenade. Si la ville compte plusieurs parcs, le plus récent, qui a pris le nom de Simone Veil et jouxte le château, mérite un détour. Ville culturelle, Alençon est le cadre de nombreux

Méandres de la Sarthe. © DOMINIQUE VERNIER - STOCK.ADOBE.COM

festivals, dont l'un, appelé Cithem, a pour objet de mettre en avant les artistes locaux. Particularité : il est écoresponsable, ici, les couverts en bois et gobelets, par exemple, sont recyclables ! Dans les environs immédiats, les circuits de randonnée sont nombreux, comme celui appelé « des Marronniers » à Lonrai.

Direction le nord de la ville désormais, en passant par Valframbert, commune limitrophe de la préfecture qui a eu la bonne idée de se mettre à l'éco-tonte ! Les espaces verts présentent ainsi quelques allées tondues, afin de permettre le passage, et le reste est rendu à la nature. Située au nord de la ville, barrant l'horizon de son imposante stature, la forêt d'Écouves couvre un massif forestier de plusieurs milliers d'hectares, qui grimpent vers des altitudes rares en Normandie : en arrivant au sommet, à 413 mètres d'altitude, vous êtes sur le second point culminant du massif, juste après le mont des Avaloirs, qui le dépasse de 3 petits mètres seulement.

La grande variété d'arbres est l'une de ses caractéristiques : pins, sapins, hêtres, chênes et bouleaux sont autant d'espèces qui, cumulées à une faune importante (cerfs, cigognes, écureuil, martre, pic noir…), en font une zone naturelle d'intérêt écologique, faunistique et floristique. Là, c'est une zone climatique bien particulière : le printemps est doux, l'été parfois chaud, et l'hiver, il est fréquent d'observer de la neige, alors que les côtes peuvent observer des températures supérieures de près de dix degrés. La forêt, silencieuse, se pare alors de ses atours blancs, et les chemins de randonnée vous offrent des paysages à couper le souffle. C'est aussi le paradis des sportifs : cyclistes, amateurs de course à pied et cavaliers sont nombreux à fréquenter les lieux. Au passage, vous avez rejoint ici le Parc naturel régional Normandie-Maine, qui constitue depuis 2019 un Géoparc, un réseau de parcs répartis sur plusieurs continents, et dont l'objectif est de travailler ensemble pour mieux coopérer en partageant leurs expériences.

SAINT-CÉNERI-LE-GÉREI ET LES ALPES MANCELLES

Le parcours continue par la traversée des Alpes mancelles, le cœur du Parc naturel régional Normandie-Maine : depuis la forêt d'Écouves, faites une vingtaine de kilomètres vers le sud. Vous serez au cœur d'un massif à cheval sur l'Orne, la Sarthe et la Mayenne qui, avec celui de la forêt d'Écouves, est l'un des plus orientaux de l'ensemble du Massif armoricain. Votre première étape ici vous amène par un village injustement méconnu, et pourtant considéré comme l'un des plus beaux de France : Saint-Céneri-le-Gérei. Blotti sur un éperon rocheux dans un méandre de la Sarthe – rivière que vous retrouvez ici –, le village est surmonté par un joyau de l'art roman : l'église Saint-Martin. Là, la déambulation est inévitable : le cœur du village est vierge de toute construction contemporaine, et l'uniformité architecturale des quelques maisons présentes participe à sa beautés. Un peu plus loin, les jardins de la Mansonière se visitent : les amateurs de botanique, ou tout simplement de jolis lieux, ne manqueraient pour rien au monde un passage ici. Rendez-vous à l'auberge des peintres, nommée ainsi en raison des nombreux artistes venus y chercher l'inspiration, de Corot à Courbet : les menus changent au fil des saisons, et la cuisine est locale. Un passage, enfin, par la fontaine dite « miraculeuse », dont on rapporte depuis des siècles que l'eau est capable de guérir des maladies oculaires. Avant de poursuivre votre chemin vers le nord, un petit crochet par Saint-Léonard-des-Bois, village lui aussi niché dans un méandre de la Sarthe, vaut le détour. D'ici, vous pourrez réaliser une jolie marche dans un environnement préservé : la vallée de la Misère. Sauvage, elle se découvre et vous laisse à découvrir de beaux panoramas. Direction ensuite le mont des Avaloirs, point culminant de l'Ouest français. Certes, vous n'êtes plus en Normandie, mais dans la Sarthe, à seulement quelques hectomètres de la limite avec l'Orne. Le lieu vaut pourtant le détour. Après une ascension qui peut se réaliser à vélo – sous réserve d'avoir un minimum de condition physique –, celui-ci est surmonté, en plein milieu d'une vaste forêt, d'un promontoire unique.

Réalisé en 1994, il se présente comme une étrange construction de béton brut, haute d'une vingtaine de mètres, autour de laquelle s'enroule un escalier de fer, jusqu'à votre point d'arrivée, sorte de soucoupe renversée. Si l'architecture peut être propice à la discussion, la vue, depuis là-haut, est magnifique, jusqu'à 50 kilomètres à la ronde. Redescendre du mont se fait aisément en marchant : vous traversez des forêts, des landes et l'ensemble est extrêmement bien balisé. La suite de votre parcours vous invite à découvrir une autre curiosité géologique : la corniche de Pail.

Sur une crête de grès, longue de près de dix kilomètres, à près de 400 mètres d'altitude, vous êtes au cœur d'un paysage quasi désertique de landes, de forêts et de tourbières. Avant de rejoindre Bagnoles, un court détour par le château de Carrouges est indispensable : non seulement celui-ci est le cœur du Parc naturel régional de Normandie-Maine, mais cet écrin est un témoignage architectural unique.

Entouré de douves, construit en briques roses et couvert de hauts toits d'ardoises, il compte des pièces d'apparats, de nombreux salons et un splendide escalier d'honneur. Le point d'accueil du parc se situe dans l'ancienne chanoinerie, elle aussi magnifique, à quelques mètres du somptueux édifice. Vous y trouvez toutes les informations nécessaires pour votre visite. Puis votre parcours file vers le nord : direction Bagnoles de l'Orne-Normandie.

BAGNOLES DE L'ORNE, LA NORMANDIE THERMALE

Située au creux d'une petite vallée, c'est la seule station thermale de Normandie. Selon la légende, un seigneur médiéval ayant abandonné son cheval mourant l'aurait retrouvé quelques heures plus tard, pimpant, dans la forêt des Andaines : si ces appréciations sont pour le moins difficiles à prouver, la présence d'une source en eau peu minéralisée, et riche en oligo-éléments est, elle, bien exacte. Plusieurs établissements thermaux cohabitent, et les curistes sont entre 15 000 et 20 000 à venir chaque année, dans un cadre des plus verdoyants, puisque les forêts cernent le site. Pour venir ici, la ville ne disposant plus de gare depuis 1992, le mieux est d'emprunter le bus : le réseau est rapide et efficace, et permet même de relier la ville à la gare la plus proche, Briouze, en une vingtaine de minutes. De l'ancienne voie ferrée, on a gardé environ 5 kilomètres pour y laisser circuler un vélorail. Aux beaux jours, traversant les forêts jusqu'aux portes de la Ferté Macé, se succèdent ces drôles d'engins activés à la force des mollets. Mais Bagnoles, c'est aussi un patrimoine construit préservé, et de nombreuses villas du début du siècle dernier. Loin des standards tapageurs d'autres stations thermales, elle reste à taille humaine. Sur place, de nombreux arbres remarquables : les séquoias centenaires visibles lors de votre ascension du Roc au Chien, qui surplombe une partie de la ville, ou encore ceux qui constituent le cadre du Bois Parcours Nature, à l'est de la cité, le long de la jolie route

forestière des Treize Neiges. Enfin, Bagnoles de l'Orne est labellisé Green Destination : cette reconnaissance est le fruit d'un long travail, et de la mise en place de nombreuses actions respectueuses de l'environnement. Parmi celles-ci, la création d'une charte partenaire pour les acteurs économiques afin de valoriser les bonnes pratiques environnementales, une information du grand public autour de ces thématiques, la réduction de consommation des bouteilles plastiques et le développement des circuits de vélo dans l'ensemble du massif des Andaines.

DOMFRONT, CITÉ-ÉTAPE DE CARACTÈRE

Rejoindre Domfront-en-Poiraie depuis Bagnoles de l'Orne ? Rien de plus simple : le fil vert de votre parcours, la Véloscénie, traverse la forêt des Andaines et vous permet de rejoindre la ville en une bonne heure. Vous passerez à proximité de la tour de Bonvouloir : ce Monument historique, édifié à la fin du XVe siècle, est le dernier vestige d'un ancien château. Composée d'une grosse tour et d'une petite tourelle de 26 mètres de hauteur, elle est un témoignage du savoir-faire architectural de l'époque. Vous pouvez accéder au sommet via un étroit escalier, qui vous offrira un très beau panorama. En passant, vous traversez cette splendide forêt, qui constitue une zone d'intérêt écologique, faunistique et floristique. Elle compte plusieurs étangs, des gorges (dont celles de Villiers) et un chêne soigneusement préservé, âgé de plus de 300 ans : la circonférence du chêne Hippolyte est supérieure à 5 mètres !

Arrivés à Domfront, vous découvrez une jolie ville, perchée au-dessus de la rivière Varenne. Ses ruelles et maisons à colombages en font une cité bien à part. Commerçante, Domfront est la ville-étape idéale pour les cyclistes : outre la Véloscénie, dont le parcours suit un axe est-ouest que vous suivez (en réalisant toutefois quelques écarts, mais toujours justifiés !) depuis votre départ, la cité est traversée par la Vélo Francette qui relie Caen et La Rochelle ! Au nord de la ville, en suivant cette dernière voie cyclable, vous découvrez les Forges de Varenne. Témoignage unique, classé Monument historique, on y réalisait, jusqu'au Second Empire, du fer en utilisant le bois et la force hydraulique – de manière entièrement naturelle donc ! Entouré d'un parc, très bien renseigné par des panneaux instructifs, l'endroit vaut le détour.

Bagnoles-de-l'Orne.

EN DIRECTION DE LA MANCHE, ENTRE COLLINES ET POIRÉ

La poursuite de votre itinéraire vous invite à gagner Mortain-Bocage, à une petite vingtaine de kilomètres de là. Sur votre parcours, vous découvrez la Fosse Arthour. Le relief se faisant de nouveau escarpé, les failles géologiques, appelées ici cluses, et le passage de la Sonce, qui y serpente, ont permis l'émergence d'un site naturel unique, qui se découvre par l'intermédiaire d'un chemin balisé. Un plan d'eau de 3 hectares, qui permet aux flots de gagner un peu de répit avant de poursuivre leur chemin selon plusieurs petites cascades, est le cœur de l'espace. Les roches de grès émergent à plus de 70 mètres au-dessus de la rivière : c'est le paradis des grimpeurs. Vous traversez ensuite Barenton, la première commune du département de la Manche. À quelques minutes se trouve le Musée du Poiré. Si les moins experts estiment que le poiré est une boisson similaire au cidre, mais réalisée à base de poire, dans les faits, c'est plus compliqué ! En effet, les fruits eux-mêmes doivent avant tout être issus d'arbres centenaires : ce sont les poires à poiré, dont l'équilibre sucre-acidité est unique ! Protégé par une Appellation d'Origine Protégée, il accompagne vos apéritifs entre amis ou vos repas de manière originale. Dans ce musée ouvert d'avril à octobre, situé dans un bâtiment typique des exploitations agricoles du coin, avec pierres, torchis et pans de bois, rien ne vous échappera sur cette chouette boisson : non seulement vous découvrez la manière la plus naturelle de le produire, mais vous découvrez également de nombreux instruments anciens de production.

MORTAIN-BOCAGE : CASCADES ET PATRIMOINE

Construite à flanc de colline, un peu comme un amphithéâtre face à l'ouest et au bocage du sud de la Manche, Mortain-Bocage ne manque pas d'atouts naturels. C'est en effet ici que vous trouvez les plus impressionnantes cascades de Normandie : elles sont deux, simplement baptisées « Grande » et « Petite », et accessibles via une petite marche, certes sportive, mais relativement courte.

Grande cascade.

© AGENCE FLAM_CO-IDAC

LE POIRÉ-DOMFRONT

une appellation exigeante, une boisson à découvrir !

Jérôme Lecrosnier est le Président de l'organisme de défense et de gestion de l'appellation d'origine contrôlée Poiré-Domfront. Cette boisson n'est pas qu'une déclinaison version poire de l'ancestral cidre : c'est bien plus que cela, et sa production répond à des standards bien établis. L'exploitation de Jérôme Lecrosnier, la ferme de la Motte, située à Saint-Cyr-du-Bailleul, répond bien évidemment aux standards de cette production.

Quelle est la zone géographique de l'AOP ?

Elle se répartit sur un petit territoire, à cheval sur l'Orne, la Manche et le nord du département de la Mayenne. L'appellation doit répondre à un ensemble géographique soigneusement délimité, dont les terres et le climat sont similaires. Ici, le sol est fait de schistes, permettant la culture de la poire, sur un sol argileux par exemple, cela ne fonctionnerait pas. On dit que le poirier peut vivre jusqu'à 300 ans, et les conditions doivent être optimales.

Outre la zone géographique, quelles sont les conditions pour remplir les conditions exigées par l'appellation ?

Elles sont nombreuses, et les contrôles sont fréquents ! Il nous faut ainsi compter au minimum 40% de poires issues de la variété « plant de plants », la prise de mousse doit être naturelle, la pasteurisation et la gazéification sont strictement interdites. Enfin, les vergers doivent être de « haute tige », à savoir que la greffe doit être réalisée à environ 1,80 mètre du sol : le rendement est moins important, mais c'est une garantie de qualité.

Comment se déroule la production du Poiré-Domfront ?

Premièrement, on ne cueille par la poire, on la ramasse ! À la différence de la pomme, la poire, une fois tombée de son arbre, doit être utilisée rapidement : elle est moins résistante, c'est un fruit fragile qui demande à être très réactif lorsqu'il est à maturité, vers la fin septembre/début octobre. Les fruits fermentent ensuite environ 6 semaines en cuve, c'est assez lent mais nécessaire ! Puis en février/mars, c'est le moment de la mise en bouteille. À ce moment, le pétillant n'est pas encore là, et c'est lorsque le breuvage est en bouteille que les levures fermentent naturellement, la prise de mousse étant ainsi naturelle. Un mois plus tard environ, le Poiré est prêt, et l'étiquetage, qui comprend l'appellation « Poiré-Domfront », achève ce long travail ! Pour en savoir davantage, la maison du Poiré-Domfront, située à Barenton, dans la Manche, est l'endroit dédié !

À titre personnel, à quels moments conseillez-vous la consommation du Poiré ?

J'ai l'habitude de dire aux clients « essayez des choses et faites-vous plaisir ! ». Mais généralement, je le conseille au moment des fêtes avec des foies gras (avec un poiré sec ou plutôt rond, dont l'acidité se marie bien avec ces saveurs), avec des fruits de mer ou des huîtres également. Avec des viandes, le poiré est également une boisson dédiée, mais dans ce cas, plutôt avec des viandes blanches, à titre personnel j'évite la consommation avec les plats en sauce et les viandes rouges. Avec des desserts, enfin, je conseille à tous de tenter avec une réalisation au chocolat : le mariage de ce dernier avec la saveur de la poire, c'est excellent !

Là, les eaux de la Cance et du Cançon se réveillent pour dévaler des hauteurs de plus de 30 mètres en un spectacle magnifique. Pour passer la nuit en pleine nature, la Tiny du Parc est le lieu dédié. L'histoire de cet endroit est atypique : ici se tenait un ancien parc zoologique, celui de Saint-Symphorien des Monts. L'activité du lieu s'est arrêtée lorsque la tempête de 1999 a ravagé l'endroit, et celui-ci s'est ainsi reconverti. Dans ce parc de 60 hectares, vous logez dans de petites maisons de bois écoresponsables et respectueuses de l'environnement. Votre séjour se fait au contact des animaux, qui vivent ici paisiblement : une expérience unique. Direction ensuite Saint-Hilaire-du-Harcouët, gros bourg posé au cœur du bocage normand : vous entrez ici dans le sud-Manche, et le Mont-Saint-Michel n'est plus très loin.

ADIEU BARRAGES, BONJOUR POISSONS

Quelques kilomètres plus à l'ouest, un exemple unique en Europe de déconstruction de barrage a animé l'actualité locale ces derniers temps. La Sélune, rivière encaissée qui serpente jusqu'à la baie du Mont-Saint-Michel, était depuis la première moitié du siècle entravée dans son parcours par deux barrages, distants de quelques kilomètres : celui de la Roche-qui-Boit, et celui de Vezins. Ces immenses édifices, auxquels étaient adjointes des centrales électriques, avaient engendré l'émergence de deux lacs éponymes. Au fil des années, ces derniers étaient devenus des espaces de loisirs, des restaurants et activités balnéaires s'y installant. Le temps passant, seuls les plus anciens se souvenaient de la vallée devenue engloutie, chacun considérant la présence des lacs comme immuable. Et pourtant ! En dépit de leur photogénie, dans l'eau, c'était une autre histoire. La Sélune étant une rivière poissonneuse, ces derniers ne pouvaient plus remonter son cours, et l'envasement des lieux, outre les odeurs provoquées, nécessitait de fréquentes et fastidieuses vidanges. Fallait-il sacrifier la – faible – production électrique et l'activité touristique pour rendre à la Sélune sa continuité écologique ? Les pouvoirs publics ont tranché, et en novembre 2009 est annoncé l'arasement des barrages.

Aussitôt, la mobilisation s'organise, et la lutte, à grand renfort de procédures judiciaires, durera des années. Au final, les barrages sont détruits à la fin des années 2010 pour l'un, au début des années 2020 pour l'autre. Si la Sélune a retrouvé son cours, il faudra néanmoins des années pour que la faune locale puisse se réapproprier les lieux, et la flore reprendre ses droits.

Avranches.

DANS LE SENS DES AIGUILLES D'UNE MONTRE

Après avoir traversé Avranches, jolie sous-préfecture posée sur une grosse colline, et dont le patrimoine religieux, admirablement préservé, ainsi que les parcs, bien entretenus, méritent la visite, voici la mer ! Pour appréhender au mieux la côte de la baie du Mont-Saint-Michel, le mieux est encore de prendre la direction de Carolles, au nord-ouest. Offrant un paysage balnéaire, la petite cité est un point de départ idéal, à partir duquel vous suivrez le trait de côte jusqu'au Mont, dans le sens des aiguilles d'une montre. Tout en restant en bord de mer, vous prendrez rapidement de la hauteur, et découvrez les splendides falaises de Champeaux, préservées depuis 2001.

Les ajoncs qui la recouvrent changent de couleur au gré des saisons, dans un cadre splendide, avec vue sur le Mont-Saint-Michel évidemment. C'est le lieu de migration des oiseaux par excellence, et les flancs des falaises comptent également de nombreuses espèces de reptiles. Si la marche vous tente – et c'est le meilleur moyen de découvrir le site –, prenez le chemin du GR223, qui suit le rivage. En fonction de l'horaire de marée, et du coefficient, vous verrez la mer à vos pieds, ou bien l'apercevrez à des dizaines de kilomètres au large !

Le marnage y est parmi les plus hauts d'Europe, et la différence entre hautes et basses eaux peut atteindre 15 mètres ! Vous arrivez ensuite à Genêts, d'où beaucoup partent pour la traversée de la baie jusqu'à la merveille (le surnom du Mont-Saint-Michel ici) : attention, l'accompagnement par un guide est chose très fortement recommandée. La vitesse à laquelle la marée remonte, de même que certaines zones où le sable se fait mouvant nécessitent de ne pas partir seul. Non loin, un détour par la chouette ferme des Cara-Meuh s'impose : on y produit des confiseries, des fromages et mille et une autres merveilles, tout en organisant de fréquents événements musicaux.

LE MONT-SAINT-MICHEL ET SON CARACTÈRE MARITIME RETROUVÉ

Vous repassez au pied d'Avranches, puis filer vers l'ouest : le Mont se rapproche, et vous arrivez dans le domaine des polders. Ces étendues terrestres gagnées sur l'eau, généralement artificielle dans certains pays côtiers comme les Pays-Bas, n'ont pas la même origine ici. Si le mouvement naturel de dépôts d'alluvions (plusieurs rivières se jettent dans la baie, et les marées poussent ces derniers vers la terre ferme) favorise leur émergence de ces derniers, car la situation a été considérablement aggravée, pendant plus d'un siècle, par l'activité humaine. Fréquenté chaque année par des centaines de milliers de touristes, et ceci depuis la seconde partie du XIXe siècle, c'est tout naturellement – si l'on ose dire – qu'une digue a été construite pour relier le Mont et le rivage. Les années passant, un chemin de fer y est adjoint, les parkings ajoutés, et la digue avait pris de l'ampleur avec les ans.

Ce n'est qu'à la fin du XXe siècle que l'on commença à réaliser que quelque chose n'allait pas : les polders avançaient, et se rapprochaient du Mont, dont le caractère maritime était menacé. Si la digue empêchait la mer de cerner le Mont, elle se faisait, y compris aux fortes marées, de plus en plus rare ; imagine-t-on le Mont en pleine campagne ? C'était pourtant sa destinée à moyen terme, jusqu'à ce que l'analyse, simple et limpide, tomba : la digue empêchait la circulation de la mer, provoquant des dépôts d'alluvions et de sable qui se retrouvaient coincés, s'accumulaient, et finissaient non seulement pas provoquer l'avancement des polders, et empêchaient l'arrivée des flots.

Comment faire ? Après des années d'étude, le constat est donné : sus à la digue ! Arasée, puis remplacée par un long pont permettant de faire passer les flots en dessous, elle n'est plus qu'un lointain souvenir. En parallèle, un barrage est construit sur le Couesnon, la rivière qui se jette dans la baie à proximité du Mont, avec portes à flots s'ouvrant et se fermant au rythme des marées.

© LA FERME DES CARA-MEUH !

JASON LEFRANC

co-gérant de la Ferme des Cara Meuh !

TOUT EST OUVERT, TOUT EST VISIBLE

• Quelle est l'histoire de la ferme ?

La ferme est une affaire familiale : elle a été créée en 1929 par mon arrière-grand-père ! Lorsqu'il a commencé, il n'avait que 4 vaches normandes, et fabriquait du beurre qu'il vendait sur les marchés locaux. Puis l'exploitation s'est développée et s'est spécialisée dans la production laitière, jusqu'à atteindre 180 vaches laitières il y a une quinzaine d'années, produisant alors près d'un million de litres par année. En 2009, la crise laitière nous a poussés à repenser notre modèle agricole vers un modèle plus autonome. Nous avons alors décidé de transformer à la ferme, le lait de nos vaches. Nous cherchions un produit qui utilise beaucoup de lait et qui se conserve dans le temps. C'est ma mère qui a eu l'idée du caramel ! Rapidement, les essais étaient concluants, mon père mettait déjà en place l'atelier de production et les visiteurs venaient découvrir la nouvelle production locale. La ferme s'est dès lors appelée « La ferme des Cara-Meuh ! », avec la volonté de mettre en place un système de vente directe, pour pouvoir échanger directement avec nos consommateurs.

• Et ensuite ?

En 2013, la ferme est certifiée en agriculture biologique et c'est en 2016 que nous lançons un vaste programme de plantation pour redessiner le bocage autour de nos prairies. Un an plus tard, la ferme est ainsi lauréate du concours « arbres d'avenir » et des trophées du développement durable pour sa démarche RSE.

Au fil des années, nous avons diversifié les productions, toujours avec l'objectif de valoriser les produits de la ferme. Les caramels tendres sont déclinés en 7 saveurs, mais aussi en crèmes à tartiner et en nappage. Le lait est également transformé en beurre de baratte (médaillé d'or au salon international de Lyon), en crème crue, en fromage blanc et en faisselle. Une fromagerie voit même le jour en 2020 pendant le confinement et donnera naissance à trois fromages : la « Meuhle », le « Comfiné » et le « P'tit-Meuh ! ».

• Ici, tout est ouvert, tout est visible ?

Oui ! Très rapidement après le lancement de la production de caramels, la ferme a été ouverte aux visiteurs et les ateliers sont visibles à tout moment à travers une baie vitrée. Nous proposons des visites commentées pendant les vacances scolaires et un parcours pédagogique permet de découvrir la ferme toute l'année en autonomie : on suit les empreintes au sol et on apprend de manière ludique grâce à un quiz saisonnier et des panneaux pédagogiques. Le musée du lait permet de retracer un siècle de production laitière dans la Manche et il y a un petit parc animalier qui plaît beaucoup aux enfants.

Enfin, notre boutique propose en plus des produits de la ferme, les produits d'une soixantaine de producteurs et artisans locaux. On y propose également nos œufs de plein air et nos viandes de bœuf et de porc de Bayeux.

• La ferme, c'est aussi un espace de culture : quels sont les événements ?

Des expositions artistiques sont programmées en intérieur au rythme d'une exposition par mois et en extérieur. Deux festivals ont également lieu ici ! Le 1er, le « Cara-Meuh festival » est né de nos journées portes ouvertes qui se sont un peu agrandies. Pour la 6e édition qui aura lieu les 16 et 17 septembre prochain, nous attendons environ 10 000 visiteurs. Celui-ci est entièrement gratuit ! On y découvre un grand marché avec 80 producteurs et artisans locaux, une restauration faite maison et une scène avec six concerts et un spectacle musical pour enfants.

Enfin, on accueillera sur nos terres le 3e « Green River Valley Festival » les 7 et 8 juillet prochains. L'événement musical est organisé par l'équipe motivée de Label Plante qui nous propose une programmation ambitieuse autour du Reggae et du Dub. Le festival écocitoyen aborde un sujet d'actualité chaque année, cette année ce sera le thème « Accueil & Hospitalité ».

Vous l'aurez compris, on ne s'ennuie pas !

Les touristes, eux, sont invités à se garer sur l'un des immenses parkings construits sur la terre ferme, et à gagner le Mont en marchant (la balade est magnifique) ou avec l'une des jolies petites navettes. Assez rapidement, un premier bilan est établi : c'est une totale réussite. Non seulement la mer reprend ses droits, les polders ne progressent plus – et parfois même reculent un peu – et le Mont se retrouve, à plusieurs reprises chaque année, cerné par les flots, dans un spectacle époustouflant.

Place désormais à la visite en elle-même. Ici, vous l'aurez compris, pas de véhicule. La rue commerçante monte en pente jusqu'à l'abbaye, joyau d'architecture surmonté de l'ange Michel, à près de 160 mètres de hauteur. Évidemment, on fera l'impasse sur les innombrables boutiques de souvenirs, et l'on se concentrera sur l'essentiel : la beauté des lieux, l'admiration face à l'ingéniosité de l'homme qui a su établir ici l'une des plus belles réalisations qui soient. Classé au patrimoine mondial de l'UNESCO, le Mont est le site des légendes. Certains affirment qu'il est truffé de passages secrets, d'autres qu'il n'a pas réservé une bonne part de ses mystères, et que l'âme de ses anciens prisonniers (car il fut un centre de détention de 1731 jusqu'au Second Empire) hante encore les lieux. Pour le visiter, quelques recommandations : autant que possible, évitez la foule estivale. En juillet et en août, si la magie du Mont est immuable, la présence des milliers de touristes risquerait de rendre votre visite moins agréable. Pourquoi ne pas s'y rendre en hiver ? Émergeant de la brume, parfois quasiment désert, il se donne à vous plus qu'à aucune autre période. Conseil supplémentaire : consultez les coefficients de marée. En effet, ce n'est qu'à une dizaine de reprises chaque année que le Mont devient île, alors anticipez si vous souhaitez découvrir ce spectacle. Prévoyez également des chaussures de marche : du parking au Mont, comptez environ deux kilomètres – ascension de la merveille non comprise ! Enfin, dans la mesure du possible, tentez la traversée de la baie. On parlera plutôt de demi-baie, puisque du rivage de la Manche au Mont, c'est une partie de la baie qu'il vous faudra parcourir. Attention, la présence d'un guide est indispensable (cf. partie « Dans le sens des aiguilles d'une montre). Pour bien profiter du Mont et de ses environs, l'idéal est de passer deux journées complètes.

Des collines aux forêts, des vallées à la mer, de l'Aigle au Mont-Saint-Michel, ce parcours du sud-Normand vous donne à découvrir mille paysages. Réalisable à vélo, il nécessite plusieurs jours. En ces terres, la nature et le patrimoine se donnent à vous : mesurez votre chance !

Traversée de la baie du Mont-Saint-Michel.
© ATERROM - STOCK.ADOBE.COM

LES BONNES ADRESSES SUR LE PARCOURS

Manufacture Bohin
1, Le Bourg
61 300 Saint-Sulpice-sur-Risle
✆ 02 33 24 89 38
https://bohin.com/informations-pratiques

Au roi de la brioche
20, Grande Rue
61 380 Moulins-la-Marche
✆ 02 33 84 94 22

La craquantine Lesage Johan
33, rue Robergel
61 380 Moulins-la-Marche
✆ 02 33 34 51 07

Jardin des Violettes
61 380 Mahéru
✆ 06 19 64 51 22
www.gites-de-france-orne.com/Chambre-d-hotes/Gouffault-Francoise-Jean-a-Maheru-dans-Pays-D-ouche-G1249.html

Rose Métayer
16, place du Général de Gaulle
61 170 Le Mêle-sur-Sarthe
✆ 06 68 64 66 16

Les jardins de la Mansonière
Lieu-dit La Mansonière
61 250 Saint-Céneri-le-Gérei
✆ 02 33 26 73 24
www.mansoniere.fr

Château de Carrouges
Le Château
61 320 Carrouges
✆ 02 33 27 20 32
www.chateau-carrouges.fr

Tour de Bonvouloir
La Tour de Bonvouloir
61 140 Juvigny-Val-d'Andaine
✆ 02 33 37 50 83

Musée du Poiré
La logeraie
50 720 Barenton
✆ 02 33 59 56 22
www.parc-naturel-normandie-maine.fr/visiter-musee-du-poire-barenton.html

Tiny du Parc
Le Parc
50 640 Buais-Les-Monts
✆ 06 30 91 28 61
www.greengo.voyage/hote/la-tiny-house-du-parc

Ferme des Cara-Meuh !
11, Saint-Léonard
50 300 Vains
✆ 02 33 70 82 40
www.cara-meuh.com

Abbaye du Mont-Saint-Michel
L'Abbaye
50 170 Le Mont-Saint-Michel
✆ 02 33 89 80 00
www.abbaye-mont-saint-michel.fr

Le COTENTIN

CE PARCOURS-CI EST PROBABLEMENT L'UN DE CEUX QUI VOUS SURPRENDRONT LE PLUS. CAR LE COTENTIN, SI TOUT LE MONDE A ENTENDU SON NOM – PRINCIPALEMENT À LA MÉTÉO – BIEN PEU Y SONT ALLÉS.

ET POURTANT : LA VASTE PRESQU'ÎLE, QUI S'AVANCE DROIT VERS L'ANGLETERRE ET L'IRLANDE, EST UNE TERRE AUX MILLE CONTRASTES, FAITE DE TERRES INCONNUES, DE RIVAGES GRANDIOSES EN ABRUPTES COLLINES VERDOYANTES, L'ENSEMBLE PARSEMÉ DE PETITES BOURGADES ACCUEILLANTES. DOMINANT L'ENSEMBLE, LA CAPITALE, CHERBOURG, MÉRITE À ELLE SEULE PLUSIEURS JOURS DE DÉCOUVERTE. VOUS L'AUREZ COMPRIS, IL Y A DE QUOI FAIRE !

POUR VOUS DÉPLACER, NOTEZ QUE LE RÉSEAU LOCAL DE BUS EST EFFICACE, CAR SI VOUS CHOISISSEZ LE VÉLO, NOTEZ QUE LES DÉNIVELÉS SONT TRÈS FRÉQUENTS, ET PARFOIS DIFFICILES, MÊME S'IL RESTE NÉANMOINS LA MEILLEURE MANIÈRE DE DÉCOUVRIR LA RÉGION ! ORIENTÉ DU NORD DU COTENTIN VERS LE SUD DE CELUI-CI, VOTRE ITINÉRAIRE SERPENTERA AU GRÉ DES IMMANQUABLES DU COIN : ILS SONT NOMBREUX !

COMMUNES TRAVERSÉES :

SAINT-VAAST-LA-HOUGUE, LE VAL DE SAIRE, BARFLEUR, GATTEVILLE, GATTEMARE, FERMANVILLE, CHERBOURG, LA HAGUE, VALOGNES, PORTBAIL, LESSAY COUTANCES, GRANDVILLE.

DÉPART DE SAINT-VAAST, ÎLE TATIHOU

Quoi de plus beau que d'entamer votre parcours dans le cadre splendide de l'un des villages préférés des Français ? C'est en effet à Saint-Vaast-la-Hougue, sur cette partie au nord-est du Cotentin appelée Val de Saire, que vous entamez cet itinéraire. Port de pêche et de plaisance, riche d'une histoire millénaire qui a vu Anglais et Français s'affronter à de multiples reprises lors de la guerre de Cent Ans ou de la cinquième guerre de Religion, elle a été le cadre de la bataille de la Hougue, elle aussi perdue : c'est à la suite de cet événement que Vauban a proposé au Roi la construction de plusieurs pièces architecturales défensives : proposition acceptée, et qui se concrétisera avec la construction de tours, sur l'île Tatihou (qui fera l'objet d'un passage de votre itinéraire) et la pointe sud de la commune, et qui sont classées aujourd'hui au Patrimoine mondial de l'UNESCO. Commerçante et animée, Saint-Vaast-la-Hougue compte de nombreuses vieilles demeures, dont l'une est le cadre de l'une des épiceries les plus fines du coin, la Maison Gosselin, qui propose d'innombrables bons produits depuis 1889. Sortez de la ville en longeant la mer, empruntant la digue de la Longue Rive, réalisée par l'ingénieur Benjamin de Combes.

Sur votre droite, une île ou, selon la marée, une presqu'île : Tatihou. Surmontée par sa haute tour datant de la fin du XVIIe siècle, elle a connu plusieurs destinées : défensive au départ, elle fût successivement hôpital, muséum d'histoire naturelle, prison, centre d'accueil pour réfugiés ou encore centre de rééducation pour adolescents en difficulté, jusqu'à son abandon en 1984.

Ce n'est qu'en 1992 que, repris par le Conseil Départemental de la Manche, les lieux ont pris une vocation touristique, Tatihou comptant désormais un musée, un hôtel et un restaurant. C'est aussi un lieu culturel, avec le festival musical « Les Traversées de Tatihou ». À marée haute, l'île est accessible via un bateau amphibie. À marée basse, c'est muni de bottes que vous effectuerez les 1 400 mètres séparant le rivage de l'île, en passant entre les parcs à huîtres.

LE VAL DE SAIRE : OSTRÉICULTURE ET MARAÎCHAGE

C'est en effet l'une des productions les plus connues du coin : les huîtres. Avec son littoral aux rivages en pentes douces propice à l'ostréiculture, dont les eaux de qualité sont vives et riches en plancton, les huîtres produites ici sont particulièrement réputées. Autre spécialité de ce Val de Saire qui occupe la partie nord-est du Cotentin : la culture légumière. Les sols sableux en proximité du rivage, ainsi qu'une terre riche et des précipitations régulières, permettent depuis le milieu du XIXe siècle de cultiver choux-fleurs, carottes ou artichauts. Réputés, ces derniers se trouvent aisément sur les marchés locaux.

BARFLEUR

Poursuivez votre itinéraire vers le nord, en longeant la mer : petite crique entrecoupée de rochers, littoral préservé et parfois entièrement dénué de toute construction, l'endroit n'a connu aucune frénésie immobilière. En été, il n'est pas rare qu'une crique soit pour vous seul !

Après une dizaine de kilomètres, un petit port, emblématique du Cotentin : Barfleur. Si la commune est la plus petite du département, elle n'en est pas moins qualifiée de l'un des plus beaux villages de France, non sans raison : son bassin de pêche, ses maisons de pêcheurs et son église Saint-Nicolas constituent un décor de carte postale. Son port, installé dans une anse naturelle, est à l'abri des flots, et vit au rythme des marées.

Barfleur.

Parcours
LE COTENTIN

La petite Irlande

Si elle est connue pour l'usine atomique qui s'y trouve, la beauté de ses paysages est la raison de s'y rendre. Falaises, criques, chemins qui serpentent jusqu'à l'infini de l'eau bleutée…

Après la pluie…

Connue pour son rôle dans la libération alliée et pour ses parapluies, elle mérite une découverte. Les multiples ruelles commerçantes de son vieux centre et son patrimoine architectural sont à voir.

Le calme après la tempête

Avant d'être le havre de paix d'aujourd'hui, Portbail connaît ses heures de gloire au Moyen Âge : port d'escale sur la route de l'étain et position stratégique durant la guerre de Cent Ans.

Une fête qui ne date pas d'hier

La réputation de cette petite ville tient principalement à l'animation dont elle bénéficie lors de foires. Plus que millénaire, la foire Sainte-Croix est la survivance des kermesses médiévales.

Une jolie escale

Si le littoral de cette petite commune est propice aux baignades estivales, son patrimoine est riche : son fort napoléonien, son sémaphore et son petit port sont autant de lieux de promenade très prisés.

Balade bucolique

Si petite soit-elle, la commune de Gatteville se prête à la promenade, offre à la vue les paysages sauvages et parfois chahutés par les éléments, du littoral du Cotentin.

Village pittoresque

Souvent dans le haut du classement du plus beau village de France, Barfleur est un incontournable de la presqu'île du Cotentin. Son port est un petit joyau, cerné de hautes maisons.

Une histoire mouvementée

Disputée au temps des Vikings, lieu de débarquement des Anglais en 1346, et située à proximité immédiate de la bataille de la Hougue de 1692, la ville a traversé de nombreux conflits.

Le Versailles normand

Malgré les bombardements alliés du 20 juin 1944 qui occasionnent de lourds dégâts, Valognes se reconstruit en pierre du pays et conserve un riche patrimoine architectural.

Entre mer et marais

La beauté des paysages qui l'entourent est une très bonne raison pour s'y rendre certes, mais c'est loin d'être la seule. Sainte-Marie-du-Mont fût en effet, comme sa voisine, une des premières villes à être libérée en 1944. Le musée du Débarquement de Utah Beach retrace les événements.

Un site d'exception

Première ville libérée du joug nazi, ouvrant la voie à nos libérateurs, visiter la Manche ne peut se concevoir sans visiter Sainte-Mère-Eglise. Ses musées, ses circuits de découverte en font un lieu inscrit dans l'histoire pour toujours.

La Tolède du Cotentin

Bâtie sur une colline enserrée entre deux ruisseaux affluents de la Soulles, Coutances occupe, à une douzaine de kilomètres de la mer, une position qui la rend remarquable de loin.

La Monaco du Nord

L'originalité de cette cité est l'existence d'un quartier insulaire, les îles Chausey : l'archipel de 6,5 kilomètres sur 12 est habité par quelques dizaines de Granvillais à l'année.

Le raz de Barfleur, courant de marée extrêmement puissant et dangereux, a fait du port, depuis toujours, un lieu de refuge. S'il était l'un des principaux ports normands au Moyen Âge, il n'a bien évidemment plus l'importance d'autrefois, même si les chalutiers y débarquent quotidiennement. Touristique, la petite commune l'est assurément, et l'affluence estivale peut être pénible : préférez une visite en arrière-saison, dans la mesure du possible. Quoi qu'il en soit, une visite de cette perle du Cotentin est impérative.

SUR LA ROUTE DE CHERBOURG : GATTEVILLE, GATTEMARE, FERMANVILLE

Vous reprenez la route de la Départementale 116 : à vélo, le parcours se fait facilement, car cette petite partie du Cotentin qu'est le Val de Saire, si elle présente un aspect très vallonné à mesure que vous gagnez l'intérieur des terres, reste largement praticable à proximité du rivage, ce qui est le cas ici. Faites un crochet par le phare de Gatteville, que vous apercevez de très loin, et pour cause ! Haut de 75 mètres, construit entre 1829 et 1835, il garde son utilité originale : prévenir les bateaux des forts courants du raz de Barfleur, évoqués précédemment. Vous pouvez monter jusqu'à son sommet, d'où la vue est époustouflante. Et longeant la mer vers l'ouest, passez ensuite le petit port de Roubary, et vous arrivez dans un espace peu fréquenté, et pourtant de toute beauté : l'anse de Gattemare. Cette petite baie de sable blond d'un kilomètre de longueur environ est baignée d'eaux aux couleurs cristallines, qui n'ont rien à envier à celles des Caraïbes. Juste après le cordon dunaire, un petit étang, auquel le nom de Gattemare a également été donné. Lors de la création des dunes – assurément due à une remontée progressive du niveau de la mer –, ces dernières ont bloqué l'écoulement naturel d'un ruisseau, formant un étang devenu aujourd'hui une réserve protégée par le Conservatoire du Littoral. Hérons cendrés et cormorans nichent paisiblement dans ces lieux. Retrouvez la Départementale 116, et traversez les petits villages de Néville-sur-Mer, Vicq-sur-Mer et Cosqueville, avant d'arriver à Fermanville. La commune, très étendue, propose deux visages : balnéaire et maritime, avec sa jolie plage de la Mondrée et le fort du Cap Lévi (dans lequel vous pouvez dormir) ; mais aussi vert, avec la vallée des Moulins, dans laquelle vous apercevez l'impressionnant viaduc, utilisé par les trains de l'ancienne ligne ferroviaire Cherbourg-Barfleur, fermée dans les années 1950. À mesure que vous continuez vers l'est, les maisons se font plus nombreuses – la circulation également – et vous apercevez Cherbourg, que vous gagnez après quelques kilomètres.

Phare de Gatteville.

© ELENA DIJOUR - SHUTTERSTOCK.COM

CHERBOURG-EN-COTENTIN, LA VILLE CAPITALE

Tout a été dit sur Cherbourg : du positif, mais aussi beaucoup de négatif. On prétend la ville fort pluvieuse (elle ne l'est pas plus qu'une autre), grise (rien n'est plus faux), détruite à la guerre et reconstruite à la va-vite (là aussi, c'est faux) et sinistrée économiquement (le plein-emploi y cause pourtant de sérieux tracas en matière de logements, qui manquent sérieusement).

© AYMERIC PICOT

BERNARD CAUVIN

Il n'y a pas d'océan de rechange !

Président et fondateur de la Cité de la Mer, l'immense complexe scientifique et touristique cherbourgeois, Bernard Cauvin est également à l'initiative, via cet outil magnifique, de nombreuses actions de sensibilisation sur les questions liées à la préservation des océans.

• Comment est née l'envie de sensibiliser le public à la préservation des océans ?

D'une rencontre : celle avec le regretté Jacques Perrin (disparu en 2022, NDLR). En 2008, il vient tourner des séquences de son film « Océan » à la Cité de la Mer. C'est pour moi un déclic. Certes, la Cité de la Mer évoquait déjà les fonds marins depuis plusieurs années sous l'angle de l'épopée, de l'aventure. Nous retracions jusque-là l'histoire des abysses. Mais c'est bien cette rencontre qui sera déterminante pour la suite. Jacques Perrin avait l'habitude de dire que les océans constituent « Le dernier territoire sauvage de la planète ».

• Et ensuite ?

Il nous a fallu pas moins de 10 ans pour mettre en place l'Océan du futur. Nous utilisons la force de l'image – une leçon, là encore, de Jacques Perrin – pour sensibiliser et faire adhérer le plus largement possible le public à la beauté des océans. Il a eu l'immense générosité de nous donner pas moins de 400 heures de rushs issus de son film « Océans » en me disant : « tu en fais ce que tu en veux ». Les films ainsi diffusés sont la trame de l'Océan du Futur.

• Comment s'organise cette visite ?

Les océans nous survivront, quoi qu'il en soit : encore faut-il en prendre soin. C'est pourquoi ici, sur plusieurs étages, on accède à différents espaces, expliquant le rôle du plancton dans la régulation de la vie des hommes, suivant la goélette scientifique *Tara*, laquelle sillonne les océans en cherchant à comprendre comment le réchauffement climatique pèse sur la préservation de ces derniers – et ce ne sont que quelques exemples. On y explique ce que l'homme apporte de bon, mais aussi de mauvais, et combien le réchauffement climatique est synonyme de perte de diversité. Nous ne sommes pas des donneurs de leçons, nous cherchons juste à faire passer l'information. Et il n'y a pas d'océan de rechange !

• Quels publics ciblez-vous ?

Par définition tous, mais c'est vrai que les jeunes se trouvent au cœur de notre volonté pédagogique. Nous ne connaissons presque rien, aujourd'hui, des océans. Mais ce que nous savons, c'est qu'ils sont pourvoyeurs de nombreuses solutions, sur l'alimentation ou la recherche : encore faut-il en prendre soin. Si les jeunes sont inquiets de cette situation, ils sont aussi demandeurs d'informations. C'est pourquoi, en plus de l'Océan du Futur, nous avons lancé #generationocean : à la Cité de la Mer, c'est ainsi tout un public de scolaires qui rencontre de grandes voix de l'océan, et assistent à des tables rondes de sensibilisation, comme sur le plastique dans la mer, par exemple. C'est le principe même de l'éducation populaire, qui permet d'offrir cette précieuse information, quel que soit le niveau d'études. Nous sommes aujourd'hui particulièrement fiers d'être reconnus au niveau national.

• Au-delà de la thématique liée à la préservation des océans, la Cité de la Mer rencontre un succès qui ne se dément pas au fil des ans. Heureux ?

Assurément oui ! Et puis la Cité de la Mer, avec sa Gare Maritime Transatlantique et sans oublier le sous-marin *Le Redoutable*, qui se visite, ont été élus « monument préféré des Français » 2022. C'est une formidable reconnaissance pour le travail réalisé depuis 20 ans, qui se poursuit aujourd'hui et continuera demain !

Croyez-nous : Cherbourg-en-Cotentin, le nom officiel de la ville, a beaucoup à offrir. Cernées de collines et de falaises, la ville et son agglomération sont disposées en amphithéâtre. L'est de la ville est le lieu des installations portuaires et industrielles, lesquelles ont le vent en poupe depuis quelques années. Ainsi, la situation géographique unique de ce port en eaux profondes (et donc accessible à toutes heures), sur la pointe nord du Cotentin, en plein cœur de l'une des zones maritimes les plus fréquentées au monde, lui vaut aujourd'hui l'extension de ses surfaces portuaires.

L'activité liée aux énergies renouvelables, notamment (la production de pâles géantes d'éoliennes y bat son plein), a donné un sérieux regain au port, et les constructions navales (bateaux, sous-marins) emploient des milliers de salariés dans d'immenses complexes, dont l'Arsenal de la ville, aux hauts bâtiments visibles depuis des kilomètres. Depuis le Brexit, Cherbourg est devenue le premier port d'échange avec l'Irlande. Ainsi, depuis la ville, les rotations vers Irlande, Angleterre et îles anglo-normandes sont encore plus nombreuses et régulières. Le port de Cherbourg, c'est aussi une rade artificielle immense, fruit d'un siècle de travail : trois digues (à l'ouest, au centre, à l'est) ferment l'anse naturelle et permettent aux plus gros bateaux de s'abriter le temps de l'une des fréquentes tempêtes. Le port, c'est également un joyau Art déco, la gare maritime, monument préféré des Français, devenue une locomotive touristique, la Cité de la Mer, immense complexe ludique et scientifique, et le second plus important port de plaisance français. Le cœur de ville, de son côté, a finalement peu subi de destructions liées à la guerre, en comparaison avec Caen, Lisieux, Saint-Lô ou Le Havre. Si, lorsque vous arrivez dans la ville, de vastes bâtiments de la reconstruction sont parmi ceux que vous apercevez, ils cachent un cœur de ville préservé, et très commerçant. Piéton, le centre cherbourgeois est très actif et vivant. Certaines petites ruelles sont autant de témoignages du Cherbourg moyenâgeux, et les maisons en pierres locales de schistes, aux reflets bleus, sont une signature architecturale de la ville. Le théâtre à l'italienne, joyau architectural, abrite l'une des plus splendides salles de spectacle de France, dont la programmation est intense et variée.

Cherbourg, par son climat, est aussi une ville où pousse une luxuriante végétation : un détour par les parcs de la ville, à commencer par celui nommé Emmanuel Liais, botaniste et explorateur local, ancien maire, vaut le détour. Ce dernier parc regroupe des plantes multiples et exotiques, ainsi qu'un muséum d'histoire naturelle de premier plan. Perdez-vous dans la ville, suffisamment vaste pour réaliser un joli parcours, et laissez-vous prendre par la vie locale : entre marchés, animations et événements culturels, la ville ne manque pas d'atouts. Pour vous restaurer ou faire la fête, la ville ne déroge pas à la réputation généralement admise pour les villes de mer : le Pily, le Commerce, le Café de Paris, pour vous restaurer, et le Piccadilly, le Chaudron Baveur ou le café du théâtre, pour boire un verre, ne sont que quelques – excellents – exemples. Pour vous déplacer, un performant réseau de bus urbains relie facilement les différents points d'une agglomération dont la morphologie épouse le trait de côte : une dizaine de kilomètres de long pour rarement plus de trois kilomètres de large ! Notez qu'à l'heure où nous rédigeons ce guide, la ville est en chantier pour permettre la mise en place d'un réseau de bus en site propre, permettant en parallèle la requalification d'espaces urbains favorisant les mobilités douces. Sur le sujet, la ville compte un vaste réseau de pistes cyclables. Celle filant vers l'ouest, en longeant la mer, vous permet de sortir de la ville vers la Hague : c'est la suite de votre itinéraire.

LA HAGUE, L'IRLANDE NORMANDE

C'est la pointe nord-ouest de la presqu'île, dont le nom est trop souvent associé à l'usine atomique qui trône sur son sommet : la Hague est pourtant l'étape la plus époustouflante de votre parcours dans le Cotentin. Nonobstant la présence industrielle, cet espace est comme un morceau d'Irlande détaché de l'île et collé au Cotentin. De falaises abruptes en pentes descendantes vers la mer turquoise ou bleu intense selon les saisons, de baies et criques aux plages de sable blond aux champs dans lesquels paissent les vaches à quelques mètres de la mer, l'ensemble largement préservé de toute construction côtière, la Hague est une succession de paysages de cartes postales en soi. Avant d'entamer votre itinéraire, notez bien que deux jours sur ces terres ne seront pas superflus. En sortant de Cherbourg par l'ouest, traversez la petite station balnéaire d'Urville-Nacqueville puis, après un virage en épingle, garez-vous au parking du Landemer. Le parcours que vous allez suivre ne s'effectue pas à vélo, et a fortiori en voiture : vous allez découvrir cette partie de la Hague selon le sentier des douaniers, qui suit les côtes de la Manche, et dans un cadre exceptionnel. Sur 6 kilomètres environ, le petit chemin qui serpente entre fougères et ajoncs est totalement dénué de construction : la colline qui descend vers les flots, vous et la mer. Venir ici est une expérience différente à chaque saison : en automne par exemple, la faune se pare d'un violet intense, magique. Après quelques kilomètres se distingue un mur de pierre : c'est l'ancien fort d'Omonville, qui annonce le petit port du Hâble. Les quelques maisons, dont un bar, de cette petite bourgade de pêcheur est le point d'arrivée de votre randonnée. L'été, beaucoup se baignent dans des eaux d'une grande netteté. Un pique-nique sur la petite plage de galets est comme un moment hors du temps. Non loin, un lieu à ne surtout pas manquer : le manoir du Tourp. Ce splendide manoir du XVIe siècle est un splendide espace culturel mettant en valeur le patrimoine de la Hague, et au-delà du Cotentin. Il propose une riche programmation culturelle, un parcours-spectacle intitulé « Un trésor au bout du monde » permettant de découvrir l'histoire du coin, ainsi qu'une belle médiathèque, baptisée Côtis-Capel, du nom d'un poète local. En poursuivant votre itinéraire – sauf si vous devez retourner prendre votre moyen de transport sur le parking du Landemer –, c'est après quelques kilomètres qu'un autre port, encore plus petit, s'offre à vous : Port Racine. Réputé pour être le plus petit de France, ses dimensions ne permettent d'y faire pénétrer qu'une dizaine de barques. Avec ses petites cabanes, c'est aussi un décor de carte postale.

À proximité, l'hôtel L'Erguillère vous permet de passer la nuit dans ce décor de rêve. À proximité, l'un des plus grands poètes français repose : il s'agit de Jacques Prévert. Enterré dans la petite commune d'Omonville-la-Petite, un magnifique jardin, à proximité de sa demeure, est ouvert aux visites. La route traverse ensuite le petit port de Saint-Germain-des-Vaux, et vous mène droit à Goury. Ce petit hameau est l'un des symboles de la Hague, et même du Cotentin. La petite route qui sillonne la campagne se termine au niveau d'un joli bâtiment octogonal surmonté d'une toiture en schiste : il abrite le canot de sauvetage de la Société Nationale de Sauvetage en Mer. Car ici, juste au large, passe le raz Blanchard. Terreur des navigateurs, ce courant extrêmement fort a causé d'innombrables naufrages, nécessitant les secours. À quelques encablures du rivage se dresse un phare, qui lui aussi annonce la proximité de la terre ferme. Goury, c'est aussi un petit port, où les barques de pêcheurs évoluent au rythme de la marée. Y venir, c'est aussi prendre un sacré bol d'air : le vent y souffle en quasi permanence, et les tempêtes hivernales offrent des spectacles grandioses. Un petit lieu de restauration, ouvert en saison, permet de se détendre. Pour poursuivre votre itinéraire, reprenez en sens inverse la petite route et, après deux kilomètres, tournez à droite sur la Départementale 401. S'ouvre à vous la baie d'Écalgrain, vierge de toute présence humaine, sauf celle des amateurs de photos : cernée de falaises, elle est sublime. Plus loin, enfin, le nez de Jobourg : il s'agit des falaises parmi les plus hautes d'Europe, culminant à 128 mètres au-dessus des flots : le panorama est magnifique sur la Manche, la côte ouest du Cotentin et, au loin, les îles anglo-normandes qui vous accompagneront de loin pour une grande partie du reste de votre parcours. En contrebas, quelques grottes (certes difficiles d'accès), et surtout une belle réserve ornithologique. Observez les cormorans, goélands et autres fulmars qui, ici, sont chez eux. Un conseil : suivez bien les indications, pour votre sécurité et la préservation du site, l'un des plus fréquentés de la Manche. Vous repartez des lieux en gagnant la Départementale 901, très fréquenté puisqu'elle file vers Cherbourg, et longez quelques moments la vaste usine atomique – il s'agira de la seule fois !

Prenez la Départementale 318 en direction de Vauville, et suivez cette jolie route descendante jusqu'au rivage. Vauville, c'est une plage, mais c'est aussi l'un des plus beaux jardins botaniques de France. Situé à côté d'un splendide château, cet espace de 4,5 hectares ne regroupe pas moins de 1 000 espèces australes et tropicales, fruit de la passion de la famille Pellerin. On insiste : la visite est très vivement conseillée. Plus loin, en vous rapprochant du rivage, se trouve la Mare de Vauville. À l'image de Gattemare, que vous avez visitée en amont lors de votre parcours, c'est une étendue d'eau douce séparée de la mer par un cordon dunaire.

Cette réserve naturelle compte un bel observatoire pour observer la faune locale – majoritairement composée d'oiseaux et d'amphibiens. La flore, faite de petits arbustes et de plantes d'eau, est aussi soigneusement préservée. Prenez la direction du sud, et quittez la Hague en faisant étape aux dunes de Biville. Vastes de plus de 600 hectares, ces lieux, qui s'étendent sur plus de 10 kilomètres de long, prennent parfois des apparences lunaires, tant l'endroit est vaste. Zone naturelle d'intérêt écologique, faunistique et floristique, elle n'abrite pas moins de 200 espèces animales et végétales. L'été, les dunes offrent un terrain de jeu incroyable aux enfants, et nombreux sont ceux qui viennent se reposer au creux de celles-ci. Vous remontez ensuite sur les hauteurs, traversez le petit village de Biville – dont l'église, d'architecture gothique, lui vaut d'être classée Monument historique – et filez vers le sud. La Hague est désormais derrière vous.

LE NORD COTENTIN D'OUEST EN EST

Vous traversez la petite station balnéaire de Siouville, réputée des amateurs de surf, le port de Diélette et pouvez faire étape aux Pieux. Active et commerçante, la petite ville, qui domine les environs depuis sa butte, est le cadre d'un marché très fréquenté le vendredi. Ensuite, votre parcours vous fera traverser ce nord du Cotentin d'ouest en est. Depuis Les Pieux, prenez la direction de Bricquebec, à une quinzaine de kilomètres. Vous le verrez, ici, l'intérieur des terres est particulièrement vallonné, et si vous réalisez votre parcours à vélo, vous devrez fournir quelques efforts ! Bricquebec est une jolie ville médiévale, au fond d'une cuvette. La cité est dominée par son château, dont le donjon domine le bourg : construit à partir du XIe siècle, il compte également plusieurs tours rondes ou polygonales. Si une partie n'est que ruines, le reste est admirablement préservé – chose rare pour un ensemble de cette époque ayant, de surcroît, subi les assauts du temps et des guerres. L'ensemble accueille un bel hôtel : celui du Vieux-Château. Bricquebec, ce sont aussi de nombreux événements festifs dont, fin juillet, la Sainte-Anne : réunissant des dizaines de milliers de personnes, elle anime la ville pendant 4 jours, avec défilés dans la ville, concerts et spectacles et une immense fête foraine. En sortant de Bricquebec, prenez la direction de l'est, vers Valognes, par la Départementale 902. Seconde ville du nord-Cotentin par sa population (certes très loin derrière Cherbourg), Valognes est un carrefour routier et ferroviaire : d'ici, les trains fréquents vous permettent de gagner Cherbourg, Caen et Paris : les vélos y sont admis ! Pendant des siècles, elle a été le principal point d'activité du Cotentin, avant d'être supplantée par le célèbre port : y ont été construits d'innombrables hôtels particuliers qui valent à la ville le surnom de Versailles normand. Ici aussi, les ravages de la Seconde Guerre mondiale ont durement touché la ville, et il ne reste qu'une quinzaine de ces joyaux, contre une cinquantaine initialement. Certains sont des propriétés privées, d'autres se visitent, et tous sont dûment indiqués et à découvrir lors d'une jolie marche dans la ville.

On n'en citera que certains, dont les hôtels de Blangy, de Carmesnil, de Camprond et, parmi les plus impressionnants, l'hôtel de Beaumont. Vaste ensemble sur deux étages de style Louis XV, entouré de deux ailes, il compte un escalier à double révolution splendide, et une succession de pièces magnifiques, comme autant de témoignages de l'époque. Valognes, ce sont aussi d'anciens thermes, datant de Néron, mis à jour au XXe siècle et dont les vestiges sont soigneusement entretenus. C'est enfin une ville commerçante très active.

En sortant de Valognes par l'ouest, vous filez vers le sud : afin d'éviter des routes trop fréquentées, vous prenez la Départementale 87, et traversez les petits villages d'Yvetot-Bocage, Morville, Golleville et Sainte-Colombe, afin d'arriver à Saint-Sauveur-le-Vicomte. Derrière ce joli nom se trouve une belle cité de caractère, se trouvant dans une petite vallée, dominée par un château du XIe siècle surmonté d'un vaste donjon. Ce dernier, assiégé à deux reprises lors de la guerre de Cent Ans, était un point de contrôle à l'époque, situé à un important nœud d'échange vers le nord du Cotentin. Classé, il est en partie en ruine. Le patrimoine compte également une belle abbaye bénédictine, dans laquelle se trouve notamment un établissement scolaire. La ville est également la cité de naissance de Jules Barbey d'Aurevilly, qui trouvait Saint-Sauveur « jolie comme un village d'Écosse » : l'écrivain y est célébré par un riche et joli musée. Station verte, enfin, elle se prête à de nombreuses activités sportives, du VTT au canoë-kayak en passant par le tir à l'arc ou l'escalade. Pour dormir ou vous restaurer ici, l'auberge du Vieux-Château est le lieu idéal. Pour quitter la ville, prenez la direction du nord : l'ancienne voie ferrée Sottevast-Coutances, qui permettait de relier Cherbourg et Rennes, a été reconvertie il y a quelques années en voie verte. Lorsque le cheminement croise la Départementale 42, prenez vers l'ouest : vous trouverez le bocage normand en traversant la petite commune de Saint-Jacques-de-Néhou, passez au pied du Moulin à Vent du Cotentin, situé sur la petite commune de Fierville-les-Mines. Un détour par ce dernier, situé sur une butte vous offrant une splendide vue, vaut le coup : restauré, il compte une chouette boutique et organise de nombreuses activités et ateliers pédagogiques. Vous passez ensuite la Haye-d'Ectot et arrivez dans une très prisée station balnéaire : Barneville-Carteret, l'emblématique cité de la côte des Isles.

LA CÔTE DES ISLES

Longue d'une petite quinzaine de kilomètres, à l'ouest du Cotentin et face aux îles anglo-normandes, cette petite côte vit au rythme des saisons, l'estivale voyant des milliers de touristes venir ici. Des petites maisons, plus ou moins anciennes, composent la trame de Barneville-Carteret, qui n'a pas subi les dommages d'une intense urbanisation. Au bourg de Barneville répond le port de Carteret, les deux communes ayant été unies en 1963. Carteret compte un port de pêche, accessible aux hautes marées, ainsi qu'un vaste port de plaisance, dans un bassin dédié, et dont les travaux d'agrandissement se sont terminés il y a deux années : de quoi accroître encore l'attrait pour la station, dont la petite plage de la potinière, avec ses cabanes, est très prisée. Plutôt chic, Carteret compte de nombreuses boutiques et restaurants, ainsi que des bars très animés l'été. On y flâne, au rythme des marées, et on n'oubliera pas de monter sur son cap, surmonté d'un petit phare, d'où la vue est splendide. Non loin, le bourg de Barneville fait écho à Barneville-Plage, de l'autre côté du havre, qu'elle peut joindre par une petite route. La vaste plage de sable est en effet l'une des plus fréquentées du Cotentin. Prenez la direction du sud, et rejoignez Portbail, à moins d'une dizaine de kilomètres, en empruntant la petite Départementale 124. Vous croiserez la petite chapelle Saint-Siméon, qui annonce l'approche du petit port qui se situe trois kilomètres plus loin : vous êtes à Portbail ! On dit aujourd'hui Portbail-sur-Mer, du fait de la réunification de la première commune et d'autres, environnantes. Séparée de sa plage par un vaste havre, la commune est reliée à ce dernier par un magnifique pont, appelé pont au treize-arches. Un conseil : si possible, venez ici lorsque les coefficients de marée sont les plus importants. À marée haute, la mer donne l'impression que le pont flotte sur la mer, et l'ensemble, dominé par l'église Notre-Dame, donne un spectacle naturel fantastique. Cité balnéaire, Portbail est aussi sportive : courses cyclistes ou pédestres, trail, sports de glisse. En été, l'ancienne voie ferrée reliant Portbail et Carteret voit passer le train touristique du Cotentin : animé par une équipe de passionnés, il propose de revivre, sur quelques kilomètres, l'époque où les rapides arrivaient ici depuis la gare Saint-Lazare.

Le littoral est inscrit depuis 2004 au réseau européen Natura 2000, permettant de conserver l'aspect naturel du rivage. Vous prenez ensuite la direction du sud, en empruntant la Départementale 650 : assez fréquentée, elle vous demandera, surtout si vous circulez à vélo, de redoubler de vigilance.

Vous longez le littoral à une distance de deux à trois kilomètres sur une petite quinzaine de kilomètres. À l'ouest, des plages de sable fin, dont Lindbergh-plage, nommée ainsi, car en 1927, un agriculteur affirme avoir entendu l'avion de l'explorateur, le *Spirit of Saint-Louis*, lors de la première traversée en avion, et en solo, de l'Atlantique nord : une affirmation qui n'a jamais pu être confirmée. Plus au sud, les plages de Surville, Bretteville, Saint-Germain-sur-Ay. Peu avant d'arriver à Créances, dont la culture de la carotte fait la renommée, vous tournez à gauche en prenant la Départementale 652, et arrivez à Lessay.

DE LESSAY À COUTANCES : LA CÔTE DES HAVRES

Carrefour routier du centre de la Manche, Lessay est connue pour sa splendide abbaye, datant du XIe siècle, joyau d'art roman. Elle est surtout fréquentée au moment de la millénaire foire Sainte-Croix : chaque second week-end de septembre, elle compte des centaines de milliers de visiteurs. Si vous venez dans la ville à cette période, anticipez votre logement, ils sont rapidement complets ! Revenez ensuite sur vos pas, et longez la côte sur la Départementale 650, appelée par beaucoup « route touristique » : ce n'est pas pour rien ! À compter de maintenant et sur une bonne vingtaine de kilomètres, vous allez longer la côte des Havres : ces abris côtiers naturels, vastes étendues d'eau marine alimentées selon les marées, protégées par un banc de sable prenant parfois l'apparence de dunes.

Réserves de biodiversité, les havres découvrent, à marée basse, des prés dits ici salés. Juste après vous, le vaste havre de Saint-Germain-sur-Ay, puis vous traversez ou contournez les havres de Geffosses, de Blainville, de Regnéville (le plus important, est un port d'échouage très apprécié) et de la Vanlée. Le long de cette côte, vous longez plusieurs petites stations balnéaires familiales : Pirou, Gouville-sur-Mer (où de petites cabines de bord de mer colorées sont encore utilisées aujourd'hui, et apportent autant de touches joyeuses inattendues dans un cadre naturel préservé) Blainville-sur-Mer, Agon-Coutainville – cette dernière étant la plus importante.

Ici, on cultive également des huîtres qui se développent grâce aux marées très marquées. Vous pourrez ainsi faire escale dans l'un des nombreux bars à huîtres : l'un de nos préférés est « Chez Gus » à Agon : accueil très sympa dans cette paillote située en bord de mer ! Depuis Agon, filer vers l'est : le relief s'élève de nouveau assez vite et, souvent, des flèches se dressent dans le ciel, ce sont les flèches de la cathédrale de Coutances.

COUTANCES

Ville d'art et d'histoire, elle est l'une des portes du Cotentin lorsque vous venez du sud. Peuplée par les Celtes des Unelles, la ville est le cœur d'une vie intense à l'époque gallo-romaine. Elle a vécu la guerre de Cent Ans et les destructions liées à la Seconde Guerre mondiale, mais sa cathédrale est restée son immuable symbole : l'histoire de l'édifice commence il y a huit siècles, mais le siège épiscopal fut fondé au Ve siècle, et cette cathédrale romane fut consacrée en 1056. Au début du XIIIe siècle, l'évêque Hugues de Morville lança la construction de l'édifice gothique, chemisant les vestiges romans de la façade et de la nef d'une enveloppe dans le nouveau style, en calcaire d'Yvetot, et faisant entièrement reconstruire le chœur. Dans la deuxième moitié du XIIIe siècle et au XIVe siècle, furent ajoutées les chapelles latérales et la chapelle d'axe. Vous pouvez également admirer un ensemble unique en Normandie de verrières du XIIIe siècle ainsi que le vitrail du Jugement dernier datant du milieu du XVe siècle. Enfin – car un tel édifice ne peut se découvrir entièrement seul –, suivre une visite guidée est probablement la meilleure manière de découvrir les lieux.

Très vivante, la ville est également le cadre d'un festival de Jazz très apprécié, et dont la réputation dépasse largement les frontières de la Normandie : Jazz sous les Pommiers. Au printemps, la ville s'anime de sonorités jazz ou blues, les espaces de la cité sont mis à profit pour concerts et échanges. Notez enfin que la ville est reliée à Saint-Lô, Caen, Rennes et, par correspondance, Cherbourg, au moyen de trains acceptant les vélos.

DAVID DAGUIER-CD50

YOANN ET MARJORIE VAN BELLEGHEM

Le circuit court, c'est la qualité !

À la tête des deux boucheries Dulin-Villain, réputées pour leurs produits d'excellence, Yoann et Marjorie Van Belleghem développent un credo simple : local et qualité.

• Comment concilier qualité, respect du bien-être animal et environnement ?

En restant en circuit court ! Nos bœufs, veaux et agneaux sont élevés dans un rayon de quelques kilomètres. Le bilan est doublement positif : leur transport présente une empreinte carbone faible, et l'animal ne subit pas d'interminables trajets. Nous travaillons en confiance avec les agriculteurs, nous les connaissons bien et savons que leurs bêtes sont élevées en plein air.

• Vous êtes labellisés Manche Terroirs, c'est une belle reconnaissance ?

Oui, dans la mesure du possible, l'ensemble des produits que nous commercialisons sont issus du département : c'est important pour nous, et c'est aussi l'un des gages de la qualité que nos clients apprécient (Manche Terroirs est un label qui reconnaît les produits bons – évidemment – et locaux, NDLR)

• Le produit star, c'est bien évidemment la véritable saucisse de Belval-Gare. Comment expliquez-vous son succès ?

Difficile, car la recette est soigneusement gardée secrète ! Nous pouvons simplement vous dire que les oignons qui la composent, eux aussi produits en local, sont bien évidemment frais et épluchés à la main !

• Garder un tel niveau d'excellence, c'est facile ?

Lorsque l'on est bien aidés, les choses vont bien ! Nous avons la chance d'être épaulés par mes parents, Gilles et Géraldine Villain, qui ont tenu les lieux pendant des années, et connaissent beaucoup de monde ici !

VERS GRANVILLE ET FIN DE PARCOURS

Sortez de Coutances par l'ouest et passez à proximité du pont de la Roque : construit en 1852, l'ancien pont a perdu trois de ses arches lors des bombardements de la Seconde Guerre mondiale. Un nouveau, cinquante mètres en amont, a été édifié dans les années 1960. Ce pont est situé à l'extrémité du havre de Regnéville, l'un des plus vastes du Cotentin. Cette zone d'intérêt ornithologique compte de nombreuses espèces, dont le gravelot à collier, le tadorne du Belon ou la bernache cravant à ventre pâle. Profond de plusieurs kilomètres, le havre constitue en effet le lieu de repos idéal d'une faune riche. Vous passez ensuite Montmartin-sur-Mer, et faites un crochet par Hauteville-sur-Mer : cette petite station balnéaire familiale. Vous pourrez y dormir dans un joli gîte, les Agapanthes, où l'on vous réservera un bel accueil. Si la mer est basse lors de votre venue, vous apercevrez probablement une forme en V intrigante : il s'agît de la pêcherie la Maillard. Deux successions de pieux, reliés eux-mêmes pas des branchages, et recouvertes par les flots aux marées hautes, forment ainsi un redoutable piège pour les poissons : une manière ancestrale et très efficace de pêcher, très prisée il y a plusieurs décennies et dont il ne reste que cet exemplaire, encore utilisé. On est bien loin de la surpêche ici ! Vous poursuivez ensuite vers le sud, longez les jolies dunes d'Annoville, et traversez le havre de la Vanlée par une petite route submersible. Puis vous longez la côte, toujours en direction du sud, traversez Saint-Martin-de-Bréhal-Page, Coudeville-Plage, contournez le petit aérodrome et arrivez finalement à Granville. Cet ancien port hauturier est une ville animée en toutes saisons. À l'activité estivale balnéaire répond l'ambiance du carnaval hivernal, le plus important de toute la Normandie, classé au Patrimoine immatériel de l'UNESCO. Cité corsaire, Granville se distingue entre « Ville haute » et « Ville basse ». La première se situe le long d'un promontoire rocheux s'avançant dans la mer. Située derrière de lourds remparts, dont la vocation défensive a peu à peu disparu, la ville s'est réorientée à compter du milieu du XIXe vers le tourisme de villégiature. De belles villas sont édifiées, un casino – encore ouvert – construit, et la plage du Bas-Gousset, située en contrebas de la ville haute, devient un endroit très prisé, notamment des Parisiens qui bénéficient d'une ligne ferroviaire ouverte également au XIXe siècle. Granville, c'est aussi le Musée Christian Dior, le couturier disposant d'une splendide villa sur les hauteurs. En contrebas, la ville basse est animée, commerçante, et les ports de pêche et de plaisance achèvent de constituer de Granville une destination de visite très apprécié. Les lieux d'hébergement et de restauration ne manquent pas ici, constituant le point d'arrivée idéal de votre parcours dans le Cotentin. Vous pouvez poursuivre vers le Mont-Saint-Michel, au sud, où prendre le bateau pour vous rendre aux îles Chausey, au large, un archipel sans voiture, aux eaux turquoise et aux petites criques de toute beauté. Si votre parcours s'achève, le Cotentin a encore beaucoup à vous donner !

Granville.

LES BONNES ADRESSES SUR LE PARCOURS

Maison Gosselin
27, rue de Verrue
50 550 Saint-Vaast-la-Hougue
✆ 02 33 54 40 06
www.maison-gosselin.fr

Cité de la Mer
All. du Président Menut
50 100 Cherbourg-en-Cotentin
✆ 02 33 20 26 69
www.citedelamer.com

Le Pily
1, Pont Tournant
50 100 Cherbourg-en-Cotentin
✆ 02 33 10 19 29
http://restaurant-le-pily.com/Le Commerce

Le Café de Paris
40, Quai Caligny
50 100 Cherbourg-en-Cotentin
✆ 02 33 43 12 36
www.restaurantcafedeparis.com

Le Picaddilly
19, rue de la Marine
50 100 Cherbourg-en-Cotentin
✆ 07 81 63 41 88
www.facebook.com/LePiccadillyBar

Le Chaudron
2 et 4, rue du Port
50 100 Cherbourg-en-Cotentin
✆ 02 33 04 88 51

Le café du théâtre
8, pl. Général de Gaulle
50 100 Cherbourg-en-Cotentin
✆ 02 33 22 78 97
http://lecafedutheatrecherbourg.com

Manoir du Tourp
Omonville la Rogue
50 440 La Hague
✆ 02 33 01 85 89
http://letourp.com

Jardin de Jacques Prévert
Vallée des moulins
face au Port Racine
50 440 La Hague

Jardin de Vauville
1, Route du Thot
50 440 La Hague
✆ 02 33 10 00 00
www.jardin-vauville.fr

Hôtel de Blangy, Carmesnil et Comprond
53bis, rue de Poterie -
50700 Valognes

Musée Barbey d'Aurevilly
66, rue Bottin Desylles
50 390 Saint-Sauveur-le-Vicomte
✆ 02 33 41 65 18
https://museebarbey.wixsite.com/museebarbey

Auberge du Vieux-Château
9, av. Division Leclerc
50 390 Saint-Sauveur-le-Vicomte
✆ 02 33 41 60 15
www.auberge-vieux-chateau.fr

Moulin à vent du Cotentin
23, Vge de la Lande
50 580 Fierville-les-Mines
✆ 02 33 53 38 04
https://lecotentin.fr/moulin-vent-du-cotentin

Pont aux treize arches
D15
50 580 Port-Bail-sur-Mer

Chez Gus
La Plage
50 560 Blainville-sur-Mer
✆ 02 33 47 02 14
www.huitresdeblainville.com

Cathédrale de Coutances
1, rue du Puits Notre-Dame
50 200 Coutances
✆ 02 33 45 00 41
http://cathedralecoutances.free.fr

Boucherie Dulin Villain
68, av. Division Leclerc
50 200 Coutances
✆ 02 33 46 56 89
www.boucheriedulinvillain.ollca.com

Casino de Granville
Pl. Maréchal Foch
50 400 Granville
✆ 02 33 50 00 79
www.lestelsia-casinos.com

Musée Christian Dior
1, rue d'Estouteville
50 400 Granville
✆ 02 33 61 48 21
www.musee-dior-granville.com

PAYS DE CAUX, PAYS DE BRAY : *rives et plateaux*

CE LONG PARCOURS, QUI S'EFFECTUE SUR PLUSIEURS JOURS, RECOUVRE UNE VASTE PARTIE DU TERRITOIRE DE LA SEINE-MARITIME – À L'EXCEPTION NOTABLE DE LA RÉGION DE ROUEN : NOUS AVONS EN EFFET CHOISI DE VOUS FAIRE DÉCOUVRIR DEUX TERRITOIRES COMPLÉMENTAIRES : LE PAYS DE BRAY ET LE PAYS DE CAUX.

LE PREMIER ÉPOUSE LA PARTIE OUEST DU DÉPARTEMENT, DE RIVAGES GRANDIOSES EN PLATEAUX VERDOYANTS, ET LE SECOND, TRÈS VERT ÉGALEMENT, EST UN ESPACE INJUSTEMENT MÉCONNU POUR SON INCROYABLE PATRIMOINE, À CHEVAL ENTRE NORMANDIE ET PICARDIE.

COMMUNES TRAVERSÉES :

LE HAVRE, SAINTE-ADRESSE, ANTIFER, ÉTRETAT, FÉCAMP, BOLBEC, CAUDEBEC-EN-CAUX, ALLOUVILLE-BELLEFOSSE, YVETOT, GRAINVILLE-LA-TEINTURIÈRE, SAINT-VALERY-EN-CAUX, DIEPPE, NEUFCHÂTEL-EN-BRAY, FORGES-LES-EAUX, GOURNAY-EN-BRAY.

LE HAVRE

Votre point de départ est Le Havre – que vous retrouvez également dans le parcours « Le long de la Seine, de Vernon au Havre ». De la ville, il y a beaucoup à dire, et en bien : car les contempteurs de la cité sont trop nombreux pour ne pas souligner l'incroyable attrait que la cité portuaire dégage. Au départ, une ville portuaire de toute première importance, dont l'existence a été broyée par des milliers de tonnes de bombes venues du ciel, entre le 5 et le 11 septembre 1944. Alors que Paris était libérée depuis une dizaine de jours, des milliers de soldats allemands étaient toujours les maîtres de la ville, d'où la volonté de l'aviation anglaise de prendre la ville au plus vite, par des moyens radicaux. Aujourd'hui, la polémique subsiste : fallait-il raser une telle ville ? Les Allemands étant retranchés sur les hauteurs, pourquoi avoir tant détruit la ville basse, majeure partie du Havre ? Aucune réponse ne sera apportée, mais l'objectif est atteint en quelques jours, puisque des dizaines de milliers de soldats allemands se rendent rapidement. De ses ruines, Le Havre s'est relevé, sous l'impulsion des pouvoirs publics qui ont mandaté l'architecte Auguste Perret, pour rebâtir la cité. Striée d'avenues rectilignes, les bâtiments sortent de terre de manière homogène selon un plan orthogonal. L'utilisation du béton, la mise en place de contre-allées et de vastes parcs permet de jeter les bases de ce que Perret appelle « la ville du futur ».

L'église Saint-Joseph et les immeubles d'Auguste Perret.

Parcours

PAYS DE CAUX, PAYS DE BRAY

Vieux moulins

A quelques kilomètres de la côte d'Albâtre, cette commune est surtout connue pour ses nombreux moulins qui servaient autrefois au blanchement des toiles et à la teinture des tissus.

L'inspiration du grand air

Beaucoup de peintres et d'écrivains y sont autrefois passés : Victor Hugo, Gustave Flaubert, Sacha Guitry… Aujourd'hui, c'est une station balnéaire familiale avec un front de mer agréable.

Sur les traces des Terre-neuvas

Les Fécampois ont toujours sillonné les mers lointaines à la recherche d'épices ou de nouvelles matières. Du XIXe au XXe siècle, la ville est le premier port morutier français.

Falaises de craie

Autrefois un modeste village de pêcheurs, elle est aujourd'hui une station balnéaire incontournable de la côte d'Albâtre. Qui n'a jamais entendu parler de ses falaises et de ses arches ?

Station balnéaire

La ville doit son nom à l'adresse des marins pour franchir le cap de la Hève et rejoindre l'estuaire de la Seine. Surnommée « le rocher de Monaco normand », elle est un lieu de villégiature privilégié.

La Porte Océane

Cinq siècles ont façonné cette ville aux mille visages, berceau de l'impressionnisme au XIXe siècle et musée à ciel ouvert de nos jours, grâce aux œuvres créées à l'occasion de « Un Été au Havre ».

Riche passé industriel

D'abord un lieu de fabrication de toiles de laine et de coton, l'activité s'intensifie au XIXe siècle dans la ville grâce aux machines à vapeur : filature, tissage et impression de toiles.

Pêche à la coquille

Doyenne des stations balnéaires françaises et premier port de pêche pour la coquille Saint-Jacques, elle a épousé la mer depuis mille ans et l'accueille dans son port historique.

Fromage + Normandie = cœur

Ce n'est pas pour son architecture qu'on vient la découvrir, mais plutôt pour son petit musée, son environnement naturel et, surtout, pour son fameux fromage « cœur de Neufchâtel ».

Les grandes eaux

L'histoire de Forges est étroitement liée aux eaux ferrugineuses thérapeutiques. Elles ont été rendues célèbres lors de la venue de Louis XIII, d'Anne d'Autriche et de Richelieu en 1633.

Dans les pas d'Annie Ernaux

Ville d'enfance de la prix Nobel de littérature Annie Ernaux et capitale du pays de Caux, la commune, largement détruite en 1940 par les bombardements, est un centre économique et touristique vivant

Ancienne ville fortifiée

Son nom vient de deux mots celtiques : gord qui signifie « amas d'eau » et nawd qui signifie « demeure ». Frontière du territoire de Rollon, la ville fut fortifiée au XIe siècle.

A travers les âges

De nombreux témoignages de l'importance historique de Caudebec demeurent : les vestiges médiévaux, l'église au gothique flamboyant ou les maisons à pans de bois des XVIIe et XVIIIe siècles.

Le grand chêne

À mi-chemin entre Rouen et Fécamp, la renommée de la commune vient de son trésor unique : un chêne millénaire dans lequel fut construite une chapelle, à côté de l'église Saint-Quentin.

La reconstruction s'achève en 1964, tandis que la ville haute, relativement préservée, a conservé ses belles demeures, que les banlieues sont en pleine extension et que le port et les activités industrielles longent l'estuaire de la Seine sur des kilomètres selon un axe est-ouest. Hélas, rapidement, la ville hérite d'une image sombre, les bâtiments imaginés par Perret et, dès les années 1970, le déclin industriel vient donner de la ville une image largement écornée, et la population, dès lors, ne cessera de baisser. Ce n'est qu'au début des années 2000 que la ville entame une profonde mue : les bâtiments de Perret, devenus références en matière d'architecture, sont rénovés, la ville commence à rendre l'espace public au piéton, des friches industrielles sont reconverties en activités commerciales ou universitaires, le tramway permet de mieux circuler. Reconnaissance ultime : le 15 juillet 2005, le Havre est inscrit au Patrimoine mondial de l'UNESCO : plus de 50 ans après la mort de l'architecte, son travail est reconnu. Aujourd'hui, Le Havre a profondément changé : ouverte sur la mer, disposant d'une vaste et belle plage de galets, bien reliée aux métropoles voisines par un réseau de transports efficace, la ville attire touristes et curieux, et connaît un vif et mérité regain d'intérêt. Votre parcours débute au niveau de l'imposant hôtel de ville. Vous rejoignez la plage, qui n'est qu'à quelques centaines de mètres, en passant non loin de la majestueuse église Saint-Joseph du Havre, elle aussi de béton, et dont la tour, qui culmine à 107 mètres, domine la ville.

SAINTE-ADRESSE, VERS ÉTRETAT

Vous quittez le Havre par le nord, et ne manquez pas de découvrir la jolie ville de Sainte-Adresse, dont elle est limitrophe. Non seulement la petite ville n'a presque pas été touchée par les bombardements alliés, mais elle a su conserver un splendide patrimoine, fait de riches et cossues demeures, qui donnent à l'ensemble le surnom de « Nice Havrais ». Pour rejoindre Étretat si vous êtes à vélo, il vous suffit de suivre la voie cyclable Eurovélo : celle-ci n'est pas ici en site propre, mais emprunte de petites routes peu fréquentées, garantissant quiétude et sécurité. Tout au long de cette vingtaine de kilomètres, vous apercevrez bien peu la mer, dont vous serez pourtant à quelques hectomètres à vol d'oiseau : la raison en est les abruptes falaises qui se jettent littéralement dans la Manche. Elles sont si hautes qu'à quelques centaines de mètres du rivage, elles vous empêchent de voir en contrebas. Prenez garde : ne vous rapprochez pas trop du vide. Pouvant atteindre jusqu'à 110 mètres, celles-ci sont l'un des emblèmes du Pays de Caux, et constituent la côte d'Albâtre. Soudainement, depuis la terre, le vert des pelouses aérohalines (spécifiques aux à-pics des falaises) s'efface soudainement pour le blanc des falaises. Dans cette première partie de votre parcours, jusqu'à Antifer – que vous découvrez plus loin – les falaises comportent une vaste part d'argile, d'où l'accumulation de sédiments à ses pieds. Ensuite, en poursuivant sur votre parcours, vous verrez les falaises prendre une splendide teinte blanche. C'est là une nature bien vivante : l'action de la mer, en bas, et de l'érosion pluviale, en haut, fait reculer le trait de côte, au prix d'éboulements parfois spectaculaires. À mi-chemin entre le Havre et Étretat, voici Antifer : l'histoire d'un gâchis dont les promoteurs regrettent encore d'en avoir eu l'initiative. En 1967, les troubles politiques au Moyen-Orient empêchaient le passage des pétroliers, les obligeant à contourner le cap de Bonne-Espérance, au large de l'Afrique du Sud, au prix de milliers de kilomètres supplémentaires. Naissent alors les super-pétroliers, dont les capacités étaient aptes à rentabiliser le voyage. Le port du Havre n'étant pas en mesure d'accueillir ces derniers, il est décidé de construire, là où la falaise s'abaisse un peu (on appelle ces descentes vers la mer des « valleuses ») un nouveau terminal gigantesque : Antifer. Pouvant accueillir des pétroliers longs de 500 mètres et d'un tirant d'eau de 28,50 mètres, celui-ci compte plusieurs digues, dont l'une de près de 3,5 kilomètres, en forme circulaire. À peine les travaux effectués que le canal de Suez était rouvert à la circulation des navires, Antifer perdant son utilité. C'est aujourd'hui un lieu presque abandonné, pour le plus grand plaisir des goélands, cormorans et mouettes qui y vivent paisiblement. La route creusée dans la falaise de craie aura permis l'aménagement de la plage de Saint-Jouin, très appréciée des locaux. Non loin, le mémorial de Bruneval, en hommage aux parachutistes ayant récupéré un radar allemand situé à proximité, en 1942. En reprenant votre chemin, après environ 5 kilomètres, vous arrivez à la perle du Pays de Caux : Étretat.

ÉTRETAT

Ce modeste village de pêcheurs est devenu l'une des attractions touristiques majeures de Normandie à compter du XXe siècle. Tourisme raisonné et non de masse, car les dimensions de la ville, entre deux falaises abruptes, n'ont pas permis d'étendre la cité au-delà de ses limites naturelles. Dominée par la jolie Chapelle Notre-Dame-de-la-Garde au nord, elle est célèbre dans le monde entier pour le spectacle naturel incroyable donné par ses falaises sud. Une arche naturelle dans la falaise, et une aiguille haute de 55 mètres, émergeant des flots, constituent un site classé. Fruit de l'érosion marine et de l'action d'une ancienne rivière souterraine, ces lieux uniques sont pourtant bel et bien menacés par la mer, dont l'action et la montée liée au réchauffement climatique, redoublent la violence des assauts. Notez que l'accès à ces lieux est réglementé. Le Trou à l'homme, célèbre grotte creusée en bas de la falaise, est désormais interdite d'accès pour éviter que les marcheurs ne se retrouvent coincés par la marée montante. Il est également défendu de se promener au pied des falaises ou de s'approcher du bord pour prendre des photos – un chemin strictement balisé est mis en place. De retour dans la ville, l'offre hôtelière ne manque pas : utile, si vous souhaitez passer la nuit ici ! Prenez également le temps de visiter les Jardins d'Étretat : créés par le paysagiste Aleksander Grivko, celui-ci mêle avec audace jardins et sculptures. Reprenez votre trajet vers Fécamp, au nord-est : sur une douzaine de kilomètres, vous vous éloignez de nouveau de la rive, traversez les petits villages des Loges et de Saint-Léonard, et la ville portuaire s'offre à vous.

FÉCAMP

Vaste port, Fécamp compte une vingtaine de milliers d'habitants. De son riche passé morutier, il en reste une mémoire vive, et un musée dédié aux pêcheries. Sa plage de galets, et son activité balnéaire en font une destination prisée en été. On sortira des sentiers battus pour découvrir une œuvre architecturale unique : le Palais Bénédictine. On ne saurait dire comment peuvent naître les plus folles des idées, mais le résultat est sous vos yeux. C'est en faisant fortune dans le commerce de la Bénédictine qu'il a inventée, qu'Alexandre-Prosper Le Grand, né ici, a pu se payer le luxe d'une telle bâtisse, dont les travaux se sont déroulés à la fin du XIXe siècle. Mêlant différents styles, allant de l'Art nouveau à la Renaissance en passant par le néogothique, l'ensemble se visite comme une succession de lieux incroyables.

Vue sur la ville d'Étretat.

La charpente néogothique, dessinée par les charpentiers de la marine, vaut à elle seule le coup d'œil. Vous y trouvez notamment un musée, une salle d'exposition artistique et une boutique où vous trouverez, notamment, la fameuse boisson.

SUR LA ROUTE DE BOLBEC : LE PAYS DE CAUX DE L'INTÉRIEUR

En sortant de la ville, prenez la petite vallée de la Ganzeville. Si vous circulez à vélo, c'est le meilleur moyen de prendre de l'altitude de manière douce, et vous atteignez le plateau qui constitue le Pays de Caux en quelques kilomètres. En longeant la rivière, vous remontez l'une de ces vallées un peu secrètes et très vertes qui strient le plateau à l'approche de la mer. Vous arrivez, enfin, au niveau du plateau sur la commune de Bénarville. Le Pays de Caux, des grands espaces s'ouvre à vous. C'est ici, et sur le reste de votre parcours, que vous allez vous familiariser avec une spécificité locale : le clos-masure. Il s'agit d'un vaste espace clos par un talus planté d'arbre, et au cœur duquel se trouvent une prairie et des corps de bâtiments. Vous le verrez : ils sont nombreux, et constituent une part importante du paysage.

Vous filez vers le sud en traversant ces paysages : attention, les cyclistes ne disposent plus d'espace dédié, et partagent la voirie avec les voitures. Vous passez Tocqueville et Rouville, puis atteignez Bolbec.

BOLBEC

Petite ville d'où part une petite rivière qui se jette dans la Seine à une dizaine de kilomètres plus loin, Bolbec a connu un riche passé textile, dont il reste un atelier-musée, animé par une équipe de bénévoles. Commerçante, la ville peut constituer une belle étape sur votre parcours, d'autant que vous y découvrez un joli patrimoine : châteaux de Fontaine et du Val-aux-Grès, manoir de Cailletot (inscrit à l'inventaire supplémentaire des Monuments historiques) ou la belle église Saint-Michel. Vous quittez la ville par l'est en direction de Caudebec-en-Caux. Attention, la ville, suite à la fusion de plusieurs communes, se nomme désormais Rives-en-Seine. Toutefois, le temps que les esprits s'y fassent, on parlera de Caudebec, qui reste dûment indiquée sur les panneaux. Pour rejoindre les lieux, le mieux est de remonter légèrement sur le plateau, et de traverser les petites communes de Grand-Camp, Saint-Nicolas-de-la-Haie, et de descendre via une petite vallée paisible. Vous entrez dans le Parc naturel régional des Boucles de la Seine Normande, de son ancien nom Parc naturel régional de Brotonne.

CAUDEBEC-EN-CAUX ET LA MÉMOIRE DU MASCARET

On estime que les lieux ont été occupés par les Romains dès le IIIe siècle, ce que de nombreuses découvertes ont confirmé. S'il ne reste aucun édifice debout de cette époque, la ville a gardé du Moyen Âge l'imposante église Notre-Dame-de-Caudebec, les fortifications que sont les tours d'Harfleur et des Fascines, et la Maison des Templiers, classée Monument historique depuis… 1899 ! Une balade sur les quais s'impose : en amont, le pont de Brotonne. Construit en 1977, il permet de relier les deux rives sans devoir se rendre au pont de Tancarville, à l'ouest, ou à Rouen, à l'est. Mais Caudebec, c'est aussi un phénomène naturel malheureusement devenu très rare, et de bien moindre intensité qu'autrefois : le mascaret. Pourtant située à une quarantaine de kilomètres de l'estuaire de la Seine, c'est en cas de fortes marées, conjuguées à des vents importants, qu'une vague importante, pouvant parfois atteindre près de deux mètres, remontait le fleuve, dans un spectacle impressionnant. Ceci se passait jusque dans les années 1960. Néanmoins, les aménagements du port du Havre, et la création de plusieurs digues pour ce dernier ont très largement réduit l'intensité de cette curiosité naturelle. Si toutefois vous deviez être présent lors du mascaret, surtout restez en retrait !

À l'ouest de la ville, en longeant la Seine, vous gagnez le paisible petit port fluvial de Villequier. Coincés entre coteaux et fleuve, les lieux méritent le détour, y compris pour le drame qui s'y est joué un jour de février 1843 : la fille de Victor Hugo, Léopoldine, ainsi que son mari se sont noyés ici lorsque le canot dans lequel ils se trouvaient a chaviré. Inconsolable, l'auteur a couché sur papier son deuil dans Les Contemplations, recueil sorti treize années après l'accident. Victor Hugo, qui y a vécu, reste l'incontournable personnalité du coin : un musée, à Villequier, porte son nom et retrace sa vie au moyen de nombreux objets. Pour loger sur place, cette maison de famille qu'est la Maison Plûme vous permet assurément de passer le plus agréable des séjours.

Accueillis par Jeanne et Simon, vous vous y sentirez rapidement comme chez vous. Revenu à Caudebec, c'est à quelques centaines de mètres à l'est de la ville, en prenant une petite route pentue, que vous découvrez une merveille architecturale : l'Abbaye Saint-Wandrille. Fondée au VIIe siècle, elle a connu bien des aléas liés à l'Histoire, et aux côtés de ruines soigneusement entretenues, vous découvrez, intacts, un cloître gothique splendide, une chapelle, deux églises, dont l'abbatiale Saint-Pierre, et plusieurs bâtiments, dont le réfectoire, le plus ancien à avoir subsisté.

C'est l'un des temps forts de votre parcours. Pour repartir, prenez la petite chaussée des Moulins, puis la route de Rançon, et la côte du Gîte : quelques kilomètres qui vous permettent, une nouvelle fois, de gagner le plateau du Pays de Caux. Vous apercevez quelques clos-masures, dans un environnement fait d'agriculture et d'élevage. Vous traversez le petit village de Louvetot, et arrivez à Allouville-Bellefosse.

UN VILLAGE AUTOUR D'UN CHÊNE

Rien ne distinguerait ce petit village agricole, sauf une curiosité : un chêne. Dans le cœur de la ville se trouve en effet le plus ancien spécimen existant : plus que millénaire, il date du IXe siècle. Son apparence est troublante : d'une circonférence de plus de 9 mètres, il est si énorme qu'il est étayé par de nombreux morceaux de bois. Sa largeur a permis la curieuse installation de deux petites chapelles, l'une sur l'autre. On pourrait croire que l'action de l'homme aurait raison de l'arbre : il n'en est rien. Sa notoriété tient également à divers films, dont l'un, *Le Chêne d'Allouville*, s'il n'a pas marqué l'histoire cinématographique hexagonale, lui a conféré une reconnaissance publique. Allouville, c'est aussi une association, appelée logiquement le « Chene », et dont l'objet est d'accueillir des animaux blessés, dont des phoques, et de sensibiliser le grand public au moyen de nombreuses animations. L'endroit se visite, et mérite largement une pause. Depuis Allouville, prenez la petite route vers l'est jusqu'à Yvetot : de jolis clos-masures se trouvent sur votre gauche.

YVETOT

Elle est considérée comme la capitale du Pays de Caux, au cœur duquel elle se trouve : Yvetot compte une petite douzaine de milliers d'habitants. Longtemps haut lieu français de l'imprimerie, et dont la bibliothèque compte de magnifiques ouvrages anciens, la ville a durement subi les destructions de la Seconde Guerre mondiale – au tout début des combats, à la différence du Havre. Un détour par le manoir du Fay, lequel ne se visite pas, mais dont le splendide parc est accessible à tous, est largement conseillé. Yvetot, ville commerçante, est une belle étape sur votre parcours.

LES CHAMPS DE LIN

Prenez la direction du nord par la Départementale 37 : vous traversez Étoutteville puis rejoignez Doudeville. Si vous avez l'habitude, désormais, de ces paysages agricoles, ici, selon la saison, vous pourriez avoir quelques surprises. Les champs se parent en effet de bleu, offrant un spectacle naturel incroyable : il s'agit de lin. Peu le savent, mais la seule Seine-Maritime compte près du tiers des cultures linières de France. Des conditions climatiques idéales et de vastes espaces permettent cette culture. D'un joli bleu, parfois intense, parfois clair, le traitement du lin est tout un savoir-faire : arraché (et non coupé) ses fibres sont séparées, une partie devenant alimentation pour animaux, l'autre – la plus noble – deviendra toile après filage et tissage. Dans cette partie du Pays de Caux, les exploitations et boutiques sont nombreuses. L'Écomusée – Tradition du Lin se trouve non loin. Depuis Doudeville, prenez la direction de Berville-en-Caux et Ouville l'Abbaye.

Ce musée, qui est aussi une exploitation agricole, rien ne vous manquera sur la culture de cette jolie fleur. Le joli bourg de Doudeville passé, prenez les Départementales 88 puis 71 en direction de Grainville-la-Teinturière : quelques kilomètres entre, là encore, clos-masures et champs de lin. Située dans une petite vallée, la commune compte un joli bois, accroché aux pentes : le bois de la Roquette. Classé Natura 2000, celui-ci compte de nombreuses cavités creusées naturellement dans le calcaire, et qui constituent un habitat privilégié pour les chauves-souris, parmi lesquelles la Barbastelle, devenue extrêmement rare. Attention : ces espèces sont très craintives, et votre passage ici ne pourra être que de courte durée et, bien sûr, respectueux des lieux. Pour poursuivre votre chemin, descendez la vallée de la Durdent, un petit fleuve côtier, jusqu'à la petite station balnéaire de Veulettes-sur-Mer : voici de nouveau la Manche, face à vous ! On surnomme la petite cité « La Perle du Pays de Caux » en raison notamment de sa belle plage en arc de cercle. Prenez la direction de Saint-Valery-en-Caux via la Départementale 79 : vous montez sur le plateau, puis en descendez après trois kilomètres environ pour arriver dans cette dernière ville portuaire.

SAINT-VALERY-EN-CAUX

Blottie autour d'un joli bassin, c'est un port de plaisance, mais aussi de pêche depuis des siècles. Si les combats de 1940 ont porté un grave préjudice à la ville, la Maison Henri IV est restée debout. Cette dernière, à colombages, date du XVIe siècle. Si un sérieux doute subsiste concernant la réalité d'un passage du roi, les détails de la façade n'en sont pas moins splendides. Vous pouvez également faire une jolie promenade sur la digue, jusqu'au phare de Saint-Valery. Par gros temps, on évitera, les vagues venant se fracasser dans un bruit assourdissant et, surtout, une déstabilisation possible des promeneurs !

EN CHEMIN VERS DIEPPE

Entre Saint-Valery-en-Caux et Dieppe, vous pouvez reprendre la piste cyclable Vélomaritime, laquelle est partagée ici avec la circulation automobile. Vous suivez le trait de côte à une distance moyenne de quelques hectomètres, sauf à Veules-les-Roses, qui longe le rivage l'espace d'une petite plage. Pour la petite histoire, c'est d'ici que part le plus petit fleuve français, la Veules : long de 1 149 mètres seulement, vous pouvez longer celui-ci jusqu'à sa source. Vous traversez Quiberville puis Varengeville-sur-Mer, et arrivez à l'un des plus importants ports normands, qui constitue l'une de vos dernières étapes avant de quitter le Pays de Caux pour le Pays de Bray : Dieppe.

DIEPPE

La ville dispose de quatre ports (commerce, pêche, plaisance et transmanche) et compte une trentaine de milliers d'habitants. C'est l'embouchure de l'Arques, petit fleuve côtier, qui a créé les conditions de la naissance de la ville. Plus que millénaire, la ville a toujours tiré parti de sa position maritime, face à l'Angleterre, dont la conquête par les Normands s'est déroulée en partie à partir d'ici.

La maison d'Henri IV à Saint-Valéry-en-Caux.

© D.R.

FRANÇOIS JUGUET

en charge de la production et de la transformation de la pomme à cidre au Domaine de Merval

UN LIEU D'APPRENTISSAGE ET D'ÉCHANGES

• Quelle est l'origine de la ferme ?

C'était un domaine d'État depuis 1943, sur lequel en 1988 des agriculteurs locaux se sont réunis en association et ont convaincu la région Haute-Normandie (c'était avant la réunion des deux Normandie, NDLR) de récupérer celui-ci pour en faire non seulement un lycée agricole en Pays de Bray, mais aussi un lieu d'échanges. La première rentrée a ainsi eu lieu un an plus tard, en 1989. Concernant l'exploitation agricole elle-même, l'idée première était de mettre en avant les productions agricoles originelles du Pays de Bray.

• Et concernant l'évolution au fil des années ?

En 1994, nous ouvrons l'atelier fromager, nous permettant de produire du véritable Neufchâtel avec Appellation d'Origine Contrôlée – la même Appellation que nous avions sauvée pour le véritable Calvados du Pays de Bray deux ans auparavant. Au même moment, toujours en 1992, le domaine ouvrait son magasin, lequel existe toujours aujourd'hui.

• Le virage vers le bio arrivera plus tard ?

Oui, c'est en 2006, à une époque où le bio avait une image pas forcément reluisante, nous décidons de passer les vergers cidricoles en bio, et certification pour la récolte 2012 ! En parallèle, nous avons décidé de nous lancer dans l'agroforesterie : lors de l'arrivée d'un nouveau directeur, il y a 5 ans, il a été décidé de passer en système « tout herbe ». Ainsi, on produit notre propre herbe pour les animaux qui les consomment été comme hiver. En parallèle, lorsque nous plantons un verger, on espace suffisamment les arbres pour que les bovins puissent facilement pâturer. Enfin, par exemple, sur le dernier verger que nous avons planté, nous l'avons fait en « haute tige », permettant d'intégrer des arbres forestiers et mellifères, les premiers développant un système racinaire qui va puiser l'eau dans le sol, permettant une pousse d'herbe plus importante. Aujourd'hui, les élèves du lycée peuvent ainsi voir que l'on peut faire du bio, du durable et que c'est viable !

• Le Domaine de Merval, ce sont aussi des événements réguliers ?

En effet ! Chaque année, les journées du patrimoine réunissent le lycée et la ferme du lycée. En parallèle, le 3e samedi du mois de novembre, deux manifestations conjointes sont proposées : la foire aux vins des lycées au château, et puis « Sauve ta pomme » organisé par l'association du Domaine de Merval, communiquer sur nos 420 variétés de pommes anciennes et locales. De plus, tous les mercredis d'été à 14h30 sont organisées des visites libres de la cidrerie. Enfin, notre magasin est ouvert toute l'année !

Plus tard, c'est de Dieppe que sont partis les aventuriers à la découverte du monde, dont Jehan Ango, qui a parcouru le Brésil au début du XVIe siècle, après un long voyage depuis la ville. Commerçante, la ville est dominée par un massif château qui accueille un musée comptant de belles collections d'ivoires sculptés, ainsi que des tableaux de Georges Braque, parmi d'autres merveilles. Dans la ville, les petites maisons du quartier Pollet – qui comptait de nombreux pêcheurs – le front de mer et sa vaste plage et plusieurs bâtiments remarquables, comme l'ancien hôtel d'Anvers, sont à découvrir.

Vous trouverez de nombreuses possibilités pour y dormir, mais on vous conseillera, à 5 kilomètres environ, les Cabanes de la Chaussée : en plein cœur de chênes centenaires, dans la commune éponyme, vous passerez la nuit entre 5 et 15 mètres de hauteur, dans de jolies petites maisons de bois. Au sud-ouest de la ville, à trois kilomètres environ, un lieu 100 % nature est à découvrir : le parc William Farcy. Ce dernier, dont le nom est celui de l'ancien Secrétaire général de la mairie d'Offranville – où le parc se trouve – est composé de 21 jardins thématiques. Star des lieux : la rose, que vous retrouvez dans toute sa diversité, d'où notre conseil de venir ici dans les moments de floraison. Pour quitter Dieppe, suivez l'Arques, puis la Varenne : cet affluent, qui prend naissance à quelques kilomètres de Dieppe seulement, est long d'une petite quarantaine de kilomètres. C'est la limite entre les Pays de Caux et de Bray : vous entrez dans ce dernier.

VALLÉE DE LA VARENNE ET ARRIVÉE EN PAYS DE BRAY

La remontée du cours de la Varenne vous réserve de jolies surprises. Ainsi Arques-la-Bataille, dont le nom est issu de la confrontation, au XVIe siècle, entre Henri IV et les Ligueurs (qui défendaient le catholicisme face au protestantisme) et dont les ruines du château surplombent la ville. En poursuivant, le long des Départementales 149 puis 154, vous prenez peu à peu de l'altitude (les cyclistes sont prévenus), et dans un premier temps, la vallée est très encaissée : l'occasion de prendre quelques chemins pour monter les coteaux et admirer les paysages. Vous pouvez également descendre la rivière en kayak, une manière inattendue de découvrir ces endroits sauvages. Dans la vallée, des pâturages et des cultures, dans un cadre bucolique. Après avoir traversé Torcy-le-Petit, puis Torcy-le-Grand, vous découvrez progressivement, sur le côté est de la rivière, les pentes se recouvrir d'une épaisse forêt : il s'agit de celle d'Eawy, l'une des plus importantes du Pays de Bray. Posé sur un petit plateau, le massif couvre près de 7 000 hectares composés majoritairement de hêtres, mais aussi de chênes et de frênes. Vivent ici cerfs, sangliers, chevreuils, renards et lièvres.

Au cœur de cette forêt se trouve un endroit au nom enchanteur : le puits merveilleux. Difficile de connaître son origine, mais son aspect interpelle. Dûment protégé par des barrières, cet entonnoir cache un gouffre profond de 28 mètres. Des fouilles, réalisées dans les années 1990, ont permis d'y retrouver des cadavres d'animaux et même d'un humain. Néanmoins, personne n'est capable d'expliquer précisément l'origine de cette curiosité, même si la thèse la plus répandue penche vers une cavité naturelle aménagée par les Gaulois. Aujourd'hui, les amateurs de spéléologie fréquentent ces endroits. Après avoir découvert cette fo-

rêt bien surprenante, votre parcours file vers Neufchâtel-en-Bray. Vous découvrez ainsi l'environnement du Pays de Bray. À cheval sur Normandie et Picardie, c'est un plateau argileux traversé par de nombreuses rivières. De son argile, le Pays de Bray s'est spécialisé dans la poterie, mais aussi dans la fabrication de la tuile, qui remplace ici le chaume que l'on peut encore apercevoir en Pays de Caux. On fabrique aussi des briques, lesquelles sont fréquemment utilisées pour la construction de maisons, donnant une jolie uniformité à certains villages. Les colombages sont moins nombreux, les maisons de briques plus fréquentes : on sent ici l'influence du nord de la France, pas très loin !

NEUFCHÂTEL-EN-BRAY

Depuis la forêt, prenez la direction de l'est, passez les villages de Pomeréval et de Bully, et vous arrivez à Neufchâtel-en-Bray. Ville-étape durement touchée – elle aussi – lors de la Seconde Guerre mondiale, Neufchâtel a sauvegardé de ces tragiques épisodes l'église Notre-Dame, dont la restauration, à compter des années 1950, et été entreprise sous la houlette des Monuments historiques. Là, passe la voie verte Paris-Londres, sur d'anciennes voies ferrées. Elle arrive de la région parisienne et se dirige vers Dieppe, que vous avez visité plus tôt dans votre parcours. Pour cette édition, nous avons toutefois privilégié la remontée de la Varenne et la forêt d'Eawy, permettant de traverser des paysages plus inattendus. Mais si vous désiriez désormais rejoindre Dieppe, notez que cette seconde possibilité s'offre à vous ! Enfin, la notoriété de la ville tient également au fromage éponyme, preuve que la Normandie en produit partout sur son territoire, jusqu'à ses confins les plus orientaux ! Carré, en forme de cœur ou de briquette, celui-ci est protégé par une Appellation d'Origine depuis 1969. Fromage cru à base de lait de vache, il est produit aujourd'hui majoritairement par des coopératives. À compter de maintenant, la suite (et la fin) de votre parcours en Pays de Bray suit – pour de bon cette fois – la voie verte Paris-Londres. Direction Forges-les-Eaux !

Pays de Bray.

© S. LEITENBERGER - STOCK.ADOBE.COM

FORGES-LES-EAUX

En quittant Neufchâtel, vous filez plein sud sur une dizaine de kilomètres, en empruntant l'ancienne voie ferrée évoquée précédemment, jusqu'à la gare de Serqueux, puis sur les derniers hectomètres en serpentant entre les habitations. Au passage, vous traversez des paysages de bocages parsemés de petites collines, dont le mont Gripon, butte locale servant de point de repère, et dont l'altitude n'excède pourtant pas les 162 mètres. Forges-les-Eaux est l'une des rares stations thermales de Normandie. La découverte de la qualité de ses eaux date du XVIe siècle, et les établissements thermaux s'y étant installés ont fait la réputation et la richesse de la ville, qui compte de nombreuses villas. Aujourd'hui, si l'activité thermale s'est considérablement réduite, l'attrait touristique de la ville reste intact, en raison de son patrimoine, et de son casino et de son patrimoine naturel. Dans le bois de l'Épinay, tout proche, sont aménagées de belles promenades. Reprenez la voie verte : celle-ci n'occupe plus d'anciennes voies ferroviaires, mais empruntent de jolies petites routes, et elle reste très bien indiquée. Vous traversez les petites communes de Pommereux, Haussez, Ménerval et Dampierre-en-Bray, et arrivez au point d'arrivée de votre parcours : Gournay-en-Bray.

Avant d'atteindre Gournay, un détour par la Ferme de Merval est une chouette expérience : l'exploitation agricole, créée en 1988, est installée autour d'un splendide château du XVIIe siècle. Si, à l'origine, la volonté était de relancer l'exploitation cidricole en Haute-Normandie, elle est rapidement devenue le terrain de jeu d'élèves du lycée agricole, et est devenue un lieu pédagogique et de transmission ouvert à tous. Aujourd'hui, un collectif d'une dizaine de personnes anime cette ferme aux productions 100 % biologiques qui vont, en plus du cidre, du calvados au fromage en passant, par exemple, par le miel. Un lieu de vente et de nombreuses animations font de cette ferme un incontournable du Pays de Bray.

GOURNAY EN BRAY ET FIN DE VOTRE ITINÉRAIRE

Arrivés à Gournay-en-Bray, vous êtes dans la plus importante ville du Pays de Bray. Plus de 6 000 habitants peuplent cette cité très active. Si, elle aussi a subi de lourds dégâts lors de la Seconde Guerre mondiale, elle a réussi à garder un joli patrimoine, dont sa collégiale Saint-Hildevert, dont les deux tours sont reconnaissables facilement, puisque coiffées d'ardoises. Autres lieux immanquables, la belle maison canoniale, aux colombages du XVe siècle, et les anciennes fortifications. Après avoir arpenté la zone, vous pouvez facilement vous restaurer et y dormir, votre long parcours prenant fin. C'est en effet ici que s'achève votre découverte des Pays de Caux et de Bray. Vous êtes à une petite centaine de kilomètres de Paris, et à quelques kilomètres de Beauvais. En allant vers l'est, la Normandie, ses paysages et ses maisons typiques s'éloignent peu à peu, restent les images de ces endroits parfois injustement méconnus que vous venez de traverser.

L'église de Gournay-en-Bray.

© TRAVELLER70 - SHUTTERSTOCK.COM

LES BONNES ADRESSES SUR LE PARCOURS

Église Saint-Joseph du Havre
130, bd François 1er
76 600 Le Havre
✆ 02 35 46 34 57
www.lehavre.catholique.fr

Mémorial de Bruneval
10, rue Roger Dumont
76 280 Saint-Jouin-Bruneval

Falaises d'Étretat
6, rue Alphonse Karr
76 790 Étretat

Jardins d'Étretat
Av. Damilaville
76 790 Étretat
✆ 02 35 27 05 76
https://etretatgarden.fr

Ecolodge Entre Mer & Campagne
4, chemin du Triangle
76930 Octeville sur-Mer
✆ 06 60 50 41 32
www.ecolodge-entremeret-campagne.fr

Les pêcheries, musée de Fécamp
3, Quai Capitaine Jean Recher
76 400 Fécamp
✆ 02 35 28 31 99
www.musee-fecamp.fr

Palais Bénédictine
110, rue Alexandre le Grand
76 400 Fécamp
www.palaisbenedictine.com

Pont de Brotonne
76 490 Rives-en-Seine

Pont de Tancarville
N182
27 680 Tancarville

Musée Victor Hugo
Quai Victor Hugo
76 490 Rives-en-Seine
✆ 02 35 56 78 31
www.museevictorhugo.fr

Maison Plûme
1, rue Ernest Binet
76 490 Rives-en-Seine
✆ 06 84 25 32 95
www.lamaisonplume.com

Abbaye de Saint-Wandrille
2, rue Saint-Jacques
76 490 Rives-en-Seine
✆ 02 35 96 23 11
www.st-wandrille.com

Chêne d'Allouville-Bellefosse
D34 - 6190 Allouville-Bellefosse

Maison Henri IV
76440 La Ferté-Saint-Samson

Ferme de Merval
Route d'Argueil
76 220 Brémontier-Merval
✆ 02 32 89 96 67
www.domaine-de-merval.fr

Collégiale Saint-Hildevert
Rue Saint-Hildevert
76 220 Gournay-en-Bray
✆ 02 35 90 04 58
https://paroisse-saint-hildevert-gournay.fr

DES PLAGES DU DÉBARQUEMENT À CAEN : *nature et histoire*

TRAVERSER DES ESPACES MONDIALEMENT CONNUS POUR LEUR CONTRIBUTION UNIQUE À LA LIBÉRATION DE L'EUROPE DU JOUG NAZI, LONGER LA MER EN SORTANT DES SENTIERS BATTUS, DÉCOUVRIR DES ESPACES NATURELS FACILES D'ACCÈS ET FAIRE CONNAISSANCE AVEC CAEN,L'UNE DES CAPITALES NORMANDES : RICHE EN ÉMOTIONS ET ATYPIQUE DANS SON DÉROULÉ, CE PARCOURS NE MANQUE PAS D'INTÉRÊTS.

ENFIN, UN CONSEIL : N'HÉSITEZ PAS À VOUS ARRÊTER RÉGULIÈREMENT : LES ÉTAPES DE CETTE ITINÉRANCE DE MÉMOIRE SONT NOMBREUSES, ET CHACUNE RACONTE UN MOMENT PARTICULIER, UN COMBAT, UNE ANECDOTE QUI ENTRETIENNENT LE NÉCESSAIRE SOUVENIR.

COMMUNES TRAVERSÉES :

OMAHA BEACH, VIERVILLE-SUR-MER, COLLEVILLE-SUR-MER, PORT-EN-BESSIN, ARROMANCHES, ASNELLES, COURSEULLES-SUR-MER, LION-SUR-MER, OUISTREHAM, CAEN.

OMAHA ET LA POINTE DU HOC

Votre parcours débute à Omaha Beach. Notez en amont que, sur toute la longueur de votre itinéraire, vous pourrez suivre la « Vélomaritime ». L'infrastructure cyclable, en voie propre ou partagée, rejoint Cherbourg à Caen et vous permet ainsi de réaliser à vélo cet inoubliable trajet depuis les plages du Débarquement jusqu'à Caen. À Omaha, d'office, vous êtes saisi : cette côte de l'ouest du Calvados semble si paisible, la plage et ses falaises apparaissent si immuables, que l'on a du mal à imaginer que les lieux se soient retrouvés, il y a près de 80 ans, au centre de l'incroyable armada du Débarquement allié.

Et pourtant, c'est bien ici, sur les petites communes de Sainte-Honorine-des-Pertes, Colleville-sur-Mer, Saint-Laurent-sur-Mer et Vierville-sur-Mer, regroupées sont le nom de code devenu mondialement connu, qu'arrivèrent du large des centaines de soldats américains, canadiens, anglais ou encore français pour partir à l'assaut de l'ennemi. Au matin du 6 juin 1944, c'est par surprise qu'ils ont débarqué, et livré de durs combats : incertaine dans un premier temps, l'issue de ces combats a permis aux Alliés de prendre pied, et de disposer d'une base arrière. Ici, le conservatoire du littoral intervient pour préserver la dune d'Omaha : la fréquentation fragilise les plantes qui permettent de fixer la dune, en lui donnant la possibilité de lutter contre les assauts de la mer. Vous le verrez, des sentiers sont aménagés, et les protections sont nombreuses. Pour y séjourner, les possibilités sont nombreuses, et on avouera un faible pour le manoir de l'Ormel, à Vierville-sur-Mer. Ce gîte, entièrement rénové, compte un vieux logis du XVIe siècle, admirablement préservé. Il y a plusieurs siècles, il était une étape pour les pèlerins venus d'Europe du Nord, en direction de Saint-Jacques-de-Compostelle, et les sculptures sur ses frontons en témoignent. Dès le petit matin du 6 juin 1944, il fut pris par les Alliés, sous le commandement du lieutenant Taylor. Certes, il n'est situé qu'à quelques hectomètres de la mer, mais sa situation constituait à l'époque une véritable tête de pont : c'est dire si chaque mètre comptait ! Aujourd'hui, ses 8 chambres raffinées vous proposent une quiétude bien éloignée des tumultes de la guerre. À quelques kilomètres à l'ouest, la pointe du Hoc, petite avancée dans la mer, est elle aussi, au même moment, le cadre d'intenses combats. Imaginez un peu ce qu'ont pu ressentir les soldats américains, face à cette falaise qu'ils devaient gravir, alors que celle-ci était tenue, à son sommet, par des centaines de soldats ennemis : 70 Américains périrent ici, en quelques heures, mais leurs camarades ont réussi à prendre les lieux. Durement bombardé, le Point du Hoc porte encore les stigmates de ces moments : les terres surplombant les falaises y sont totalement bosselées, offrant un paysage engazonné unique. Légèrement en retrait du trait de côte, les installations militaires allemandes, à commencer par les bunkers et autres blockhaus, témoignent de l'importance des installations ennemies. En 1979, la gestion d'une partie de ces lieux a été transférée aux États-Unis. Les lieux, classés, résistent durement à l'usure du temps : si le tourisme est réglementé, l'éperon rocheux qui caractérise la pointe du Hoc disparaît petit à petit. En mai 2022, l'érosion a fait s'écrouler une partie de ce dernier. Si le site, lui-même, est classé depuis 1955, l'action de la nature modifie le paysage, en dépit de l'action de l'homme : le gouvernement américain a ainsi financé des opérations de comblement des cavités situées en pied de falaise, afin de préserver pour encore quelques années l'apparence des lieux. C'est ici, comme à Omaha Beach, un endroit de recueillement, un des nombreux lieux de mémoire qui jalonnent votre parcours.

La Pointe du Hoc.

© KLAUS BRAUNER - STOCK.ADOBE.COM

Parcours DES PLAGES DU DÉBARQUEMENT À CAEN

Pour ne pas oublier...

Surplombant Omaha Beach, c'est ici que se trouve le cimetière militaire américain et son centre d'interprétation. Colleville fut le théâtre de l'une des opérations les plus sanglantes du Débarquement.

Musée incontournable

Le musée du Débarquement d'Arromanches est le plus ancien musée français sur ce thème. Sa plage et ses barges échouées à marée basse, ses rues, stèles, chars et canons, figés dans le temps, racontent juin 1944.

Cimetière de fortune

Ce village fait partie du secteur classé d'Omaha Beach. C'est ici, dans cette petite bourgade de Vierville, à fleur de falaises, que furent ensevelis les premiers soldats tombés lors du Débarquement allié.

"Bloody Omaha"

Ce nom rentré dans l'Histoire le 6 juin 1944 est celui de l'une des plages bien connues qui a vu, le 6 juin 1944, déferler les Alliés. Au-delà de l'aspect mémoriel, cette plage revêt un aspect balnéaire.

La cité portaise

Ce port de pêche, niché entre ses falaises, vit toute l'année au rythme du retour des chalutiers. Ses petits restaurants de poissons et fruits de mer émaillent le port et les ruelles adjacentes.

Station balnéaire animée

Le passionnant musée du Débarquement dédié aux Canadiens – le Centre Juno Beach –, le marché qui vous accueille, deux fois par semaine, en font une halte bien agréable.

Village médiéval

C'est l'une des villes les plus anciennes de la Côte de Nacre. En effet, au XIIe siècle, ce bourg, d'un peu plus de 2 000 habitants, abritait déjà un port de pêche.

"La belle plage"

Cette station balnéaire possède un caractère sauvage. Son immense plage de sable fin, véritable paradis des amateurs de char à voile, se souvient d'avoir vu débarquer les Anglais le 6 juin 1944.

La vigilante

Se trouvant sur l'estuaire de l'Orne et face à la Manche, elle est née de la mer et de la rivière. Sa situation géographique en fit un poste de garde qui garantissait la sécurité de la région.

A la mode de Caen

Ville dynamique où les lieux à vocation culturelle foisonnent, ville gastronomique aux innombrables restaurants, ville d'architecture et ville d'histoire, Caen est vraiment surprenante.

Depuis 80 ans, faune et flore ont repris leurs droits ici. Les oiseaux de mer sont particulièrement nombreux, et mouettes et fulmars s'y reproduisent, dans les petites cavités des falaises. Depuis quelques années, le faucon pèlerin, s'il reste rare, revient progressivement. Si les nombreux lapins entretiennent les pelouses des espaces anciennement bombardés, la flore est ici soumise aux embruns. C'est ainsi que la fougère Doradille se développe : en voie de disparition, celle-ci reste bien présente, profitant de fissures dans les rochers. Les versants pentus de certaines falaises sont fauchés régulièrement, permettant le maintien d'autres espèces devenues rares, comme la gentiane.

COLLEVILLE-SUR-MER, PORT-EN-BESSIN

Dans le prolongement d'Omaha Beach, la plage de Colleville revêt également des aspects bien différents : balnéaire en été, elle est aussi toute l'année le lieu du recueillement. Le relief s'élève légèrement en arrière de la partie est de la plage : c'est là qu'est installé l'un des plus poignants sites : le cimetière américain de Colleville. D'une surface de 70 hectares, il compte 9 386 sépultures, dont les stèles prennent l'apparence d'une croix catholique ou d'une étoile de David.

L'ensemble compte également un jardin dédié aux 1 557 disparus. Concession perpétuelle faite aux États-Unis, l'espace est engazonné, entretenu au cordeau, et compte différents monuments et lieux de recueillement. Outre les descendants des familles, qui perpétuent le souvenir en s'y rendant, « le voyage d'une vie », disent-ils souvent, les touristes y viennent nombreux rendre hommage aux libérateurs. Depuis le cimetière, un petit chemin piéton serpente au milieu de la végétation, et permet de rejoindre la plage d'Omaha. Totalement hors du temps, symbolique, émouvant, l'endroit est incontestablement l'un des temps forts de votre parcours.

À partir d'ici, jusqu'à Port-en-Bessin, à environ 5 kilomètres, la côte se fait totalement sauvage : des falaises, de taille moyenne, se jettent dans la mer. Il est difficile, pour ne pas dire impossible, de rejoindre cette dernière cité depuis le rivage : les falaises avancent dans la mer, et ne peuvent être contournées. De surcroît, les éboulements sont fréquents. Au-delà de la Vélomaritime, laquelle ne passe jamais très loin du rivage, vous pourrez vous rapprocher du rivage via quelques petits chemins, mais redoublez de prudence. L'occasion, si vous le trouver, de voir ce petit abri ancien, utilisé par les douaniers il y des décennies, et qui fait face à la mer. Seul accès sans danger à la mer sur cette courte distance, la plage de Sainte-Honorine des Pertes. Longue de quelques centaines de mètres, elle est totalement hors des sentiers battus, et vous devrez emprunter une petite route pour y accéder. Puis vous poursuivez votre parcours vers l'est : le mieux est de suivre le trait de côte depuis les hauteurs des falaises – avec prudence, toujours – jusqu'au magnifique point de vue sur Port-en-Bessin (NDLR : le nom complet de la petite commune est Port-en-Bessin – Huppain, suite à la fusion des deux communes dans les années 1970). Vous découvrez là un port de pêche, l'un des plus importants de Normandie. Si l'on regrette cet avant-port, fait de béton à une époque où l'on ne s'encombrait pas de la préservation des paysages, l'histoire des lieux est très riche : on estime que c'est l'évêque de Bayeux, Louis d'Harcourt, qui a lancé au XVe siècle les premiers travaux du port, profitant d'un havre naturel situé entre deux falaises – situation géologique assez rare ici, on l'a vu. Puis au XIXe siècle, le port intérieur d'échouage, qui deviendra à terme le bassin que l'on connaît aujourd'hui, prend forme. Ici, la pêche reste à l'échelle artisanale : aucun chalutier n'excède les 25 mètres, et pas de pêche industrielle qui assèche les ressources naturelles en la matière ! Outre la raie, le cabillaud et la sole, le port est spécialisé dans la coquille Saint-Jacques. Ainsi, chaque année en novembre, deux jours de fête sont destinés à cette dernière : des conférences, expositions, de la musique et bien évidemment la possibilité de participer à des ateliers culinaires et de déguster ces petites merveilles marines sont proposées. Notez enfin que des visites guidées des installations du port sont possibles, de même que d'autres sur la faune et la flore en bord de mer, sur l'estran rocheux.

© D.R.

JEAN-FRANÇOIS OTTER

Directeur Général des Sablés d'Asnelles

CHANGER DE VIE POUR TRAVAILLER LES PRODUITS RÉGIONAUX

• **Cette maison est bien connue à Asnelles. Quelle est son histoire ?**

La maison a été ouverte en 1904 par Charles Bansard à Asnelles, puis le fils a pris le relais. Après avoir changé de main à plusieurs reprises, d'une boulangerie c'est devenu une biscuiterie. J'ai repris cette affaire avec mon associé, Armel Garnier, en 2017. Je travaillais dans une entreprise de Bayeux, et je souhaitais retrouver de vraies valeurs, revenir au contact direct avec les clients, avec la volonté de travailler sur les produits régionaux. Mon grand-père était ouvrier boulanger, le choix s'est donc naturellement porté vers les Sablés d'Asnelles.

• **Derrière la marque, que trouve-t-on ?**

Des produits garantis sans OGM, à 90 % réalisés à base de produits locaux, comme le beurre AOP d'Isigny par exemple, et dont la recette n'a pas varié depuis des années ! Les œufs, par exemple, sont cassés sur place – ce qui exige un agrément sanitaire – et sourcés auprès de deux productrices du coin. Évidemment, notre produit phare reste le sablé traditionnel, mais celui-ci se décline selon plusieurs versions : au beurre demi-sel, à la poudre de cacao, aux éclats de caramel. Quand nous avons repris l'affaire, nous avons gardé ce qui fonctionnait bien !

• **Les Sablés, c'est aussi un lieu ?**

Bien sûr ! L'ancien lieu de vente ne faisait que 6 m², c'est pourquoi nous avons ouvert en 2020 un lieu de vente qui est aussi un salon de thé. L'équipe est passée à 10 personnes, et même 20 en été. On vient ici pour se procurer nos sablés, nos pâtisseries et notre offre de tarterie, mais aussi d'autres produits gourmands, comme du thé, des confitures, du cidre ou de la teurgoule, par exemple. Ce sont eux aussi des produits locaux ! Enfin, notre laboratoire, situé au même endroit, se visite également.

• **Avec de belles reconnaissances ?**

Oui ! Nos sablés sont distribués dans une zone allant de Carentan à Paris. De plus, nous sommes reconnus « producteur artisan de qualité » par le Collège Culinaire de France depuis 2020, nous avons obtenu l'agrément « Qualité Tourisme » en 2021, et notre produit le « Saléfin » vient d'être labellisé « Saveurs de Normandie ». De beaux encouragements !

C'est en allant un peu dans les terres, à deux kilomètres de Port-en-Bessin et en prenant la direction de Bayeux, que vous découvrirez l'une des initiatives les plus étonnantes de ces dernières années en matière d'environnement : le tiers-lieu l'Arbre. Cette ferme propose des produits issus de l'agroécologie, via un maraîchage sans labour et sur sol vivant, l'ensemble sur près de 3 hectares. La vente directe des fruits et légumes et même d'œufs issus de la ferme est possible le mardi et le vendredi. Mais ce n'est pas tout.

Au-delà de ce chouette jardin, le tiers-lieu en lui-même propose ateliers, événements de sensibilisation, laboratoires de transformation autour de l'alimentation durable et même le gîte. Un lieu hors pair, facilement accessible via la Vélomaritime.

DE PORT-EN-BESSIN À JUNO BEACH EN PASSANT PAR ARROMANCHES

Depuis le port jusqu'à Arromanches, une petite dizaine de kilomètres que vous parcourez facilement à vélo, par exemple. Là, comme précédemment, on vous invite à la vigilance la plus absolue si vous vous rapprochez de la côte. Les champs – principalement consacrés à l'élevage – s'arrêtent presque à l'aplomb des falaises, et vous vous en rendez compte tardivement.

À Longues-sur-Mer, en bifurquant vers le nord, vous découvrez, presque intacte, la batterie allemande : construite en 1943, elle est composée de quatre casemates et d'un poste de commandement. Depuis longtemps, fort heureusement, la batterie s'est tue, et au-delà de l'infrastructure, les lieux ont retrouvé leur quiétude, permettant de disposer d'un point de vue époustouflant sur l'immensité de la Manche. À l'heure où l'équipe boucle ce guide, un projet est en cours de création d'un chemin de visite tout autour de la batterie, permettant de connaître l'histoire des lieux, et la biodiversité du site. Poursuivez ensuite, et vous arrivez dans un autre spectaculaire lieu du Débarquement allié : Arromanches.

De son vrai nom Arromanches-les-Bains, rien ne prédestinait la petite cité balnéaire, dont la plage marque une coupure de paysage de falaises, à l'ouest, et de dunes, à l'est, à avoir une place si importante dans l'histoire contemporaine. Car si des soldats y ont débarqué en nombre le 6 juin 1944, rapidement, l'intérêt de cette baie, facilement accessible – chose rare, on l'a vu, sur cette côte – a donné naissance à une idée folle : créer de toutes pièces un véritable port artificiel. Ainsi, une fois la zone sécurisée, d'immenses barges submersibles ont été mises bout à bout, donnant ainsi naissance à un véritable port, appelé « Mulberry ». Permettant le débarquement de millions de tonnes d'armes et de matériels, il n'aura toutefois pas l'importance logistique du port – bien réel, lui – de Cherbourg, à une centaine de kilomètres de là, et qui sera libéré le 28 juin. Depuis, le port s'est disloqué sous les assauts de la mer et des tempêtes, et si certaines barges ont totalement disparu, d'autres sont bien visibles, et on peut encore, pour un temps limité, concevoir en les voyant l'immensité du port imaginé par l'intelligence alliée.

Aujourd'hui, ces barges constituent de véritables récifs artificiels, où s'épanouissent une faune et une flore marines riches. Arromanches compte de nombreux musées, comme le musée du Débarquement, face à la Manche, et qui vous propose notamment une expérience en réalité virtuelle. Un conseil : si vous pensez qu'un musée en vaut un autre, et si, le long de votre parcours, vous avez déjà visité un musée pensant qu'on y retrouve toujours les mêmes thématiques, détrompez-vous : chacun a sa muséographie unique, et aborde un aspect de la libération bien particulier.

En poursuivant vers l'est, le front de mer se fait moins abrupt, et des zones de marais sont séparées de la mer par un mince cordon dunaire : ce paysage se poursuit jusqu'à la côte de Nacre, qui n'est plus très loin. Vous traversez Asnelles, petite station balnéaire réputée pour ses sablés traditionnels – et d'autres merveilles sucrées réalisées dans les règles de l'art – et pour sa production ostréicole : celle, notamment, de la maison Vivier. L'établissement propose en effet sur son site de Meuvaines, juste à côté, des huîtres produites en pleine mer depuis 1994.

© TIERS LIEU L'ARBRE

AURÉLIEN MARIE

Coordinateur de l'association l'Arbre

Situé à Commes, à proximité des plages du Débarquement, ce tiers-lieu ne manque pas d'atouts.

• Quelle est la genèse de l'Arbre ?

En nous associant avec deux fermes situées à Commes, nous avons souhaité lancer en 2020 un lieu à part, structuré autour d'un ancien corps de ferme, un peu comme une place de village : l'Arbre. C'est une structure associative, qui compte 120 adhérents se mobilisant autour d'un projet commun, et dans laquelle chacun est le bienvenu !

• Ce projet, quel est-il ?

Destiné aux touristes comme aux locaux, c'est un tiers-lieu agri-culturel : ici, la solidarité et la coopération de chacun sont les seules choses demandées pour permettre de faire fonctionner non seulement une ferme, mais aussi un magasin de vente directe (avec notamment des produits locaux en vrac et des légumes produits ici), un espace d'hébergement et un lieu de rencontres. Les produits de la ferme, notamment, sont issus du travail sur sol vivant – ce que l'on appelle également la permaculture – dans le respect le plus complet de l'environnement.

• Et concernant les possibilités d'hébergement ?

C'est ce que l'on appelle « L'auberge participative » : les randonneurs, saisonniers ou cyclotouristes, qui sont nombreux à fréquenter les lieux (mais tout le monde est bienvenu, NDLR) peuvent y dormir pour un prix modique, en totale autogestion, en chambre double ou en dortoir. Au rez-de-chaussée, c'est la cuisine et les espaces communs qui ont fait l'objet d'un chantier participatif avec des matériaux biosourcés ou d'occasion. C'est là que se font les échanges et la vie commune, qui sont des valeurs importantes pour nous.

• Lieu d'échanges, lieu de partages ?

Tout à fait ! Toute l'année, l'Arbre est un lieu de rencontres et de découvertes, avec plusieurs temps forts. Parmi ceux-ci, notre festival, appelé « Soyons Demain ! », qui a lieu en septembre. Le programme comprend des ateliers sur la biodiversité, une présentation de nos activités de l'année, mais aussi un marché de producteurs, des expositions, du théâtre ou de la musique, par exemple. Un vrai condensé de nos activités au final !

Haut de gamme, la production est limitée à 300 tonnes annuelles, et le cycle de production, long de 3 à 4 années, est réalisé dans les règles de l'art. La maison propose également des poissons délicieusement fumés, parmi les meilleurs du coin. Vous traversez l'étendue sableuse qu'est la plage de Gold, autre espace important du Débarquement. Les Anglais débarquent sur cette plage divisée en plusieurs espaces, appelés King et Jig, tant les lieux sont vastes. L'objectif principal, qui est de réaliser la jonction avec Omaha, finira par être atteint au prix de lourdes pertes. Ici, comme ailleurs, de nombreux monuments commémorent ces actes.

Plus loin encore, le marais de Ver-sur-Meuvaines est une vaste zone humide soigneusement préservée. Située en bord de la mer, dont elle est séparée par les dunes, elle est classée Natura 2000.

Les oiseaux y sont nombreux, et le busard des roseaux, le butor étoilé ou la panure à moustaches vivent paisiblement. Vous disposez dans cet espace unique de nombreux panneaux explicatifs, et nous vous conseillons vivement de prendre votre temps ici pour admirer les paysages naturels, avec la mer, invisible mais dont les flots se font entendre, à proximité. Vous arrivez ainsi à Courseulles-sur-Mer.

DE COURSEULLES-SUR-MER À OUISTREHAM : LA CÔTE DE NACRE

Station balnéaire, Courseulles et la porte d'entrée ouest de la côte de Nacre, mais c'est aussi – et avant tout pour certains – ici une nouvelle plage du Débarquement : Juno Beach. Ce sont principalement des Canadiens qui débarquèrent en ce lieu: les 7e, 8e et 9e brigades, regroupant des milliers de soldats, ainsi que plusieurs centaines d'Anglais. Si les pertes sont lourdes dès le pre-

Juno Beach.

mier soir, les objectifs sont atteints rapidement, et la bravoure des libérateurs permet d'établir rapidement une première tête de pont située plusieurs kilomètres dans les terres. Le cimetière militaire canadien de Bény-sur-Mer, dans les terres, est un autre lieu de recueil : 2 049 tombes y sont soigneusement entretenues.

Courseulles est située à l'embouchure de la Seuilles, fleuve côtier de plus de 70 kilomètres qui prend sa source dans le sud du département. En arrivant dans la ville, prenant ici sa largeur maximale, elle opère une courbe idéale pour la création d'un port de plaisance ou il fera bon flâner. À partir de là, et pour le reste de votre parcours, les utilisateurs de vélo bénéficient d'une voie propre sur la quasi-totalité du solde de l'itinéraire. Vous traversez successivement Bernières-sur-Mer, Saint-Aubin-sur-Mer et Langrune-sur-Mer, aux profils balnéaires.

Puis, sur quelques hectomètres, vous poursuivez sans que le rivage soit bordé d'habitations : c'est Sword Beach, la dernière des plages du Débarquement que vous verrez. Les soldats anglais, ainsi que les combattants de la France libre du commandant Philippe Kieffer, ont pris pied ici : au total 30 000 hommes, la plage faisant office de tête de pont orientale d'un dispositif s'étalant sur près de 100 kilomètres. Vous y trouverez des lieux de commémoration, mais pas de musée à proprement parler, la proximité de Caen et du Mémorial de la cité – nous y reviendrons – permettant d'en savoir plus, et à proximité. Un arrêt peut se réaliser à la plage des confessionnaux, située aux pieds de petits escarpements rocheux. Vous arrivez ensuite à Lion-sur-Mer : l'urbanisation côtière est continue à partir de là, jusqu'à Ouistreham, que vous rejoignez aisément à vélo, face à la mer, sur une piste cyclable dédiée.

Lion-sur-Mer et Hermanville-sur-Mer valent assurément le coup d'œil pour les merveilles architecturales que vous y trouverez. Ces dernières, ce sont les villas, établies entre la fin du XIXe siècle et la première moitié du XXe, et qui bordent un front de mer inaccessible aux voitures. Aucune ne se visite, car elles sont des propriétés privées, et sont habitées à l'année ou en saison, mais elles constituent un patrimoine.

Ainsi, les villas La Néva, Le Mesnil Bijou ou le Korrigan présentent de belles façades à colombages, tandis que d'autres, plus originales, témoignent d'une audace qui ne figure pas uniquement dans la robustesse des édifices : villas Louis, Sans Souci, La Tourelle, Sainte-Marine ou les Dunes par exemple. Notre coup de cœur va à la villa la Bluette : côté Hermanville, on la doit à Hector Guimard, dont on reconnaît aisément la patte dans ses formes courbes. Puis, en vous rapprochant de Ouistreham, les activités balnéaires et touristiques prennent de l'importance : les points d'intérêt architecturaux se font plus rares, les constructions récentes se multiplient. Ici, pas de vastes buildings de plusieurs étages, mais plutôt des pavillons, dont le nombre ne cesse de croître. Si cela permet de ne pas barrer l'horizon, l'étalement urbain, lui, va croissant : difficile de trouver un juste milieu.

Les maisons sont ici – presque – les pieds dans l'eau, et seule la dune protège ces dernières. Mince, elle est l'objet de toutes les attentions. : les épis de bois, qui protègent ces dernières, sont régulièrement renouvelés, et les cheminements sont à respecter rigoureusement.

Arrivés à Ouistreham, vous passez à côté du terminal ferry, qui permet de gagner l'Angleterre en 5 à 6 heures, puis suivez l'Orne, qui là, rejoint la mer. La piste cyclable se poursuit jusqu'à Caen, à une quinzaine de kilomètres. Beaucoup la parcourent également en roller, et les sportifs ne manquent pas de le fouiller en course à pied.

DE OUISTREHAM À CAEN : LE LONG DU CANAL

Facile car plat, ce parcours longe bien le canal, et non l'Orne. La rivière, qui n'est éloignée que de quelques mètres, a en effet été doublée en 1857 par un canal, permettant le développement des activités économiques en reliant le port de Caen à la mer. Approfondi en 1877 puis en 1922, il est capable d'accueillir des bateaux de fort tonnage. Las, le port de Caen, dont les installations sont importantes – vous le verrez en fin de parcours – n'a jamais véritablement décollé. Le long de votre parcours, vous passerez à côté de Pegasus Bridge, un autre haut lieu du Débarquement.

Inauguré en 1935 sous le nom de « Pont de Bénouville », il devient Pegasus à l'issue de la féroce bataille opposant nazis et alliés en 1944 Pégase était en effet le symbole des parachutistes anglais arrivés ici depuis le ciel ! Petit à petit, le canal pénètre dans la banlieue caennaise, puis gagne la ville au moment où vous passerez sous l'imposant viaduc de Calix. À l'issue de ce parcours le long de cette voie d'eau, vous constaterez l'hétérogénéité des zones traversées : vertes et paisibles, industrielles, résidentielles. La pression des activités humaines a chamboulé le système floristique et faunistique, et les pouvoirs publics ont ainsi décidé de plusieurs actions pour la restauration de la biodiversité : gestion des niveaux d'eau sur les secteurs humides, traitement des espèces envahissantes ou gestion adaptée de type déboisement ou débroussaillage. En effet, la nidification des oiseaux y est importante, et certaines espèces de plantes doivent être préservées, à l'image du polypogon de Montpellier ou de l'Érythrée élégante. Aux environs, c'est la Plaine de Caen : dans un rayon de 20 kilomètres autour de la ville – et dans lequel vous pénétrez dès lors que vous entamez la remontée du canal – les paysages agricoles s'étendent à perte de vue.

CAEN, VOTRE POINT D'ARRIVÉE

Préfecture du Calvados, la ville, qui a perdu son statut de capitale régionale au profit de Rouen lors de la réunification des deux Normandie, a su se renouveler avec brio après avoir été quasiment rayée de la carte en 1944. Son patrimoine, à commencer par les somptueuses et immenses abbayes aux Hommes et aux Dames, son imposant château, ainsi que certains vieux quartiers, autour de la place Saint-Sauveur et du Vaugueux, comptent de splendides demeures dont certaines issues du Moyen Âge. Autre point d'intérêt, le Mémorial, qui est depuis près de 40 ans l'un des plus impressionnants musées dédiés au Débarquement.

Pour vous déplacer dans la ville, notez que celle-ci compte un solide réseau de bus urbains et de lignes de tramway (ce dernier étant en cours d'extension). Les amateurs de produits locaux de qualité ne manqueront pas de se rendre chez les Cidrologues, rue Guillaume le Conquérant, et qui vous invite à découvrir les meilleurs cidres normands, bon nombre d'entre eux étant réalisés de manière artisanale.

Côté gastronomie, Oh my chef est, en plus d'une chouette table, une boutique avec d'excellents bocaux à emporter. Si l'envie de poursuivre votre découverte gustative est bien présente, la cuisine normande est également à l'honneur au Bouchon du Vaugueux, dans le quartier du même nom.

Mais Caen, ce sont aussi de nombreux jardins, du petit espace niché entre deux maisons à de plus vastes parcs, comme celui de la Colline aux Oiseaux, au nord-est de la ville. Enfin, une particularité, très fréquentée, fait la fierté de ses habitants : la Prairie. Elle se situe juste au sud du centre-ville, et porte bien son nom : véritable réserve naturelle en plein cœur de la cité, sur pas moins de 60 hectares. On y trouve un hippodrome, dont le parcours équestre comporte en son centre un vaste espace qui mérite bien son nom de prairie au moment de la fenaison. Ces bottes de paille, en plein cœur de la ville, chaque année, témoigne bien d'un entretien respectueux de la nature.

À l'ouest de cette prairie a été creusé un petit canal, devenu réserve ornithologique ou s'ébrouent bécassines, mouettes et canards. Ainsi, en quelques hectomètres, vous passez du centre d'une ville étudiante et commerçante à la quiétude d'un morceau de campagne : les locaux ont de la chance ! Caen mérite bien deux jours de découverte : la ville vous bluffera par sa diversité architecturale et naturelle, et constitue un excellent point d'arrivée pour votre parcours qui s'achève ici. La ville est bien reliée par train non seulement au reste de la Normandie (Rouen, Cherbourg, Granville, Alençon), à quelques métropoles régionales (Tours, Rennes) et à Paris, que l'on rejoint en deux heures environ, avec des trains flambant neufs qui comportent plusieurs espaces pour les vélos. Ainsi s'achève un parcours divers dans ses paysages, mais constant dans l'évocation permanente des événements liés à la libération de 1944 : quand histoire et nature se mêlent pour donner naissance à un itinéraire unique.

LES BONNES ADRESSES SUR LE PARCOURS

- **Manoir de l'Ormel**
9, Rte de Formigny
14 710 Vierville-sur-Mer
✆ 06 47 61 52 40
www.manoirdelormel.com

- **Cimetière américain de Colleville**
Rte du Cimetière Américain - 14 710 Colleville-sur-Mer
✆ 02 31 51 62 00
www.abmc.gov/normandy

- **Tiers lieu l'Arbre**
4, Rte de Villers
14 520 Commes
✆ 02 31 51 88 24
www.tierslieularbre.org

- **Batterie allemande de Longues sur Mer**
39, rue de la Mer
14 400 Longues-sur-Mer
✆ 02 31 21 46 87

- **Les sablés d'Asnelles**
2, pl. Alexander Stanier
14 960 Asnelles
✆ 02 31 22 18 57
www.sables-asnelles.fr

- **La maison Vivier**
Marc Vivier Huitres
Chem. des Roquettes
14 960 Meuvaines
✆ 02 31 22 04 87
www.huitres-maisonvivier.fr

- **Cimetière canadien de Bény-sur-Mer**
D35 - 14 470 Reviers
www.cwgc.org/find-a-cemetery/cemetery/2004600/beny-sur-mer-canadian-war-cemetery,-reviers

- **Mémorial de Caen**
Esp. Général Eisenhower - 14 050 Caen
✆ 02 31 06 06 44
www.memorial-caen.fr

- **Pégasus Bridge**
14860 Ranville

- **Les Cidrologues**
12, rue Guillaume le Conquérant
14 000 Caen
✆ 02 31 07 02 45
www.lescidrologues.com

- **Oh My Chef**
31, av. de l'hippodrome
14 000 Caen
✆ 02 31 28 39 70
www.oh-my-chef.fr

- **Le bouchon du Vaugueux**
12, rue Graindorge
14 000 Caen
✆ 0231442626
www.bouchonduvaugueux.com

- **La colline aux oiseaux**
Av. de l'Amiral Mountbatten
14 000 Caen
✆ 02 31 30 48 38
https://caen.fr/annuaire-equipement/colline-aux-oiseaux

De l'Eure au PAYS D'AUGE

C'EST SELON UN AXE NORD-EST/OUEST QUE CE PARCOURS VOUS MÈNERA.

DEPUIS LES CONFINS DE L'EURE, NON LOIN DE LA PICARDIE ET DU VEXIN, JUSQU'AU VERDOYANT PAYS D'AUGE, VOTRE ITINÉRAIRE VOUS MÈNERA LE LONG D'UN PARCOURS QUI NE COMPTE PAS PARMI LES PLUS CONNUS, ET QUI POURTANT VAUT LE DÉTOUR.

DE PETITS VILLAGES EN CHÂTEAUX, D'IMMENSES ESPACES NATURELS EN PETITES VILLES, CE SONT PLUSIEURS ASPECTS DE LA NORMANDIE QUE VOUS ALLEZ DÉCOUVRIR ICI, HORS DES SENTIERS BATTUS. POUR ENTAMER CELUI-CI, RENDEZ-VOUS À LYONS-LA-FORÊT, CONSIDÉRÉ COMME L'UN DES PLUS BEAUX VILLAGES DE FRANCE.

COMMUNES TRAVERSÉES :

LYONS-LA-FORÊT, ÉCOUIS, LES ANDELYS, GAILLON, CHAMBRAY, ÉVREUX, LE NEUFBOURG, BEC-HELLOUIN, BERNAY, CAORCHES-SAINT-NICOLAS, CAMEMBERT, LIVAROT, LISIEUX, PONT-L'ÉVÊQUE .

LYONS ET SA FORÊT

Les splendides halles du XVIIe siècle sont le point de départ de votre parcours : quel endroit ! Ce petit village de Lyons-la-Forêt – dont on vous invite à ne pas parcourir les rues en pleine saison estivale, choisissez plutôt le printemps – est la perle du nord de l'Eure. Ses maisons à colombages et son important patrimoine bâti sont autant de petites merveilles à découvrir. Ici se sont succédé des peintres illustres, d'André Masson à Paul-Émile Pissarro, attirés par ce cadre propice à l'inspiration. Les couvents d'autrefois sont désormais propriété privée ou école communale, et les vestiges de l'ancien château, détruit lors de la guerre de Cent Ans, achèvent de faire de la petite commune, très fleurie, un incontournable. Lyons-la-Forêt, comme son nom l'indique, c'est aussi un splendide et majestueux massif boisé. Principalement composé de hêtres, il prend le plus souvent l'allure d'une « forêt cathédrale », tant ces derniers s'élèvent dans le ciel, et il cerne la commune. Après une intense exploitation ayant mis à mal une grande partie de ses arbres, il est en grande partie protégé depuis le XIXe siècle. Lieu de promenades et d'activités sportives, il compte un arboretum. Giboyeuse, la forêt est le cadre de battues : vérifiez en amont les dates de celles-ci. En prenant la direction du sud, passez par l'abbaye de Mortemer : si ses bâtiments les plus anciens, datant du XIIe siècle, sont à l'état de ruines, d'autres, comme le logis des moines, sont encore en excellent état. En quittant la forêt, poursuivez vers le sud : prenez la Départementale 2 après avoir traversé Lisors et gagné un plateau, pratique pour la pratique du vélo ! Traversez la petite commune d'Écouis – ne manquez pas de jeter un œil à la collégiale Notre-Dame d'Écouis – et poursuivez encore quelques kilomètres. La route se fait soudain descendante, annonçant la proximité de la vallée de la Seine, que vous gagnez au niveau des Andelys.

DES ANDELYS À ÉVREUX

C'est la porte d'entrée du Vexin si vous venez de Rouen, à l'ouest : Les Andelys, une ville qui se trouve dans un environnement naturel exceptionnel. La Seine forme ici l'un de ses nombreux méandres cernés sur leur face nord par de hautes falaises de craie. En bas, le long du fleuve, le Petit Andely, auquel répond le Grand Andely, dans les terres. Surplombant l'ensemble, Château Gaillard : les vestiges de cet ensemble – à commencer par son donjon – sont admirablement conservés, et permettent de se rendre compte des trésors d'intelligence développés pour leur construction à la fin du XIIe siècle. À l'époque, Richard Cœur de Lion, roi d'Angleterre et duc de Normandie, voulait barrer la route de Rouen au roi de France, ce qui sera le cas moins d'une dizaine d'années avant la prise du château par les Français. Monter l'éperon rocheux sur lequel se trouve le château constitue une ascension assez rude, mais au-delà de l'aspect historique, la récompense au sommet, c'est aussi la vue : absolument incroyable, embrassant falaises et méandres. Vous traversez ensuite la Seine par le pont suspendu, et longez la Seine par la petite Départementale 176, avant d'arriver à Gaillon. À proximité immédiate se trouve une belle promenade qui mérite un petit détour : le sentier des Azurés. Cet espace naturel sensible vous permet, au moyen de panneaux pédagogiques, de découvrir la faune et la flore des pelouses calcaires où se trouvent, à la belle saison, des papillons des pelouses et des orchidées sauvages. L'ensemble surplombe la Seine, dans un spectacle naturel de toute beauté.

Revenons à Gaillon : ville, elle aussi, surmontée d'un château – datant de la Renaissance, celui-ci – est active et commerçante : l'étape idéale dans votre parcours. Quittez Gaillon en empruntant la petite Départementale 10 : à vélo, elle vous garantit de ne pas être dérangé par les voitures ! Après la vallée de la Seine, monumentale, vous arrivez en vallée de l'Eure, plus calme. Ici, la rivière, dont la longueur totale est supérieure à 220 kilomètres, se fait fil bleu d'un environnement bucolique, parsemé de villages pittoresques. Vous pouvez pratiquer le canoë, notamment depuis Chambray : probablement l'occasion d'apercevoir des canards colverts, des cygnes tuberculés ou des oies cendrées. Poursuivez sur la même Départementale, jusqu'au croisement du Boulay-Morin, d'où vous prenez la direction d'Évreux, dont vous gagnez le centre, située dans une vaste vallée. La préfecture de l'Eure vaut le détour pour son riche patrimoine, qu'il s'agisse de la cathédrale Notre-Dame, le splendide musée portant le nom de la ville, qui retrace diverses époques historiques et compte de belles collections, la Tour de l'Horloge, rare exemple de beffroi normand ou encore son théâtre municipal, de style italien. Le cœur est très actif, et la ville est reliée par le train à Paris, Rouen, Caen et Cherbourg : les vélos y sont admis ! Spécificité d'Évreux, sa forêt sauvage, rare pour une ville d'une cinquantaine de milliers d'habitants, laquelle s'étend entre la sortie de la ville et Mesnils-sur-Iton. Vous y trouvez quelques mares et différents dolmens : de quoi faire une belle balade à quelques encablures de la ville. Pour dormir ici, le choix ne manque pas, mais les chambres d'hôtes du Vert-Galant à Normanville, à quelques kilomètres au nord, sont de petits cocons.

CHAMP DE BATAILLE, BEC-HELLOUIN, BERNAY

Pour quitter Évreux, prenez la voie verte qui, sur plusieurs dizaines de kilomètres, file vers le nord-ouest du département : vous montez sur un riche plateau agricole dont l'une des villes principales est le Neufbourg, que vous atteignez après une petite quinzaine de kilomètres environ.

Parcours
DE L'EURE AU PAYS D'AUGE

Un patrimoine remarquable

Superbement conservée et classée parmi les plus beaux villages de France, cette bourgade de 190 habitants est plus qu'incontournable, tel le témoin de l'histoire de la Normandie rurale et artisanale.

Pépite du Calvados

Au confluent de trois rivières, la ville charme par son coquet centre-ville, son style architectural typiquement normand, ses artisans, son marché et ses petits cafés.

Terre de pèlerinage

Sa basilique, véritable joyau architectural, et les reliques de sainte Thérèse attirent chaque année près d'un million de visiteurs, faisant de Lisieux le 2e lieu de pèlerinage de France.

Ville du plus vieux fromage normand

Célèbre pour son fromage AOP surnommé « Le Colonel », en référence à ses cinq bandelettes orangées, Livarot est une sympathique bourgade installée dans la vallée de la Vie.

Village emblématique

Malgré sa (petite) taille et la faible population (moins de 200 habitants), sa renommée est grande car c'est ici, au milieu des prés, qu'est né le fameux fromage au lait de vache.

Destination nature

Plusieurs édifices inscrits à l'inventaire général du patrimoine culturel se trouvent sur la commune : deux églises, deux châteaux dont un en ruines, trois fermes et deux maisons.

Au cœur du bocage

Écrin de verdure déposé entre deux longues phalanges forestières, le petit bourg, parmi les plus beaux villages de France, abrite l'abbaye Notre-Dame-du-Bec, haut lieu de spiritualité.

Entre nature et culture

Niché au cœur d'une des plus belles hêtraies d'Europe, ce petit bourg est l'une des plus séduisantes destinations du département. Particularité à noter : sa forme circulaire.

Ecrin d'une collégiale

Ancien chef-lieu de canton, Écouis n'est plus aujourd'hui qu'un village, mais qui abrite un joyau chargé d'histoire : la collégiale Notre-Dame de l'Assomption (XIVe siècle).

Capitale du plateau de Neubourg

Place forte du duché normand au Moyen Âge, Neubourg abrite un château médiéval bâti vers l'an mille. Aujourd'hui la commune est le centre d'un riche plateau agricole.

Ancienne place stratégique

Sur ses hauteurs, découvrez les ruines de Château-Gaillard, l'une des plus célèbres forteresses médiévales normandes, et qui a appartenu entre autres à Richard Cœur de Lion.

Trésor d'architecture

La ville est connue pour son superbe château Renaissance, qui représente à merveille la transition architecturale entre le gothique flamboyant et le style Renaissance

Une bouffée d'air frais

Petite commune rurale, Chambray abrite un château du XVIIe siècle dans le style Louis XIII construit par le comte de Louviers, et l'église-halle Saint-Martin.

La capitale de l'Eure

La ville possède un riche passé. Ne manquez pas sa cathédrale et ses remarquables vitraux provenant de dons royaux et connus par leur teinte singulière, ainsi que le musée attenant.

Ici, vous pouvez avancer à votre rythme : la voie est réservée aux piétons et cyclistes ! Juste après le Neufbourg, l'un des joyaux de l'Eure : le Domaine du Champ de Bataille. Si l'origine du nom n'est pas véritablement connue, c'est au Comte Alexandre de Créqui que l'on doit les premiers travaux, ceux du château, réalisés entre 1653 et 1665, ainsi que des jardins dessinés par Le Nôtre. Les siècles passant, les lieux changent de main, de destinée et connaissent pillages, restaurations et moments plus ou moins fastes. C'est en 1992 que le décorateur Jacques Garcia rachète l'ensemble pour lui redonner son lustre d'autrefois, le remodeler et y ajouter des espaces issus de son inspiration. Quel résultat ! À l'intérieur, des Grands Appartements au Salon d'Hercule, en passant par le salon Louis XV, la succession de pièces est impressionnante. Les jardins comptent une cinquantaine de kilomètres d'allées tracées en ligne droite, réparties autour de plusieurs pièces d'eau, et les perspectives sont impressionnantes. L'ensemble – construit et en jardin – est divisé selon sept degrés : végétal, animal, de l'humanité, de la conscience, de la lumière et de l'esprit. Une bonne demi-journée est nécessaire pour découvrir ce patrimoine exceptionnel, dont le faste retrouvé est un témoignage historique de premier ordre. Retrouvez ensuite la voie verte, continuez toujours en direction du nord-ouest jusqu'au Bec-Hellouin. Ce village de Normandie de carte postale bénéficie du label des plus beaux villages de France. Arrosée par un petit ruisseau, elle est constituée d'une succession de jolies maisons à colombages, absolument splendides. L'ensemble est agrémenté d'un autre joyau, l'abbaye Notre-Dame-du-Bec, cœur spirituel des lieux, et dont la tour Saint-Nicolas, reconnaissable entre toutes, est le symbole. Des moines y vivent encore, dans un cadre naturel de toute beauté, et les lieux accueillent les particuliers en quête de repos. Ici se trouve une ferme biologique : créée par Charles et Perrine Hervé-Gruyer, elle a pour objectif de montrer comment la permaculture et le respect de la biodiversité donnent d'excellents résultats. Pour y parvenir, ils combinent plusieurs types de concepts, venus des quatre coins du monde, et qui tous ont en commun de rester en cohérence avec l'esprit initial du lieu : le respect de la nature et du vivant. Après une pause en ce lieu, rejoignez la vallée de la Risle, petite rivière qui traverse l'Eure du sud au nord avant de se jeter dans l'estuaire de la Seine, et filez vers le sud. Traversez Brionne, où vous pouvez admirer le donjon carré du XIe siècle, puis passez Serquigny, petite cité industrielle et ferroviaire, d'où vous ne suivez plus la Risle, mais la Charentonne, jusqu'à Bernay – pour ce dernier trajet, empruntez de préférence la Départementale 24, sur la rive sud de la rivière, et non la Départementale 133, bien plus fréquentée. La zone humide qui entoure la rivière est idéale pour l'Agrion de Mercure, bel insecte bleu et blanc, mais aussi l'écrevisse à pattes blanches et même la loutre d'Europe qui, après des décennies de non-présence, commence à revenir dans l'Eure. Vous arrivez à Bernay par l'est : la sous-préfecture de petite taille et une excellente étape dans votre parcours, labellisée « Villes et Pays d'art et d'histoire ». Si son abbaye et ses églises valent le détour, les amateurs de patrimoine plus récent jetteront un œil à la maison Paquebot : dessinée dans les années 1930 par l'architecte André Perrée, ses formes courbes et épurées sont encore modernes, et rappellent d'autres œuvres architecturales de noms plus connus. Après avoir visité le jardin surprenant appelé Philadelphus, vous pourrez vous restaurer au bistrot Lambert, lequel met un point d'honneur à cuisiner des produits locaux.

ARRIVÉE EN PAYS D'AUGE ET DÉCOUVERTE DES FROMAGES LOCAUX

Quittez Bernay par le sud-ouest en prenant la Départementale 131. Après quelques minutes, c'est sur la petite commune de Caorches Saint-Nicolas que vous pourrez faire une étape à la Ferme nature appelée « Chez Poly ». Une passionnée des animaux, Christelle Morel, vous invite à découvrir 70 races différentes, qui y vivent paisiblement dans un joli environnement naturel : lamas, alpagas et autres espèces sont présentés selon une jolie promenade. Reprenez votre chemin et continuez jusqu'à Orbec : vous entrez dans le Calvados, et gagnez ici le Pays d'Auge. Terre verte dont le nom évoque immanquablement colombages, chevaux et fromages, il constitue la seconde et dernière partie de votre circuit. Depuis Orbec, gagnez Livarot Pays d'Auge. Inutile de rappeler que la ville a donné son nom au fromage que chacun connaît. On se concentrera surtout sur la possibilité de visiter l'une des plus connues des entreprises locales en la matière : Graindorge. Cette dernière vous invite à découvrir son « village fromager » : en traversant un couloir vitré, vous découvrez les secrets de fabrication du livarot, mais aussi d'autres fromages réalisés ici. Pédagogique, la visite s'adresse à tous, y compris aux plus jeunes. Toujours concernant les fromages, vous pouvez également visiter plus loin la ferme de la Moissonnière, qui produit notamment le pont-l'évêque, le pavé d'Auge et le Fervaques. Enfin, à quelques kilomètres au sud se trouve le petit village de Camembert : on y dit que c'est en 1791 que l'agricultrice Marie Harel y aurait invité le fromage que chacun connaît. Une stèle lui est dédiée à l'entrée de la petite bourgade. Le camembert aujourd'hui se divise selon plusieurs gammes : Appellation d'Origine Contrôlée, le camembert de Normandie reste le plus prisé, et le plus commercialisé. Vous trouverez également d'autres déclinaisons, comme le camembert au calvados et le camembert fermier. Toutefois, si vous pensez, en arrivant à Camembert, découvrir une ville touristique ou boutiques et producteurs sont nombreux, détrompez-vous : jolie, la toute petite commune est paisible et ne compte que quelques belles maisons à colombages.

SUR LA ROUTE DE LISIEUX

De retour à Livarot, une jolie promenade dans la campagne environnante vous fera découvrir une curiosité locale : la Pierre Tournante. Ce menhir donne l'impression d'avoir été cimenté : il n'en est rien, c'est la roche elle-même qui renvoie cette image. Si la légende dit que la pierre tourne en même temps que le soleil à certains moments, ce que personne n'a pu confirmer ! De nombreuses autres légendes, difficiles à prouver ou à croire, comme celle indiquant l'existence d'un trésor sous la pierre, sont régulièrement évoquées. Loin de ces histoires, cette petite promenade, bien indiquée au départ de Livarot, vaut le détour. Prenez la direction du nord en empruntant, depuis cette dernière commune, la Départementale 149. Le paysage est vert et vallonné, les cyclistes auront ici la matière nécessaire à changer de braquet ! Lorsque vous passez à proximité du village de Prêtreville, ne manquez pas sa jolie cascade. Depuis la mairie de la commune, un joli sentier arboré vous y mène. Attention, celui-ci n'est pas praticable en voiture, et l'est difficilement à vélo, surtout s'il pleut. On vous conseille donc la marche, jusqu'à cette curiosité plutôt inattendue, qui descend soudainement un dénivelé de quelques mètres dans un grondement qui trouble la quiétude de l'endroit. L'été, pique-niquer à proximité peut être une jolie idée. Plus à l'ouest, classé Monument historique, le château de Saint-Germain-de-Livet est l'une des perles du Pays d'Auge : entouré de douves, celui-ci se visite, et compte de superbes fresques du XVIe siècle, ainsi qu'un splendide parc fleuri et arboré. Poursuivez ensuite votre itinéraire vers le nord jusqu'à gagner Lisieux. Capitale du Pays d'Auge, la ville est dominée par la basilique dédiée à Sainte-Thérèse. Béatifiée puis canonisée, Thérèse Martin, native d'Alençon, n'aura vécu que 24 ans.

Entrée très tôt dans la foi, elle a tenté, dans la vie quotidienne, d'imprégner ses gestes de foi et de bonté. Ses écrits posthumes, qui rencontrent un immense succès, au-delà même du monde catholique, la font connaître et reconnaître comme exemple pour beaucoup de chrétiens. Le pèlerinage lui étant dédié a permis ainsi à la ville de devenir, tout au long du XXe siècle, le cœur battant d'un engouement religieux qui se poursuit actuellement. Outre la basilique, la maison des Buissonnets, où elle a été élevée, est un lieu de visite et de recueillement.

Malheureusement, Lisieux, qui était avant la Seconde Guerre mondiale une ville médiévale aux riches maisons à pans de bois, est aussi une ville martyre, rayée de la carte par les bombardements de 1944. Sous-préfecture, elle s'est patiemment reconstruite selon les normes de l'époque.

Certains aiment, d'autres non. La ville n'en est pas moins active, il vous sera aisé de trouver des lieux d'hébergement et de restauration. Non loin, vous pourrez découvrir le domaine du Père Jules : dans la bien nommée commune limitrophe de Saint-Désir, ce lieu de production de cidre et de calvados est l'un des meilleurs du Pays d'Auge.

PONT-L'ÉVÊQUE ET FIN DE PARCOURS

Vous suivez ensuite le cours de la Touques vers l'aval. La vallée, parfois étroite, doit laisser passer voies routières et ferroviaires : on vous conseille de prendre la Départementale 48, qui traversera quelques jolis villages et vous mènera à Pont-l'Évêque. On ne saura que trop vous conseiller la dégustation du fromage éponyme : protégé par une Appellation d'Origine

Protégée, celui-ci est l'un des plus anciens de Normandie, est de forme carrée ou rectangulaire, et sa recette aurait pour origine des moines cisterciens. Pour découvrir l'un des lieux producteurs, on vous conseillera la ferme Martin, située à Bourgeauville, à une dizaine de kilomètres à l'ouest. Venir à Pont-l'Évêque, c'est également découvrir son quartier ancien, réhabilité au début des années 2000 : vous y découvrez de nombreuses maisons à l'architecture typique du Pays d'Auge, avec colombages colorés, petites portes et fenêtres. Au sud de la ville, le lac Terre d'Auge : ce lac artificiel alimenté par les eaux de la Touques propose de nombreuses activités balnéaires, dont la baignade, l'ensemble étant labellisé Pavillon Bleu. Au nord de la ville, à une dizaine de kilomètres, la côte fleurie : Deauville et Trouville accueillent les vacanciers, dans une ambiance chic bien connue. Pour poursuivre votre itinéraire, et entamer la dernière partie de ce dernier, filez vers l'ouest au travers de la verdoyante campagne, empruntez la Départementale 101, traversez les petits villages de Bonnebosq, Léaupartie et Rumesnil, et arrivez enfin à Beuvron-en-Auge. Il s'agit de l'un des plus beaux villages de France : là encore, mais peut-être avec un petit quelque chose en plus, la commune propose une succession d'édifices traditionnels de Normandie.

Dans la rue principale, des petites maisons à colombages, pas moins de trois manoirs classés Monuments historiques, des halles restaurées dans les règles de l'art, de petites boutiques : 200 habitants seulement vivent ici, mais la beauté des lieux en attire bien davantage. Ainsi se termine votre parcours : vous avez désormais plusieurs possibilités pour éventuellement poursuivre votre chemin. La première, c'est de gagner la côte : Cabourg est à une quinzaine de kilomètres seulement. La seconde, c'est de suivre la « Route du Cidre », un circuit d'une quarantaine de kilomètres au départ de Beuvron, à la découverte des producteurs locaux. Vous pouvez, enfin, gagner Caen, à l'ouest.

Beuvron-en-Auge.

© BORISB17 - STOCK.ADOBE.COM

LES BONNES ADRESSES SUR LE PARCOURS

- **Abbaye de Mortemer**
27440 Lisors
✆ 02 32 49 54 34
www.abbaye-de-mortemer.fr

- **Musée d'Évreux**
2, esplanade Anne Baudot
27000 Évreux
✆ 02 32 31 81 90
https://culture.evreux.fr/lieux

- **Chambres d'hôtes du Vert-Galant**
118, route de la Vallée
27930 Normanville
✆ 06 80 99 28 38
www.levertgalant.com

- **Jardin Philadelphus**
62, La Bertinière
27560 Giverville
✆ 02 32 45 98 70

- **Domaine du Champ de Bataille**
8, route du Château
27110 Sainte-Opportune-du-Bosc
✆ 02 32 34 84 34
www.chateauduchampde-bataille.com

- **Maison Busnel**
Route de Lisieux
27260 Cormeilles
✆ 02 32 57 80 08
www.distillerie-busnel.fr

- **Restaurant Au Relais normand**
22, rue de l'Abbaye
27260 Cormeilles
✆ 02 32 57 85 68/
07 85 83 37 04

- **Ferme nature « Chez Poly »**
16, La Henrière
27300 Caorches-Saint-Nicolas
✆ 02 32 46 11 90

- **Fromagerie Graindorge**
42, rue Gén Leclerc
14140 Livarot-Pays-d'Auge
✆ 02 31 48 20 10
www.graindorge.fr

- **Ferme de la Moissonnière**
La Moissonnière
14140 Livarot-Pays-d'Auge
✆ 02 31 32 31 23
www.fermedelamoisson-niere.fr

- **Maison des Buissonnets**
22, chemin des Buissonnets
14100 Lisieux
✆ 02 31 48 55 08
www.therese-de-lisieux.catholique.fr

- **Domaine du Père Jules**
1079, route de Dives 1019 -
14100 Saint-Désir
✆ 02 31 61 14 57
www.calvados-leperejules.com

- **Lac Terre d'Auge**
D48
14130 Pont-l'Évêque
✆ 02 31 65 47 15
www.terredauge-lelac.fr

La SUISSE NORMANDE

CE N'EST PAS LE PLUS LONG DES PARCOURS DE CE GUIDE, MAIS IL EST ASSURÉMENT L'UN DES PLUS SPORTIFS : IL VOUS FERA DÉCOUVRIR LA SUISSE NORMANDE. D'OÙ VIENT CE NOM ?

LA GÉOGRAPHIE ET LA GÉOLOGIE RÉSERVENT ICI BIEN DES SURPRISES, ET L'ÉLÉVATION, DEPUIS LA PLAINE DE CAEN, ATTEINT PRESQUE LES 400 MÈTRES D'ALTITUDE. LES VALLÉES SE FONT PROFONDES, LES PETITS VILLAGES SONT BLOTTIS AU CŒUR DE CES DERNIÈRES, LES ACTIVITÉS NATURE ET SPORTIVES S'ADAPTENT À DES TERRES MÉCONNUES ET ATYPIQUES. VERT ET BLEU, CE PETIT MORCEAU DE NORMANDIE MÉRITE BIEN SON SURNOM.

L'IDÉAL, SOUS RÉSERVE D'AVOIR LA CONDITION PHYSIQUE NÉCESSAIRE, EST DE PARCOURIR CES LIEUX À VÉLO. PRENEZ DE LA HAUTEUR, ET OUVREZ GRAND LES YEUX : LA SUISSE NORMANDE VOUS RÉSERVE BIEN DES SURPRISES !

COMMUNES TRAVERSÉES :

CAEN, AMAYÉ-SUR-ORNE, HOM, PONTÉCOULANT, CONDÉ-NORMANDIE, CERISY-BELLE-ÉTOILE, FLERS, ATHIS-VAL-DE-ROUVRES, LA CARNEILLE, LES TOURAILLES, PUTANGES-LE-LAC, SAINT-PHILBERT, PONT-D'OUILLY, CLÉCY.

CAEN ET PARCOURS JUSQU'AU HOM

Votre parcours débute à Caen, face à l'hôtel de ville de la cité préfectorale. Installé dans l'Abbaye aux Hommes, fondée au XIe siècle, et dont la vaste esplanade fleurie renforce l'impression d'immensité. Aux environs de cette dernière, vous pouvez découvrir que, non, Caen n'a pas été entièrement détruite par les bombardements de la Seconde Guerre mondiale : il reste de nombreuses petites rues, ruelles et place qui datent de plusieurs siècles : rues Écuyère ou Froide, place Saint-Sauveur notamment, sont dans le centre d'une ville dynamique et mérite bien une journée de visite. Pour entamer votre itinéraire, rejoignez la Prairie de Caen (déjà évoquée dans le parcours « Des plages du débarquement à Caen »), et suivez la VéloFrancette, le parcours cyclable qui relie Caen et La Rochelle. Vous traversez des espaces verts et dénués de construction assez rapidement, les constructions de la ville se trouvant sur les hauteurs que vous apercevez sur votre gauche.

Une fois l'agglomération caennaise derrière vous, vous longez la rivière en suivant le parcours aménagé à côté de l'ancienne voie ferrée reliant la ville et Flers, en empruntant viaducs et chemins aménagés en site propre. Passée la petite commune d'Amayé-sur-Orne, le relief s'élève progressivement : vous poursuivez la voie cyclable, et croiserez peut-être quelques vélorails, exploités par l'entreprise Cap Orne. Sur l'est se trouve la Forêt de Grimbosq : d'une surface de près de 500 hectares, il compte des arboretums remarquables, divers sentiers de découverte et la reconstitution d'un ancien fourneau de charbonnier, afin d'apprendre la fabrication ancestrale du charbon de bois. Dans cette forêt, biches, cerfs, sangliers et daims s'ébrouent paisiblement.

THURY-HARCOURT – LE HOM ET CONDÉ-NORMANDIE

Après une bonne vingtaine de kilomètres, vous arrivez à Thury-Harcourt : si le nom de la petite ville est encore fréquemment utilisé, il est progressivement remplacé par celui du Hom, issu de la fusion de Thury avec d'autres villages environnants. Ici, vous pouvez visiter l'église Saint-Sauveur, Monument historique, et partir sur les traces du château d'Harcourt, bombardé en partie lors de la Seconde Guerre mondiale, mais dont il reste de jolies ruines. Si vous souhaitez y dormir, la Ferme des Épis vous propose des hébergements insolites en pleine nature : yourtes, chalets ou roulottes, et un dortoir pour dormir à moindre coût. L'accueil chaleureux que vous réserveront Charlotte et Julie vous comblera d'aise, tout en vous donnant d'excellents conseils pour arpenter les lieux.

Votre parcours file vers le sud-ouest, et vous devrez ici grimper les coteaux de l'Orne pour atteindre le petit hameau de Saint-Bénin, puis la petite église Saint-Martin. Auparavant, prenez la petite route de la Roche à Bunel jusqu'à obtenir un joli point de vue sur une boucle de l'Orne : splendide, celle-ci dessine un Oméga presque parfait. En reprenant votre chemin, vous traversez Culey-le-Patry, Saint-Lambert et gagnez Pontécoulant. Entre-temps, vous traversez d'innombrables rivières et ruisseaux : le réseau hydrographique de la Suisse Normande est particulièrement dense. Précieux, ces environnements naturels font l'objet d'opérations multiples de la part des pouvoirs publics, dont la restauration du lit et des berges d'une bonne partie de ceux-ci. Au-delà, la Suisse Normande, c'est aussi le royaume du martin-pêcheur et de la loutre d'Europe. Légèrement au nord de la petite commune de Pontécoulant, impossible de faire l'impasse sur son château. Considéré comme un joyau de la région, celui-ci est propriété de la même famille depuis le XIVe siècle.

Ruines du château de Thury-Harcourt.

© PACKSHOT - STOCK.ADOBE.COM

Parcours
SUISSE NORMANDE

Une ville animée

Située aux portes de la Suisse Normande, cette ville est agréable à vivre toute l'année. Patrimoine naturel exceptionnel, le site de la Boucle du Hom est un incontournable à parcourir.

Un château-musée impressionnant

Son château, inscrit aux monuments historiques, est une demeure du XVIe siècle qui a appartenu à la famille des Doulcet de Pontécoulant. C'est aujourd'hui un musée.

Véritable visage rural

Ce petit bourg, construit de part et d'autre de la Gine, présente des gorges tout à fait singulières et a conservé un bel ensemble architectural, avec de superbes maisons anciennes.

Une ville charmante

Détruite par les bombardements en juin 1944, la commune a retrouvé son statut de pôle économique dans les années 50. On adore son marché traditionnel, son parc municipal et son vaste étang.

Une montagne de fleurs

Ne manquez pas le massif forestier d'environ 100 hectares qui offre un large panel d'activités. En mai-juin, la fleuraison des rhododendrons colore le mont de rose et de violet.

Une ville verte

Flers recèle des petits trésors dont le château du XVIe siècle, les halles, le square Delaunay, la place Paulette-Duhalde, l'église Saint-Germain et la rosace de Jean Chaudeurge, le château Duhazé...

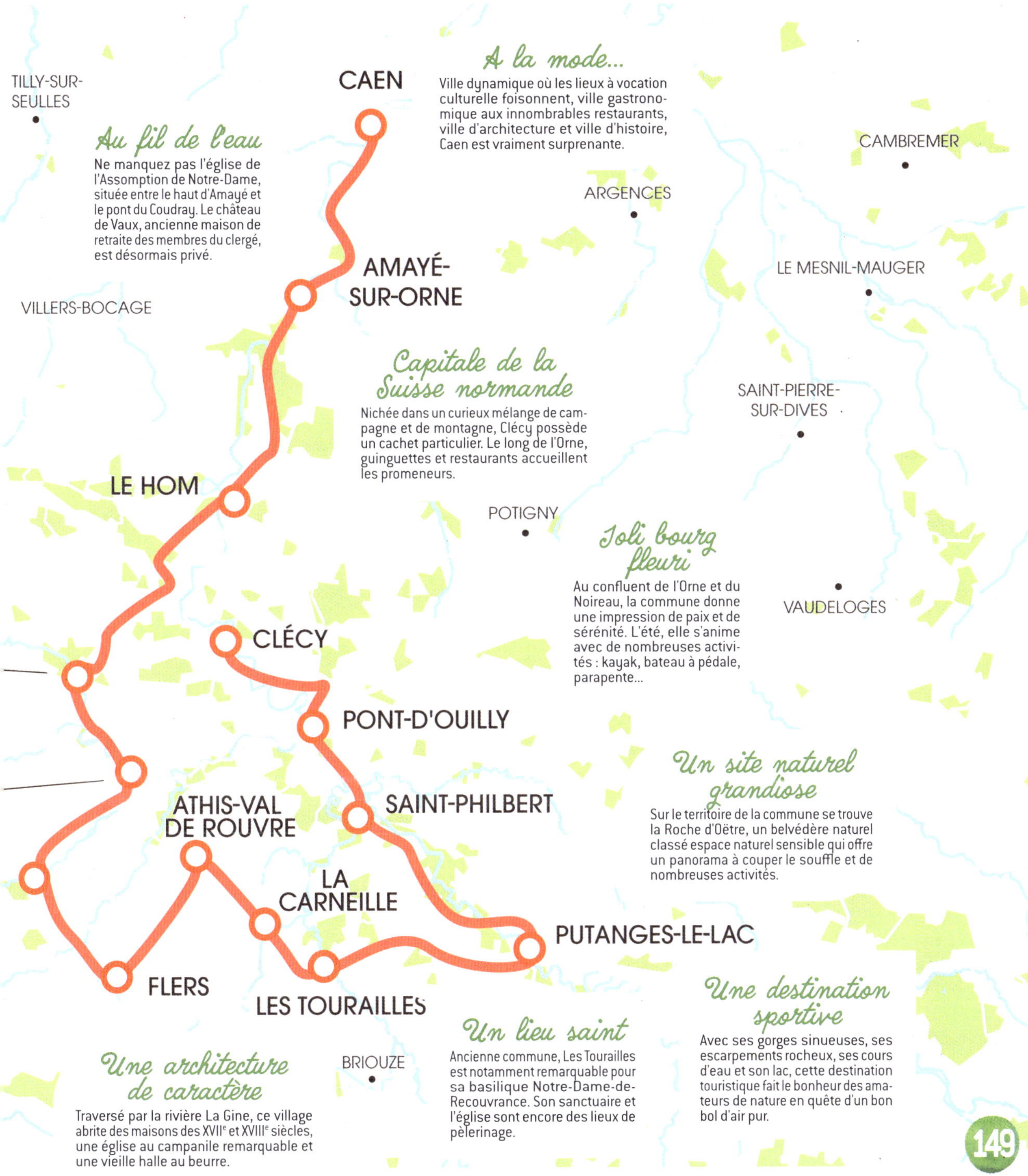

A la mode...

Ville dynamique où les lieux à vocation culturelle foisonnent, ville gastronomique aux innombrables restaurants, ville d'architecture et ville d'histoire, Caen est vraiment surprenante.

Au fil de l'eau

Ne manquez pas l'église de l'Assomption de Notre-Dame, située entre le haut d'Amayé et le pont du Coudray. Le château de Vaux, ancienne maison de retraite des membres du clergé, est désormais privé.

Capitale de la Suisse normande

Nichée dans un curieux mélange de campagne et de montagne, Clécy possède un cachet particulier. Le long de l'Orne, guinguettes et restaurants accueillent les promeneurs.

Joli bourg fleuri

Au confluent de l'Orne et du Noireau, la commune donne une impression de paix et de sérénité. L'été, elle s'anime avec de nombreuses activités : kayak, bateau à pédale, parapente...

Un site naturel grandiose

Sur le territoire de la commune se trouve la Roche d'Oëtre, un belvédère naturel classé espace naturel sensible qui offre un panorama à couper le souffle et de nombreuses activités.

Une destination sportive

Avec ses gorges sinueuses, ses escarpements rocheux, ses cours d'eau et son lac, cette destination touristique fait le bonheur des amateurs de nature en quête d'un bon bol d'air pur.

Un lieu saint

Ancienne commune, Les Tourailles est notamment remarquable pour sa basilique Notre-Dame-de-Recouvrance. Son sanctuaire et l'église sont encore des lieux de pèlerinage.

Une architecture de caractère

Traversé par la rivière La Gine, ce village abrite des maisons des XVIIe et XVIIIe siècles, une église au campanile remarquable et une vieille halle au beurre.

Son vaste parc compte un joli parc à l'anglaise, et ses intérieurs sont meublés de pièces de collection. L'ensemble se visite, bien évidemment, et vous projettera dans d'anciennes périodes le temps d'un instant. Après la visite, vous redescendez vers la vallée du Noireau, un affluent de l'Orne : vous arrivez à Condé-Normandie, limitrophe du Calvados et de l'Orne. Largement éprouvée lors de la Seconde Guerre mondiale, la ville reste une jolie étape commerçante. Ici, vous pourrez découvrir le musée de l'imprimerie, une activité encore vive dans les environs.

SUR LA ROUTE DE FLERS : LE MONT DE CERISY

En quittant Condé-Normandie, vous poursuivez le long de la vallée du Noireau. Attention, son cours n'est pas toujours évident à suivre, aussi le mieux est d'emprunter la Départementale 911, jusqu'à la petite chapelle Notre-Dame-du-Chêne. Là, tournez à gauche : après quelques hectomètres, vous passez à proximité de la distillerie La Monnerie : ses productions comptent d'excellents Calvados.

Quelques minutes plus tard, vous arrivez au petit village de Cerisy-Belle-Étoile. Ce dernier est surplombé par le mont éponyme, qu'il vous faudra absolument monter au travers d'une jolie petite route, assez courte, qui traverse champs, puis forêts. Le mont de Cerisy domine le bocage environnant : vous disposez ici d'un splendide point de vue. À son sommet, un château en ruines. Construit en 1870, il a été bombardé, lui aussi, par les Anglais en 1944. Du haut de sa tour, encore debout, la vue est encore plus vaste sur l'environnement, allant jusqu'à près de 50 kilomètres par temps clair.

Les espaces sont désormais dévolus aux loisirs, mais dans le respect de l'environnement : vastes jardins, remise en eau du lac, parcours santé, l'ensemble étant géré par la commune. Regagnez le village de Cerisy en contrebas, puis prenez la Départementale 19 jusqu'à Flers, à 7 kilomètres : le bocage vallonné est parsemé de pâturages, royaumes de la race normande !

FLERS

Commerçante et active, Flers est la seconde ville de l'Orne par sa population, comptant une quinzaine de milliers d'habitants. Siège de l'Office touristique d'une zone judicieusement appelée « Montagnes de Normandie », elle constitue le cadre idéal pour une étape sur votre parcours. La ville compte un splendide château (qui abrite un musée comprenant un important fonds dédié aux Beaux-Arts), cerné d'un parc de 7 hectares accessible à tous, et s'est engagée dans une démarche environnementale qui a notamment permis de redonner à la vallée de la Fouquerie, proche du centre-ville, son aspect naturel, entrecoupé de petits cheminements piétonniers et cyclistes. L'offre hôtelière est importante ici, et pour déjeuner, on ne saura que trop vous conseiller l'Auberge des Vieilles Pierres : l'expérience gustative est hors pair, avec une maestria certaine pour la cuisine des produits locaux. Votre parcours vous fait quitter la ville par le nord, et vous parcourez la dizaine de kilomètres qui vous sépare de votre prochaine destination, Athis-Val-de-Rouvre, par la Départementale 25.

ATHIS-VAL DE ROUVRE

Traversée par la Rouvre, affluent de l'Orne, la petite cité était connue sous le nom d'Athis-de-l'Orne il y a quelques années. Dominée par l'église Saint-Vigor, la ville était le centre d'une intense activité industrielle aujourd'hui en grande partie disparue : les usines de tissage et autres filatures faisaient vivre la population locale.

Aux environs, le dénivelé et, là aussi, l'important réseau hydrographique favorisent l'émergence de petits lacs ou retenues d'eau. Au nord de la ville, un détour par les Jardins du manoir de la Boisnerie s'impose. Labellisé « Jardin Remarquable », celui-ci est principalement fait de verdure, et non de fleurs : les propriétaires ont voulu ici recréer un jardin similaire à ceux que l'on pouvait arpenter à la Renaissance. Revenu à Athis, prenez la Départementale 20. Avant de gagner Putanges, votre parcours traverse deux petits villages remarquables.

LA CARNEILLE ET LES TOURAILLES

Le premier d'entre eux est La Carneille : c'est un petit ensemble bâti de toute beauté, comptant de nombreuses maisons des XVIIe et XVIIIe siècles. De son passé commerçant, il reste une jolie halle au beurre. Surmonté par une jolie église comptant un beau campanile, le village est prisé aux beaux jours, l'animation étant importante : marché de producteurs et d'artisans, présence de nombreux artistes. Le second, quelques kilomètres plus loin, et le – très – petit bourg des Tourailles. Peu de constructions ici (le village comptait moins d'une soixantaine d'âmes avant sa fusion, à l'image des autres communes du coin – avec Athis), mais une magnifique basilique : Notre-Dame-de-la-Recouvrance, inaugurée en 1903. Une pause là, le temps d'un pique-nique par exemple, est bienvenue. Peut-être apercevrez-vous l'une des nombreuses espèces protégées d'oiseaux qui y nichent : le pic cendré, le pic noir, le busard Saint-Martin ou le très rare Engoulevent d'Europe : ce dernier niche en ces lieux, après un long voyage en provenance du Sahara. Depuis Les Tourailles, filez vers le nord : au hameau de Buisson, prenez la Départementale 249, puis la Départementale 15 vers Putanges. Avant d'arriver dans la ville, vous pouvez faire une courte halte au Ménil-Gondouin, dont l'originale église vaut le coup d'œil.

Château de Flers.

PUTANGES-LE-LAC ET LES GORGES DE SAINT-AUBERT

Vous retrouvez à Putanges le cours de l'Orne, que vous ne quitterez plus jusqu'à la fin de votre parcours. Cette dernière partie de votre parcours est assurément la plus spectaculaire. Putanges est principalement connue pour son lac. Ici, le relief peut atteindre les 300 mètres, et le cours de l'Orne, en aval, se trouver très encaissé. Dans les années 1950 est ainsi décidée la construction d'un barrage hydroélectrique – toujours en fonctionnement aujourd'hui – lequel a engendré la création d'une étendue d'eau longue de 6 kilomètres, et large de 200 à 300 mètres.

Si la vallée s'est trouvée noyée, la motphologie du lac indique l'orientation initiale du fleuve. Les activités de loisirs y sont nombreuses : balades en bateau, sports nautiques également. C'est aussi un lieu de balade – même si le tour du lac mesure plus de 15 kilomètres, une partie sera suffisante ! C'est aussi l'occasion de découvrir une faune abondante, que vous pourrez observer : hérons, grèves ou foulques pullulent en ces lieux. Depuis le lac, suivez la direction des gorges de Saint-Aubert. À quelques hectomètres en aval du barrage, l'Orne a repris ses droits, et la vallée est particulièrement encaissée. Accessibles uniquement à pied, les gorges n'ont rien à envier à celles que l'on peut découvrir en Ardèche.

Le cours rapide de la rivière et les blocs de granit, détachés des hauteurs, et qui constellent le cours d'eau, donnent un paysage grandiose. Le petit village de Saint-Aubert, en contrebas, vaut également le détour. Vous prenez ensuite la route de Saint-Philbert-de-Orne. Attention aux cyclistes : les routes sont escarpées, les virages fréquents. Gardez bien votre droite !

LA ROCHE D'OËTRE : GRANDIOSE

Empruntez les Départementales 878 puis 21. Juste avant le pont de Ménil-Hermei, tournez à gauche afin de ne pas traverser le fleuve. Face à vous, sur l'autre rive : le Bec Corbin. Cet escarpement rocheux domine l'Orne à plus de 50 mètres de hauteur. Mais d'escarpement, il sera question de manière encore plus grandiose dans quelques kilomètres : c'est en effet en suivant la Départementale 301 que vous arrivez dans l'un des sites les plus emblématiques de la Suisse Normande : la Roche d'Oëtre. Site magnifique, la roche surplombe la Rouvre à 118 mètres de hauteur. Depuis un parking se trouve un petit sentier sur quelques dizaines de mètres, aboutissant sur un panorama embrassant la vallée. C'est le lieu idéal pour les amateurs de parapente – vous pourrez vous y adonner facilement, encadrés par des professionnels qui y exercent cette activité une grande partie de l'année. Ce belvédère naturel, si vous le regardez de profil, offre à un certain moment un profil ressemblant étrangement à celui d'un humain : retrouvez-le !

Le site, qui a su habilement allier activités de loisir et préservation de l'environnement naturel, compte une riche faune, à commencer par de nombreux lézards verts, qui se prélassent l'été au soleil. La flore est principalement faite de lichen et de spergule printanière, cette petite fleur blanche qui donne au printemps des couleurs uniques à cet endroit. Lieu culturel, il compte également une galerie d'exposition et une librairie depuis quelques années. Nous vous conseillons de venir ici à la fin du printemps : le parfait équilibre en affluence pas trop importante et climat doux. Avant de gagner Saint-Philbert, un détour par le petit village de Bréel est nécessaire : vous y trouverez la Maison de la Rivière et du Paysage, qui vous livrera de nombreuses informations sur la biodiversité locale.

DE SAINT-PHILBERT SUR ORNE À PONT-D'OUILLY : MÉANDRES ET VALLÉES

Depuis la Roche d'Oëtre, prenez la Départementale 329 : vous traversez le village de Saint-Philbert-sur-Orne, et continuez votre chemin jusqu'à traverser l'Orne, un kilomètre plus loin. Au Pont des Vers, suivez la Départementale 167. L'Orne, qui vous accompagne, dessine ici de nombreux méandres : le relief granitique donne du fil à retordre au fleuve, qui arrive malgré tout à se faufiler pour se rapprocher de son estuaire ! Après cinq kilomètres environ, voici Pont-d'Ouilly. Commune verte, elle est blottie dans la vallée, et voit le Noireau (que vous avez rencontré antérieurement dans votre parcours) se jeter dans l'Orne. Ici, le cours du fleuve est accéléré par de petites retenues qui donnent de la vitesse aux flots : les activités de kayak sont nombreuses, et des compétitions régulièrement organisées ici. Depuis Pont-d'Ouilly, restez sur la rive est du fleuve, et empruntez la Départementale 23 jusqu'au château Ganne, qui mérite bien un détour. Dans un environnement accidenté, celui-ci est constitué de vestiges d'une ancienne construction des XIe et XIIe siècles. Si des recherches archéologiques sont menées par les spécialistes mandatés notamment par le Conseil Départemental du Calvados, on estime que les lieux étaient constitués de plusieurs cours (deux basses et une haute). Les fouilles se poursuivent, et l'ensemble est un splendide lieu de promenade, en pleine nature. Regagnez l'Orne, puis traversez l'Orne au niveau du hameau de la Bataille, avant de gagner le viaduc de Clécy.

CLÉCY : ROCHERS DU PARC ET FIN DE PARCOURS

Depuis le viaduc, vous comprenez immédiatement que ces paysages, ici aussi grandioses, constituent l'un des grands moments de votre parcours. Sur votre droite, sur l'autre rive, le site naturel des Rochers du Parc. Cet espace naturel sensible – et classé comme tel – est, un peu à l'image de la Roche d'Oëtre un peu plus tôt, le paradis des amateurs d'escalade, que vous pratiquez ici. Les falaises granitiques dominent l'Orne de près de 100 mètres d'altitude, de quoi, une nouvelle fois, bénéficier de grandioses panoramas. En face, sur la rive d'où vous venez, d'autres installations, moins naturelles mais dont l'originalité est certaine, font la joie des plus jeunes. Il s'agit en effet de luge !

Pratiquée sur rail, elle vous promet de belles sensations. Vous traversez la petite bourgade de Clécy, qui compte certaines bonnes tables, dont Au fil de l'eau, qui présente un excellent rapport qualité-prix. Traversez l'Orne et regagnez la rive est puis, avant le village de Saint-Omer, filez sur votre gauche. De nouveau, un paysage grandiose s'offre à vous. Vous y trouvez un spot très apprécié des amateurs de parapente, et les novices en la matière peuvent même pratiquer la discipline, dûment encadrés, pour la première fois. À 300 mètres vers l'ouest, enfin, se trouve le Pain de Sucre. Si la comparaison avec Rio de Janeiro est osée pour certains, on gardera à l'esprit que ce point culminant sur la Suisse Normande constitue l'un des plus impressionnants panoramas de votre circuit, qui s'achève ici. Si la Suisse Normande recèle encore bien des secrets, cet itinéraire nature vous aura déjà beaucoup donné à découvrir !

LES BONNES ADRESSES SUR LE PARCOURS

- **Château d'Harcourt**
13, rue du Château
27 800 Harcourt
✆ 02 32 46 29 70
www.harcourt-normandie.fr

- **Ferme des épis**
Lieu-dit, Le Grand Aunay
14 220 Ouffières
✆ 02 31 93 66 87
https://lafermedesepis.com

- **Manoir de la Boisnerie**
1, rue du Manoir
61 430 Sainte-Honorine-la-Chardonne
✆ 06 15 31 10 67
https://jardins-manoir-boisnerie.fr

- **Auberge des vieilles pierres**
169, Buisson Corblin 169
61 100 Flers
✆ 02 33 65 06 96
www.aubergedesvieillespierres.fr

- **Roche d'Oëtre**
Site de la Roche d'Oëtre
61 430 Saint-Philbert-sur-Orne
✆ 02 31 59 13 13
www.montagnesdenormandie.fr/larochedoetre

- **Maison de la Rivière et du Paysage**
Le Moulin de Ségrie
61 100 Athis-Val-de-Rouvre
✆ 02 33 96 79 70
www.cpie61.fr

- **Site naturel des Rochers du Parc**
Viaduc de ClécyLe Viaduc
14 570 Le Vey
✆ 02 31 79 70 45

- **Au fil de l'eau**
La Cambronnerie
14 570 Clécy
✆ 02 31 69 71 13

Le PERCHE

ENTRE NORMANDIE ET CENTRE-VAL DE LOIRE, LE PERCHE EST LE CADRE DE CE PARCOURS.

À PROXIMITÉ DE PARIS, QUI S'Y GAGNE EN MOINS DE DEUX HEURES, VOUS ÊTES ICI DANS LE PAYS DES VALLONS ET DES FORÊTS, PARSEMÉ DE PETITS BOURGS AUX BELLES MAISONS : UN CADRE PRÉSERVÉ QUI COMPTE DE NOMBREUSES MERVEILLES ARCHITECTURALES ET SITES PRÉSERVÉS.

LA MAJEURE PARTIE DE VOTRE ITINÉRAIRE SE DÉROULERA DANS LE PARC NATUREL RÉGIONAL DU PERCHE, ET L'ENSEMBLE POURRA SE PARCOURIR À VÉLO.

COMMUNES TRAVERSÉES :

FERTÉ-FRESNEL, AIGLE, VERNEUIL D'AVRE ET D'ITON, SENONCHES, TOUROUVRE-AU-PERCHE, MORTAGNE-AU-PERCHE, RÉMALARD, BELLÊME, SAINT-GERMAIN-DE-LA-COUDRE, NOGENT-LE-ROTROU.

CHÂTEAU DES RÊVES ET L'AIGLE

Le point de départ se situe au nord du Perche, à la limite du Pays d'Ouche, mais ce pas de côté vous permet de démarrer dans un site extraordinaire : le château des Rêves. Situé à la Ferté-Fresnel, celui-ci a été construit entre 1863 et 1867 : inscrit aux Monuments historiques depuis 1996, celui-ci est surnommé le « Château-Opéra ». L'architecte Maurice Storès, à l'origine de la construction, avait en effet proposé des plans – non retenus – pour l'Opéra de Paris, renommé depuis du nom de son concurrent Garnier : certains des plans ont ainsi été recyclés pour ce château ! L'endroit, qui se visite, compte de nombreuses pièces d'apparat, immenses et magnifiques, l'ensemble respectant l'esprit de la construction initiale. Entouré d'un parc de 100 hectares, comptant pièces d'eau, forêts aux 90 essences différentes et jardin à la française notamment. Ce sublime point de départ visité, il vous faudra prendre la direction de L'Aigle, à quelques kilomètres de là. Le mieux, si vous êtes à vélo, est de prendre la petite route de Moulins-la-Marche, vers le sud, puis la Départementale 13, relativement peu fréquentée, jusqu'à la ville que vous gagnerez par l'ouest.

L'Aigle –, que vous avez déjà pu visiter dans le parcours « Le Sud normand, du Pays d'Ouche au Mont-Saint-Michel », est une ville-étape de choix : peuplée d'une petite dizaine de milliers d'habitants, elle se niche dans une vallée creusée par la Risle.

La rivière, d'une longueur de près de 150 kilomètres, est entièrement normande : ici, ses berges ont été aménagées pour permettre promenades cyclistes et piétonnes sur plusieurs kilomètres. Commerçante, L'Aigle est également une ville au riche patrimoine, dont son château, aujourd'hui mairie, l'église Saint-Martin, à la massive apparence, ainsi que quelques belles demeures.

VERNEUIL D'AVRE ET D'ITON

C'est en suivant le cours de l'Iton, affluent de l'Eure, que vous gagnez Verneuil d'Avre-et-d'Iton. Si les rives de la rivière ne sont pas aménagées, vous pouvez néanmoins aisément trouver de petites routes paisibles : par Saint-Michel-Tubœuf à l'est de L'Aigle, puis Chaise-Dieu-du-Theil, Bourth et Mandres : un paysage de petits bois et de vastes champs. Non loin de là, au cœur d'une forêt se trouve l'un des parcs détenus par une enseigne bien connue : ses logements au cœur des forêts, sa volonté affichée de vous proposer des séjours au plus près de la nature, son immense « bulle » dans laquelle se trouve une installation aquatique de détente attirent de nombreux touristes.

Est-ce là une manière verte de concevoir ses vacances ? Votre parcours ne fera pas d'arrêt ici. Verneuil, ancienne place forte médiévale, a conservé ses fossés en eaux qui alimentent de nombreux espaces verts qui permettent d'arborer fièrement le label « ville fleurie » : de la réutilisation écologique de l'eau en circuit court avant l'heure ! Vous pouvez découvrir la cité via deux parcours proposés par l'Office de Tourisme, qui vous feront découvrir un patrimoine riche : la sublime abbaye Saint-Nicolas, fondée en 1627 et dont les bâtiments constituent un quadrilatère splendide, l'église Notre-Dame faite de pierre locale de grison – et n'étant pas sans rappeler les édifices auvergnats – la tour Grise, vestige de la guerre de Cent Ans, ou encore la tour de l'église Sainte-Madeleine, haute de 56 mètres et témoin des prouesses architecturales du XVe siècle. Pour passer une nuit ici, le château de la Puisaye, de style Napoléon III, entièrement rénové dans ce style : un lieu hors pair.

Tour de l'église Sainte-Madeleine, Verneuil d'Avre-et-d'Iton.

Parcours
LE PERCHE

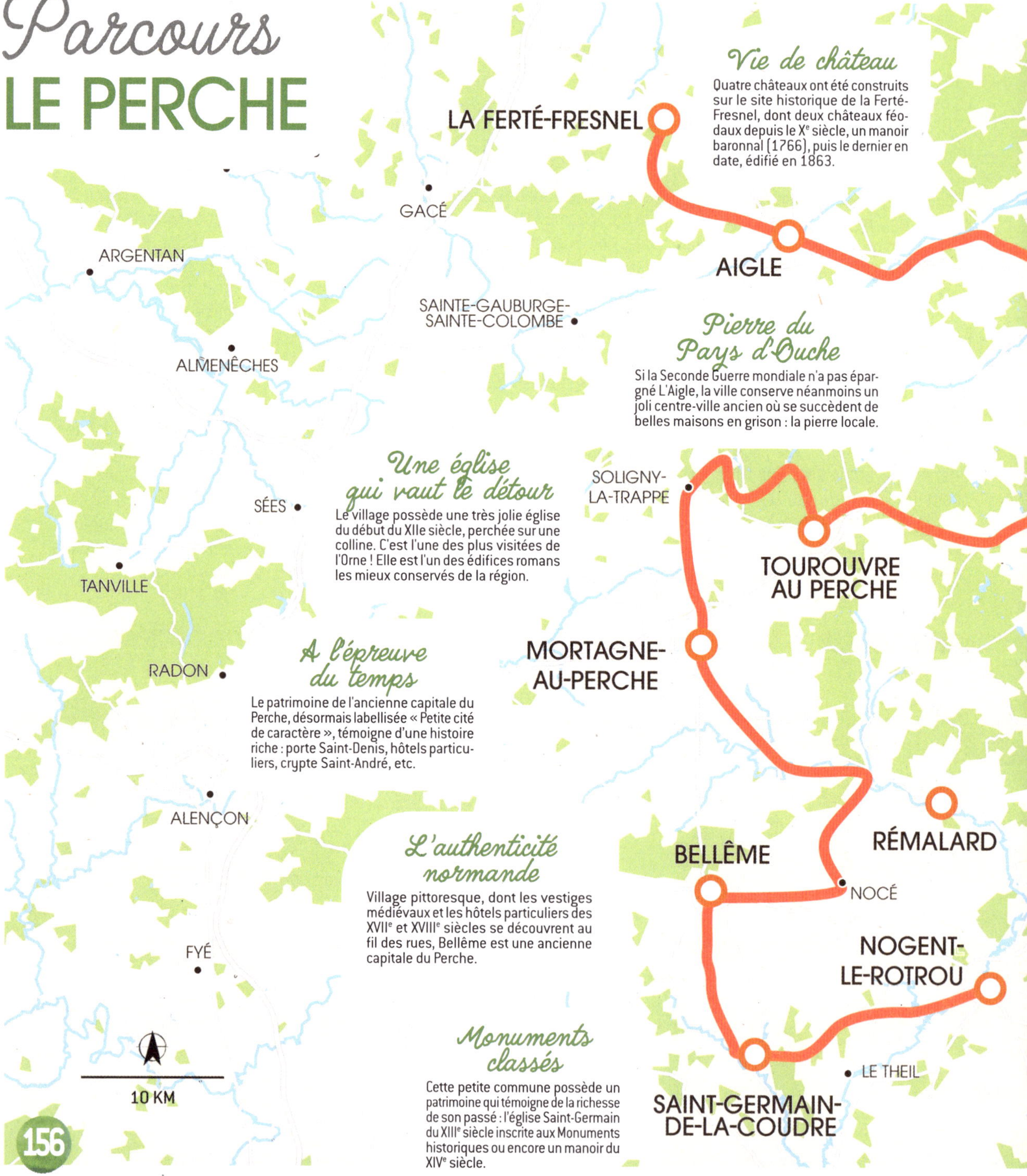

Vie de château

Quatre châteaux ont été construits sur le site historique de la Ferté-Fresnel, dont deux châteaux féodaux depuis le Xe siècle, un manoir baronnal (1766), puis le dernier en date, édifié en 1863.

Pierre du Pays d'Ouche

Si la Seconde Guerre mondiale n'a pas épargné L'Aigle, la ville conserve néanmoins un joli centre-ville ancien où se succèdent de belles maisons en grison : la pierre locale.

Une église qui vaut le détour

Le village possède une très jolie église du début du XIIe siècle, perchée sur une colline. C'est l'une des plus visitées de l'Orne ! Elle est l'un des édifices romans les mieux conservés de la région.

A l'épreuve du temps

Le patrimoine de l'ancienne capitale du Perche, désormais labellisée « Petite cité de caractère », témoigne d'une histoire riche : porte Saint-Denis, hôtels particuliers, crypte Saint-André, etc.

L'authenticité normande

Village pittoresque, dont les vestiges médiévaux et les hôtels particuliers des XVIIe et XVIIIe siècles se découvrent au fil des rues, Bellême est une ancienne capitale du Perche.

Monuments classés

Cette petite commune possède un patrimoine qui témoigne de la richesse de son passé : l'église Saint-Germain du XIIIe siècle inscrite aux Monuments historiques ou encore un manoir du XIVe siècle.

Cité fortifiée

Fondée par Henri Ier Beauclerc, duc de Normandie et roi d'Angleterre, en 1120, la commune, bâtie entre l'Avre et l'Iton, était une ville frontière entre France et Normandie.

Au cœur du Perche

La commune est située au cœur du Parc naturel régional du Perche en lisière de la forêt domaniale. Les environs offrent un cadre naturel privilégié comme les étangs de la Benette sur la route de La Ferté-Vidame.

Un lieu charmant

La commune possède une belle église datant des XIIe-XVe siècles, un peu excentrée du village, mais à laquelle on accède par une jolie rue bordée de maisons du XVIIIe siècle.

Aux origines

Capitale du Perche, la commune tient son nom de Rotrou qui, sur ordre du compte de Chartres, fait construire au Xe siècle le château pour protéger la frontière contre les Normands.

Centrale photovoltaïque à Senonches.

© FRANCOIS - STOCK.ADOBE.COM

SENONCHES ET LES FORÊTS ANCESTRALES

Direction Senonches, au sud de Verneuil : vous pouvez emprunter la Départementale 25, qui traverse des paysages qui restent paisibles. Vous faites ici une petite incursion en Eure-et-Loir, et passez à proximité de l'ancien aérodrome de Dreux-Louvilliers. Construit en 1952, fermé en 1967, il est désormais petit à petit reconverti en centrale photovoltaïque : le vrombissement des avions a ainsi laissé place au silence d'un site de production d'énergie verte. Senonches, qui vit au rythme des festivités, dont la fête Saint-Cyr le 3e week-end de juin, est également le cœur de la Communauté de commune des forêts du Perche.

L'endroit est tout destiné, puisque la forêt de la ville, dont on présume qu'elle existait déjà au temps de la Gaule, est l'une des plus vastes de l'Ouest français, et ceinture quasi entièrement la cité. Elle forme un ensemble de 8 000 hectares, en partie privé, qui se parcourt via de nombreux chemins et pistes. Composée en grande partie de chênes, dont certaines remarquables (les bien nommées « chêne fauteuil » vous proposant une assise naturelle, et « chêne des trois frères » dont la base commune se divise rapidement en trois troncs s'élançant dans le ciel). Nous vous invitons à traverser la forêt en prenant la direction de l'ouest, vers la Ferté-Vidame.

Vous longerez ainsi l'étang de la Benette, dont le Conservatoire d'espaces naturels Centre-Val de Loire a recensé de nombreuses espèces menacées, à commencer par les amphibiens et libellules.

Des panneaux d'information y sont installés, et vous invitent à arpenter les lieux avec les précautions d'usage. Arrivés à la Ferté-Vidame vous êtes, sans vous en rendre compte, passé à proximité de la plus vaste propriété privée close de mur : le centre d'essais automobiles d'une célèbre marque française.

S'il ne nous appartient pas de juger de la pertinence de cette localisation, tout juste affirmera-t-on que son implantation ici date des années 1930, et que l'on doute que les autorisations seraient aujourd'hui données si une telle implantation devait être créée de notre jour. La Ferté-Vidame, petite bourgade paisible, fait face depuis plus de deux siècles à d'imposantes ruines : celles de son château, détruit à la Révolution française. De style classique, celui-ci est passé avec sa mise à sac de main en main, et ses dimensions importantes n'avaient d'égal que l'immensité de son parc et de ses multiples pièces d'eau, qui subsistent. À proximité, enfin, la forêt humide des Mousseuses, où un petit cheminement en partie sur ponton permet de découvrir la vie animale et végétale dans une tourbière.

Enfin, l'arboretum de la petite commune mérite un passage.

TOUROUVRE-AU-PERCHE

Vous reprenez votre parcours vers l'ouest, en direction de Longny-les-Villages, et bifurquez rapidement vers la Ventrouze : vous êtes de nouveau en Normandie ! Le long de la petite D243, prenez votre temps : les paysages bucoliques sont splendides. Après quelques kilomètres, prenez garde en traversant la Nationale 12, très fréquentée, traversez la Ventrouze et rejoignez Tourouvre-au-Perche.

En plus d'un joli patrimoine, la petite ville compte un musée, ou plutôt plusieurs : les muséales de Tourouvre. Il s'agit là de plusieurs ensembles à visiter, comme le musée de l'émigration française au Canada, et celui des commerces et des marques. Deux univers bien différents, et pourtant aussi intéressants l'un que l'autre. Mais Tourouvre c'est aussi une situation exceptionnelle, aux portes d'un autre massif qu'il vous faut découvrir : la forêt domaniale du Perche et de la Trappe. On parle d'une forêt, mais il faut bien en distinguer deux espaces. Le premier, c'est la forêt du Perche, dont on estime qu'elle a traversé les siècles sans avoir subi les activités humaines.

L'Office Nationale des Forêts y a recensé une soixantaine d'espèces d'oiseaux, ainsi que 350 types d'insectes différents, que vous trouverez dans les nombreuses tourbières présentes à proximité de l'Avre, rivière qui la traverse. La seconde propose un profil bien différent. Initialement dépendante de l'abbaye éponyme, la forêt de la Trappe a été le cadre d'une exploitation intense, qui a bien failli la faire disparaître.

Son reboisement s'est fait principalement de résineux. En plein cœur de cet ensemble, au carrefour de 8 petites routes, l'Étoile du Perche vous permet de disposer d'une immanquable base de départ avant une balade en forêt. À la lisière ouest du massif, l'abbaye Notre-Dame de la Trappe vaut le détour. Avant de vous y rendre, vous pouvez faire une étape au niveau de la réserve naturelle régionale de la clairière forestière de Bresolettes : cet espace est le paradis de la salamandre tachetée, de l'oreillard roux, de la vipère péliade ou de la cigogne noire. Arrivés à l'abbaye, que vous gagnez par un chemin forestier d'environ 3 kilomètres, vous découvrez un lieu hors pair.

Presque millénaire, elle a été fondée en 1140 et a été successivement peuplée de congrégations saviniennes, cisterciennes puis trappistes. Quelques dizaines de moines y suivent une existence faite de spiritualité et de travail, dont les productions sont vendues dans le joli magasin : pâtes de fruits ou objets religieux par exemple. Le temps de faire étape dans le petit bourg de Soligny-la-Trappe, le temps de passer à la Maison Cormier, vénérable établissement qui propose l'une des spécialités gastronomiques locales, le boudin, et vous prenez la direction du sud, vers Mortagne-au-Perche.

SUR LA ROUTE DE MORTAGNE : LE ROYAUME DU PERCHERON

En prenant la départementale 930, vous traversez un paysage un peu plus vallonné : si votre parcours se fait à vélo, n'hésitez pas à changer régulièrement les vitesses de votre monture. Au gré des champs, vous apercevrez probablement l'animal emblématique du Perche : le percheron. Robuste cheval de trait pouvant peser jusqu'à 1 200 kilos, celui-ci est facilement reconnaissable à sa robe grise ou noire. Largement utilisé dans l'agriculture, puis dans les déplacements hippomobiles, son utilité a décliné tout au long du XXe siècle, au point de n'être plus élevé qu'à des fins alimentaires dans les années 1960.

Fort heureusement, c'est à compter des années 1980 que l'élevage pour d'autres causes connaît un vif regain d'intérêt : il faut reconnaître que son caractère docile et doux lui confère une grande popularité auprès des plus jeunes. La préservation de la race n'est pas garantie pour autant : disséminés aux quatre coins du monde, les quelque 20 000 percherons restent une espèce rare.

Et pourtant : utilisé aujourd'hui pour l'attelage, il est le compagnon fidèle des activités de loisirs. Si le Perche, par définition, est son berceau, c'est l'ensemble du département de l'Orne qui compte de nombreux élevages. Mortagne-au-Perche qui, comme L'Aigle au début de votre parcours, a déjà été parcourue par un autre itinéraire de ce guide, est l'une des capitales du Perche. Juchée sur une petite colline, la sous-préfecture ornaise compte un joli patrimoine bâti, des demeures de maître et n'oublie pas de rendre hommage à sa figure locale, le philosophe Alain.

LA VOIE VERTE JUSQU'À RÉMALARD

Sur une voie ferrée déclassée depuis des décennies, et reconvertie en voie verte, votre parcours descendra en pente douce depuis Mortagne-au-Perche jusqu'à Rémalard. Silence absolu, petites forêts et cours d'eau : vous êtes ici dans le Perche des cartes postales. Et justement, les cartes postales ont parfois du bon, car l'environnement préservé et la sérénité qui se dégage des lieux sont très appréciables. Si vous le souhaitez, vous pouvez sortir quelques moments de la voie verte pour découvrir la basilique Notre-Dame à la Chapelle-Montligeon. Regagnant la voie verte, il vous reste moins d'une dizaine de kilomètres pour rejoindre Rémalard, paisible petite bourgade. Là, vous pouvez découvrir le Jardin de la Petite Rochelle. Initié par Hélène d'Andlau en 1976, cet espace d'un hectare et demi est devenu au fur et à mesure du temps une succession de dix petits jardins aux univers très différents. Labellisé Jardin Remarquable, il mérite largement une visite.

EN CHEMIN VERS BELLÊME : LA MAISON DU PARC, LE MANOIR DE COURBOYER

Depuis Rémalard, direction l'ouest, vers Bellême ! L'occasion peut-être, à ce moment et si vous suivez fidèlement ce parcours, de vous donner quelques explications : votre itinéraire, s'il est orienté nord-sud, n'est pas exempt, loin de là, de bifurcations et est bien loin de s'effectuer en ligne quasi droite ! En effet, le choix de l'équipe de rédaction est de vous montrer le maximum des merveilles percheronnes, et si cela nécessite quelques kilomètres supplémentaires, on vous garantit que l'effort vaut le détour !

Sur la route de Bellême, un immanquable : le manoir de Courboyer. C'est aussi l'épicentre du Parc naturel régional du Perche, puisque c'est ici que se trouve la Maison du parc, l'incontournable pour obtenir toutes les informations nécessaires pour découvrir, se ravitailler, rencontrer ou se loger. Le bâtiment, manoir typique du Perche daté du XVe siècle, se visite : c'est un témoin architectural incroyable pour découvrir comment vivaient les seigneurs du Perche, et qui comprend de nombreux objets d'époque. Tout autour, un vaste parc, comptant pas moins de 8 kilomètres de sentiers, ainsi qu'une exploitation agricole. Le manoir lui-même est le cadre d'un vaste chantier pour préserver ce splendide joyau. Si vous souhaitez dormir à proximité, le gîte du Boistier n'est situé qu'à quelques kilomètres, vers le sud. Sur la petite commune de Perche-en-Nocé, vous trouvez aussi une ferme biologique dont les productions sont aussi saines que respectueuses de l'environnement végétal et animal.

BELLÊME

Depuis Perche-en-Nocé, direction l'ouest, de nouveau. La petite départementale 203, si vous vous déplacez à vélo, traverse le petit village de Saint-Jean-de-la-Forêt avant d'arriver à Bellême. Cité de caractère, s'étirant le long d'une jolie route, la commune est le fruit d'une histoire millénaire. Siège d'une seigneurie il y a un millénaire, elle a conservé un patrimoine splendide, fait d'anciens remparts, de douves, de maisons du XVIe siècle et de demeures de maître, principalement du côté de la rue Ville-Close. Les toits de la ville, recouverts de tuiles aux teintes marron clair, confirment la volonté d'uniformité de l'ensemble, comme une reconnaissance du passé.

Bellême mérite plus qu'une déambulation, une visite : ce village régulièrement classé parmi les préférés des Français compte des petites places et ruelles, chacune étant le témoin d'une histoire. Commerçante, animée en été, Bellême est l'un des incontournables du Perche. À l'ouest de la cité, une nouvelle forêt : celle de la ville, considérée comme l'une des plus majestueuses. Ici aussi, le chêne est très présent, dont l'un, en particulier, mérite un détour : le chêne de l'école. Nommé ainsi il y a un siècle en hommage à l'École Nationale des Eaux et Forêts, il date de 1666, mesure pas moins de 42 mètres de hauteur et sa circonférence est de 4,55 mètres !

En parcourant la forêt, certains talus longilignes vous sembleront trop peu naturels pour être le fruit de mouvements des sols. Vous aurez raison : il s'agit des restes des six camps antiques comptabilisés ici. Si des fouilles menées ont mis à jour des céramiques gallo-romaines, il ne reste bien évidemment rien des constructions, recouvertes par la végétation. Avant de rejoindre Nogent-le-Rotrou, un détour par le sud s'impose.

LE SUD DU PERCHE

Quittez Bellême en direction d'Appenai-sous-Bellême puis, arrivés dans la commune, prenez à gauche vers la Départementale 385 : traversez successivement les petits hameaux de la Ménardière et de la Heulinière, afin de découvrir le château des Feugerets.

Manoir de Courboyer.

© PACKSHOT - STOCK.ADOBE.COM

Un conseil en amont : vous devrez traverser la très passante Départementale 7, faites bien attention ! Le château, bâti sur une petite position dominante, est classé Monument historique, et sa visite est un témoignage de différentes constructions au fil des siècles. Initialement maison dite « forte » (c'est-à-dire ni manoir ni maison trop simple), deux pavillons y ont été accolés au XVIe siècle. Puis une vaste terrasse est jointe, les fenêtres sont agrandies, une aile ajoutée et un jardin créé. L'ensemble conserve toutefois une belle unité, et mérite largement un passage. En retraversant la Départementale 7, regagnez Appenai puis filez plein sud en empruntant la Départementale 285. Après quelques kilomètres, vous arrivez dans le petit village de Saint-Germain-de-la-Coudre, d'où est indiqué le manoir de la Fresnay-au-Perche. Privé, le lieu est, lui aussi, un splendide témoignage de l'architecture du temps des seigneurs. Après une trentaine d'années de restauration, sa visite est passionnante.

VERS NOGENT-LE-ROTROU : LE PERCHE ENTRE DEUX RÉGIONS

Depuis Saint-Germain-de-la-Coudre, prenez la direction de Val-au-Perche, et rapidement sur votre gauche, la Départementale 211. Vous apercevez le château de l'Hermitière, sur votre gauche, puis en arrière-plan une jolie et vallonnée forêt. C'est dans cette dernière que se situe le dolmen de la Pierre Procureuse. Monument historique depuis 1930, l'une de ses trois pierres s'est couchée, d'où l'inclinaison de l'ensemble. Plus au nord se trouve l'écomusée du Perche : lieu où vous découvrez de nombreux objets en rapport avec l'histoire des lieux, le lieu compte également un prieuré, et accueille de nombreuses personnes pour différentes sessions d'apprentissage : en apiculture, jardinerie, poterie, restauration de l'habitat notamment. Revenez sur votre chemin, puis filez vers l'est : vous traversez Saint-Hilaire-du-Erre, et continuez vers Nogent-le-Rotrou. Quelques hectomètres avant les premières maisons de la ville, vous quittez de nouveau l'Orne, et retrouvez l'Eure-et-Loir. La Normandie est désormais derrière vous pour la – courte – suite de votre parcours. En effet, Nogent-le-Rotrou est la ville d'arrivée de votre itinérance. Nogent, également fruit d'une longue histoire, a traversé les époques. De son industrie textile, très importante au XVIe siècle, il ne reste rien depuis longtemps. Mais de son passé historique, entre baronnies et seigneurs, c'est un héritage architectural d'importance que compte la ville. Le splendide château des comtes du Perche compte un donjon rectangulaire datant de 1040 : les plus anciens encore existants. L'ensemble architectural, restauré en partie au début des années 2000, est classé Monument historique depuis plus de 60 ans, et accueille le musée de l'histoire du Perche. Autre joyau local, l'Hôtel-Dieu, qui compte le tombeau de Sully. Ville commerçante, Nogent est la ville-arrivée de votre parcours. Si vous filez vers le sud-ouest, très rapidement disparaîtront collines et vallons, forêts et même verdure: l'immensité des exploitations céréalières, à perte de vue, prendra le relais : c'est le début de la Beauce, un coin bien différent du Perche que vous venez de parcourir !

Château de Nogent-le-Rotrou.

LES BONNES ADRESSES SUR LE PARCOURS

Château des rêves
2, rue de l'Aigle
61 550 La Ferté-en-Ouche
✆ 02 33 34 38 70
https://chateaudelafertefres-nel.com

Église Saint-Martin de l'Aigle
Pl. Saint-Martin
61 300 L'Aigle
✆ 02 33 24 08 30
www.eglisesaintmartin.com

Abbaye Saint-Nicolas
124, rue de la Place Notre-Dame
27130 Verneuil d'Avre et d'Iton
http://inse27.fr

Château de la Puisaye
La Puisaye
27 130 Verneuil d'Avre et d'Iton
✆ 06 85 07 61 24
www.chateaudelapuisaye.fr

Les muséales de Tourouvre
15, rue du Québec
61 190 Tourouvre au Perche
✆ 02 33 25 55 55
www.musealesdetourouvre.fr

Abbaye Notre-Dame de la Trappe
Lieu-dit la Trappe
61 380 Soligny-la-Trappe
✆ 02 33 84 17 00
www.latrappe.fr

Manoir de Courboyer
Parc naturel régional du Perche, Courboyer
61 340 Perche-en-Nocé
✆ 02 33 25 70 10
www.parc-naturel-perche.fr/le-parc-en-action/bienve-nue-la-maison-du-parc

Gîte du Boistier
Le Boistier
61 340 Perche-en-Nocé
✆ 02 33 83 04 76
www.giteduboistier.com

Château des Feugerets
Les Feugerets
61 130 La Chapelle-Souëf
✆ 06 88 44 89 10
www.chateau-des-feugerets.fr

Manoir de la Fresnay au Perche
La Fresnaye
61 130 Saint-Germain-de-la-Coudre
✆ 07 83 81 02 06
www.fresnaye-perche.fr

Château de l'Hermitière
61 260 Val-au-Perche

Dolmen de la Pierre Procureuse
61 130 Saint-Cyr-la-Rosière

Écomusée du Perche
Prieuré de Sainte-Gauburge - 61 130 Saint-Cyr-la-Rosière
✆ 02 33 73 48 06
www.ecomuseeduperche.fr

Château des Comtes du Perche
1, pl. Émile Maquaire
28 400 Nogent-le-Rotrou
✆ 02 37 52 18 02
www.ville-nogentlerotrou.fr/culture/le-chateau-des-comtes-du-perche

Musée de l'histoire du Perche
1, pl. Émile Maquaire
28 400 Nogent-le-Rotrou
✆ 02 37 52 18 02
www.ville-nogentlerotrou.fr

En suivant LA VIRE, des collines à la mer

SON COURS EST ENTIÈREMENT NORMAND : LA VIRE EST, APRÈS LA SEINE ET L'ORNE, LE TROISIÈME FLEUVE NORMAND PAR SA LONGUEUR.

SUR PRÈS DE 130 KILOMÈTRES, D'AMONT EN AVAL, ELLE DESCEND DES COLLINES NORMANDES DU SUD-MANCHE, RÉALISE UNE PETITE INCURSION DANS LE CALVADOS, LE TEMPS DE DONNER SON NOM À LA SOUS-PRÉFECTURE ÉPONYME, ET REJOINT SAINT-LÔ, PUIS LA MER, DANS UN CADRE NATUREL MÉCONNU ET POURTANT SPECTACULAIRE : LA BAIE DES VEYS. UNE BONNE PARTIE DE VOTRE PARCOURS PEUT SE RÉALISER À VÉLO SUR VOIE PROPRE OU EN MARCHE, À LA DÉCOUVERTE D'UNE NORMANDIE VERTE ET ENCORE MÉCONNUE.

COMMUNES TRAVERSÉES :

CHAULIEU, NOUES-SUR-SIENNE, VIRE, SOULEUVRE, TESSY-BOCAGE, CHAPELLE-SUR-VIRE, CANDOL, SAINT-LÔ, SAINT-PROMOND, SAINTE-CÔME-DU-MONT, CARENTAN-LES-MARAIS, UTAH BEACH.

Deux choix s'offrent à vous : remonter le fleuve de l'aval vers l'amont, ou inversement. Et c'est en effet cette seconde option que l'on vous propose. Pour atteindre votre point de départ, rejoignez la commune de Chaulieu, dans la Manche : point culminant du département, à près de 400 mètres, la petite commune dispose d'un belvédère unique, vous offrant une vue panoramique allant jusqu'au Mont-Saint-Michel. À compter d'ici, la Vire n'est qu'un petit ruisseau, qui serpente entre les champs, et il est parfois compliqué de retrouver son cours : une carte géographique est nécessaire, sous réserve que la rivière soit accessible ! Le paysage est bocager, très vert, et les exploitations agricoles sont nombreuses : c'est le lieu de l'élevage, et la race normande, bien connue, et ici bien présente.

INCURSION PAR LE LAC DE LA DATHÉE ET LA FORÊT DE SAINT-SEVER

Le réseau hydrographique y est intense, et les rivières, les précipitations étant fréquentes, ne sont jamais à sec. À l'ouest de Vire se trouve ainsi le lac de la Dathée, et qui mérite bien de réaliser un pas de côté par rapport à votre parcours. Alimenté par la rivière éponyme, elle-même sous-affluent de la Vire, celui-ci est peuplé de canards, hérons et autres mésanges dont la tranquillité n'est jamais troublée, puisque la baignade estivale est interdite. On reconnaîtra une petite préférence pour y venir l'hiver, chaudement couvert, pour faire le tour du lac : le silence est intense, et la quiétude totale ! En suivant la direction de Noues-sur-Sienne, vers l'ouest, vous découvrez un nouvel espace préservé : la forêt de Saint-Sever. Là, prend sa source la Brévogne, un autre affluent de la Vire, à plus de 300 mètres d'altitude. D'une surface de plus de 1 500 hectares, elle est composée de feuillus – lesquels ont été replantés après la tempête de 1999, particulièrement sévère ici – et de résineux. Gérée par l'Office National des Forêts, elle compte un arboretum, plusieurs lacs et étangs (Coulanges, Gast) et une particularité : la motte castrale du Vieux-Château. En plein cœur de la forêt, c'est un ancien château fait de terre et de bois, dont il ne reste qu'une petite butte de terre, dont l'abrupte montée se fait par un escalier. Curiosité locale, elle devait, entre les années 1000 et 1050 selon les historiens, protéger les lieux. Elle est aujourd'hui classée Monument historique.

VIRE

En reprenant la direction de l'est, vous parvenez enfin à Vire : sous-préfecture du Calvados, très dynamique, la ville n'en a pas pour autant été épargnée par les combats qui ont suivi le Débarquement du 6 juin 1944. Les plus anciens disent que le bruit des canons, lors de cette journée historique, s'entendait depuis la ville, pourtant située à 60 kilomètres de la côte. Nœud ferroviaire et routier, la cité était sur la liste des cibles à atteindre par les Alliés pour empêcher la remontée des armées allemandes. Las, les milliers de feuilles lancées depuis les avions alliés pour prévenir les habitants de la ville de l'imminence des bombardements et de l'impérieuse nécessité de la quitter ont été dispersées sur la forêt de Saint-Sever, plusieurs kilomètres à l'ouest. Bilan : la ville a été quasi entièrement rasée, aux prix de centaines de vies humaines. Elle ne sera libérée que deux mois plus tard. Aujourd'hui paisible, la ville s'enorgueillit d'être le cœur d'un bassin d'emploi parmi les plus attractifs de France, avec un taux de chômage très bas : le tissu de PME est très important, et le commerce et l'agriculture tournent à plein. La ville, dont le nom complet est Vire-Normandie depuis quelques années, est labellisée comme territoire à énergie positive, récompensant son excellence en matière de transition énergétique et écologique. C'est aussi une ville dite « durable » récompensée pour ses actions en faveur de l'environnement, allant de la diminution de désherbage à l'éco-pâturage (ce sont ainsi 3 chèvres qui entretiennent naturellement le bassin de rétention du Jardin du Val) en passant par l'aménagement des pieds d'arbres. Verte et fleurie, la ville est modèle en la matière. Au-delà, Vire est une excellente étape sur votre parcours, où vous trouverez logements à prix modiques et très bons restaurants.

Chaulieu.

Parcours EN SUIVANT LA VIRE

Capitale des marais

En hiver, la ville, cernée par l'eau qui recouvre les marais, semble totalement coupée du monde. Reliée à la mer par un canal, elle dispose également d'un joli port de plaisance au cœur de la ville.

Imagination débordante

C'est la terre des fées et des oiseaux migrateurs. Cependant, on y croise plus souvent des bécassines, des canards et autres sarcelles, que des sorcières. Mais laissons vagabonder notre imagination.

Commune nouvelle

C'est une commune nouvelle née de la fusion de plusieurs communes, dont Saint-Sever-Calvados qui en est le chef-lieu. Cette dernière abrite une abbaye du XIe siècle.

Nom de code

La plage de la Madeleine est rentrée dans l'histoire lorsque, le 6 juin 1944, les Alliés ont débarqué. Un peu plus tôt, des parachutistes sautaient sur l'arrière-pays, fait ici de petites bourgades et de marais.

Château des cigognes

Cette petite commune rurale tient sont nom de sa paroisse du XIIe siècle dédiée à saint Fromond. Sur place se trouvent aussi les vestiges d'un ancien château-fort désormais refuge des cigognes.

Ville martyre

Elle fut surnommée « capitale des ruines » après les rudes batailles de juillet 1944 qui la laissèrent presque entièrement détruite. Saint-Lô a su reprendre pied et se redresser fièrement sur son rocher.

Lieu de pèlerinage

Rattaché à la commune de Condé-sur-Vire, ce site est un lieu de pèlerinage datant du XIIe siècle. La chapelle actuelle a été construite au XIXe siècle et abrite une statue de la Vierge.

Bouffée d'air frais

On ne le clame pas assez, cette partie du département est aussi belle, verte et vallonnée que la Suisse normande. Ne manquez pas de vous promener à pied, à cheval ou à vélo dans cet écrin de verdure.

Découverte du Bocage virois

Capitale du Bocage normand, elle mérite bien une virée. Pour sa gastronomie, mais aussi pour ce qui reste de son patrimoine bâti, fort bien mis en valeur par des circuits d'interprétation.

Panorama sur le Bocage

Le point culminant du département de la Manche (368 mètres) est situé à proximité de ce petit village. Il vous faudra le gravir pour accéder au belvédère et profiter de sa vue imprenable sur le bocage Motainais.

Côté culture, ne manquez pas le musée qui porte le nom de la ville : rénové en 2021, logé dans l'Hôtel-Dieu, un splendide bâtiment du XVIIIe siècle, vous invite à découvrir le quotidien de la Normandie d'autrefois, de la période gallo-romaine à nos jours, traversant des époques au cours desquelles la nature et l'homme vivaient en parfaite harmonie. À compter de la ville, et sur le reste du parcours, le cours de la Vire s'élargit, et la petite rivière prend de l'ampleur.

Depuis Vire, vous pouvez emprunter la voie verte menant du Mont-Saint-Michel aux plages du Débarquement. Au nord de la ville, vous suivez l'ancienne voie ferrée de Vire à Caen, en direction de Souleuvre. Cette ligne, fermée aux voyageurs en 1938, a poursuivi ses activités pour les marchandises jusqu'aux années 1970. Elle constituera votre parcours pour la vingtaine de kilomètres à venir. Attention : vous évoluerez parfois en site propre, parfois sur des routes partagées, mais l'ensemble est très bien indiqué.

SOULEUVRE : LOISIRS ET NATURE

Le dénivelé est très marqué, et aux plateaux succèdent petites collines et vallées encaissées : les sportifs sont mis à rude épreuve, même s'il convient de nuancer, car ce ne sont pas les Alpes ici ! Votre parcours arrive dans la vallée de la Souleuvre : ce petit affluent de la Vire, qui décidément en compte des dizaines, est célèbre depuis plus d'un siècle en raison de la présence d'un immense viaduc, érigé pour permettre le passage de la voie ferrée dont nous venons de parler. Pour relier deux collines, et passer au-dessus de la rivière, plus de soixante mètres en contrebas, un ouvrage d'art de près de 400 mètres de longueur a été construit. Gustave Eiffel en a réalisé les plans, et le viaduc a été réalisé à la même époque que la célèbre tour parisienne de l'ingénieur. Cinq immenses piliers soutenaient un tablier de fer, lequel a été démonté en 1970, laissant les piles seules. À l'abandon pendant près d'une vingtaine d'années, le site est devenu depuis l'un des plus importants endroits de saut à l'élastique de France – et c'est ainsi que le nom de Souleuvre est connu au-delà des frontières hexagonales. S'il n'est pas de la responsabilité des auteurs du Petit Futé de vous conseiller, ou non, de tenter le saut, notez toutefois que l'expérience est unique ! En contrebas, du printemps à l'automne, des activités de loisirs ont été installées, permettant de réaliser une pause bien méritée, ou de se restaurer. Gardez bien en tête que ce moment, dans un cadre privilégié, peut surprendre : toutes les 10 minutes environ, les cris d'un candidat au saut à l'élastique en train de réaliser sa performance résonnent dans la vallée !

Votre parcours reprend le fil de la Souleuvre sur quelques hectomètres, puis la confluence avec la Vire, que vous retrouvez ici : vous la suivez autant que possible. Car d'ici, jusqu'à Tessy-Bocage, à une quinzaine de kilomètres de là, le fleuve a bien du mal à se frayer un chemin parmi les escarpements : son cours n'observe jamais la moindre ligne droite de plus de quelques centaines de mètres. De temps en temps, sur votre parcours, celle-ci est indiquée : rejoignez-là pour un pique-nique, vous goûterez la tranquillité absolue des lieux. Vous entrez ensuite dans le département de la Manche, et rejoignez Tessy.

TESSY-BOCAGE ET L'USINE UTOPIK

Vaste commune issue de la fusion de plusieurs petites communes environnantes il y a quelques années, Tessy-Bocage est la dernière de vos étapes à se situer dans un environnement accidenté. Situé sur la rive ouest du fleuve, le bourg de Tessy est une étape parfaite. Ici, vous longerez la Vire via le chemin de halage, et ceci jusqu'à Saint-Fromond, à une trentaine de kilomètres au nord. Parmi les lieux marquants, l'église Saint-Pierre de Tessy, dont le maître-autel du XVIIIe siècle est un petit bijou en la matière. Mais c'est également ici que vous trouvez, dans un tout autre registre, un endroit unique : l'usine Utopik : lieu de création et de diffusion, il accueille des artistes plasticiens et écrivains en résidence et présente un vaste programme culturel : rencontres d'artistes, ateliers de pratique artistique, ateliers d'écriture, expositions, vide-ateliers sur 400 m^2... C'est aussi le cadre du festival des « Bords de Vire ». Le long du fleuve, dans l'eau, sur les berges ou dans les champs, des œuvres d'art égaient et interpellent les promeneurs.

© J2LPHOTO

XAVIER GONZALEZ

Directeur de l'Usine Utopik

UN LIEU ARTISTIQUE OUVERT À TOUS

• **Comment est né le projet ?**

Artiste plasticien, je vis en Normandie depuis plus de 30 ans. Je connaissais ces anciennes serres horticoles, un espace atypique avec une très belle lumière et de vastes volumes : j'ai candidaté auprès des pouvoirs publics pour que le lieu devienne un relais culturel, et l'Usine Utopik a ainsi ouvert en 2007 !

• **Comment sont choisis les artistes en résidence ?**

En plus de 15 ans, ce sont 80 artistes qui sont passés en résidence ici. Car l'Usine Utopik, c'est un lieu où les artistes peuvent créer, échanger et exposer : des peintres aux photographes en passant par des artistes réalisant des performances diverses, ils répondent à un appel à candidatures que nous diffusons sur les plateformes dédiées aux arts visuels, et sont ensuite sélectionnés en commission : les heureux élus obtiennent une bourse pour venir ici en résidence pendant deux mois.

• **Quelles sont les spécificités de ces lieux ?**

C'est un lieu en pleine campagne, et pourtant largement ouvert à tous ! Je ne voulais pas que l'endroit soit refermé sur lui-même, et l'essence même de l'Usine Utopik, c'est l'échange avec le public. Pendant longtemps, beaucoup ont cru l'espace fermé et j'allais moi-même leur proposer de venir visiter l'endroit, où nous disposons d'un lieu d'exposition de 400 m^2. S'il reste à faire en la matière, l'endroit a petit à petit gagné en notoriété, et nous avons pu faire passer le message ! Les vernissages sont également réguliers, et nous accueillons un large public de scolaires, par exemple.

• **C'est dans le même esprit que vous avez créé le Festival des Bords de Vire ?**

Oui ! Nous avons la chance d'avoir juste à côté la Vire, longée par un chemin de halage. Il y a une dizaine d'années, un artiste coréen avait eu la bonne idée d'exposer l'un de ses œuvres monumentales le long de ce dernier : ainsi était née l'idée ! Depuis, nous avons accueilli des milliers de visiteurs lors des 6 éditions – depuis la dernière, le parcours compte désormais 19 œuvres.

• **Avez-vous d'autres projets ?**

En effet ! Nous travaillons sur la mise en place d'un camion d'exposition nomade en bocage : l'idée est de faire des résidences dans ce camion, et d'aller dans les écoles. Il faut faire venir l'art aux jeunes, car plus tôt on est sensibilisé à l'art, plus on peut développer sa sensibilité !

C'est le moment où des artistes expérimentés, venus de France et d'Europe, investissent le territoire pour « dialoguer » avec l'environnement. Après votre visite des lieux, l'heure est désormais à la reprise de votre parcours vers le nord : vous continuez à longer la Vire. Après environ 3 kilomètres se trouve la grotte du diable : plutôt difficile d'accès, elle se trouve en surplomb du fleuve. Dans un environnement vierge de toute construction, s'aventurer ici ne se fait qu'à plusieurs, car les lieux peuvent être angoissants : l'entrée de la grotte est barrée par une vaste pierre, dans laquelle un espace correspondant à une porte permet le passage. La cavité elle-même n'est pas d'une grande surface, mais encore une fois, on prendra des précautions d'usage pour y accéder.

LA CHAPELLE-SUR-VIRE ET LES ROCHES DE HAM

Vous arrivez ensuite à la Chapelle-sur-Vire : ce site de pèlerinage est célèbre depuis le XIIe siècle. Construite en pierres rouges, Notre-Dame-sur-Vire renferme des statues découvertes miraculeusement aux XIVe et XVIe siècles, d'innombrables ex-voto et des albâtres du XVe siècle au maître-autel classés aux Monuments historiques. Très intéressante, l'exposition permanente au cœur de l'édifice est constituée de nombreuses photographies de qualité datant pour les plus anciennes de la fin du XIXe siècle. Ici, des spots de pêche comprenant des pontons pour l'accessibilité aux pêcheurs à mobilité réduite sont installés vers l'aire de jeux. Cette dernière, vaste de 3 000 m², est évidemment le royaume des enfants. C'est aussi le cadre du festival des Goûters de la Chapelle-sur-Vire, proposé gratuitement par l'Office de Tourisme de Saint-Lô Agglo : tous les mercredis après-midi en été : spectacle humoristique, ateliers créatifs et goûters !

LES ROCHES DE HAM

Après encore quelques kilomètres, un nouveau paysage saisissant : c'est à 105 mètres d'altitude que vous découvrez les Roches de Ham qui dominent la vallée de la Vire et ses méandres qui serpentent en contrebas. Depuis la voie de halage qui longe la Vire, la vue est saisissante : n'hésitez pas pour autant à monter au sommet ! En effet, en sens inverse, depuis les hauteurs de ces roches, la vue sur le fleuve et ses méandres est magnifique. Ce site naturel, l'un des plus importants du département, compte des rives richement boisées, des prairies humides, des cavités, des fissures, des cours d'eau qui regorgent d'une faune et d'une flore abondantes et variées. Vous l'aurez compris, c'est aussi un site idéal pour les randonnées pédestres et équestres. Comment de tels paysages ont-ils pu éclore ? C'est simple : le patient travail d'érosion des eaux de la Vire n'a pas réussi à venir à bout de ces massifs sédimentaires anciens, donnant naissance à une succession de falaises escarpées qui surplombent les méandres du cours d'eau. Ce n'est qu'après la Révolution française que le site est sorti de son isolement : prairies, élevages, vastes étendues d'herbe et, plus tard, voie ferrée arrivent. Aujourd'hui, de nombreux circuits de randonnée sont proposés aux promeneurs du dimanche ou aux randonneurs chevronnés. La balade familiale « autour des Roches de Ham » est particulièrement adaptée pour une première découverte du site. Vous remontez ensuite jusqu'à

Vue depuis les Roches de Ham.

Candol. Là existait jusqu'en 2017 un barrage, auquel était adjointe une usine hydroélectrique. Le démontage des deux infrastructures (qui n'est pas sans rappeler l'arasement des barrages évoqués dans le parcours « Le Sud normand, du Pays d'Ouche au Mont-Saint-Michel ») a été réalisé avec une volonté d'amélioration de la qualité de l'eau, et de rétablissement de la continuité écologique. Initialement, le barrage avait été construit à une période où la Vire, ici largement navigable, était très fréquentée. Ainsi, par le passé, la fonction du fleuve était essentiellement industrielle et économique : des moulins utilisaient la force des courants, des gabares acheminaient matériels et productions locales, principalement vers Saint-Lô, située à quelques kilomètres seulement, et la mer.

SAINT-LÔ, FILLE DE LA VIRE

Vous arrivez ensuite à Saint-Lô, qui est sans conteste le centre urbain le plus important que vous découvrirez lors de votre itinéraire. Du haut de ses remparts, la cité préfectorale, réputée être la « Capitale du Cheval », abrite son prestigieux Haras National et des élevages d'où sont issus des chevaux de renommée mondiale. Un retour en force qui efface l'autre surnom de la ville, hérité des bombardements de 1944 : celui de capitale des ruines. Commerçante, active, dynamique, la ville est bien l'une des étapes majeures de votre parcours : marchés, animations pour enfants ou festivals, concerts multiples, visites guidées ou expositions, Saint-Lô vous offre mille possibilités. L'Office de Tourisme vous donnera conseils et astuces, et prendra le temps de voir avec vous vos envies. Il faut dire que l'exceptionnelle richesse du patrimoine normand se distingue ici : outre la ville en elle-même et ses célèbres remparts, vous pouvez rayonner sur un territoire remarquable, même s'il vous faudra vous éloigner un peu de votre parcours : le château de Canisy, reconnu comme l'une des 7 merveilles de la Manche ou l'abbaye de Cerisy-la-Forêt, édifiée sous la volonté de Guillaume le Conquérant, sont très proches. Notez qu'au sein de l'office, vous pourrez également louer des vélos électriques pour, par exemple, longer le chemin de halage sur quelques kilomètres, lequel prend ici des allures urbaines, les quais de la Vire ayant été totalement rénovés – avec notamment une superbe plage verte – et reconsidérés comme une promenade urbaine d'où les points de vue sur la cité sont saisissants. Plus qu'une ville-étape, Saint-Lô mérite bien une longue pause dans votre parcours le long du fleuve.

LES MARAIS : UN MONDE À PART

En sortant de Saint-Lô, par le nord, vous entamez la dernière partie de votre parcours : celle qui vous mène tout droit vers la mer. Vous entrez dans le Parc naturel régional des marais du Cotentin et du Bessin. Vous passez Pont-Hébert, commune limitrophe de Saint-Lô, et qui est la dernière zone urbanisée de l'agglomération. La Vire prend encore davantage de largeur, et soudain disparaissent les reliefs qui composaient le cadre de votre parcours : sans véritablement de transition, vous entrez dans une zone de marais, jusqu'à Saint-Fromond. C'est le paradis des oiseaux migrateurs, et la faune y est dûment préservée : vous rejoignez les ruines du château de la rivière, surnommé ici le château des cigognes – un nom qui a le mérite de mettre en avant les habitants actuels des lieux. Ancienne possession de l'évêque de Bayeux, au XIe siècle, celui-ci est endommagé en 1944, lors des combats de la Libération, il a été dynamité par les Allemands. Aujourd'hui, son accès est interdit afin de laisser les cigognes se reproduire paisiblement. D'ici, vous vous éloignez légèrement de la Vire pour longer le canal de Vire et Taute. Cette infrastructure, ouverte en 1839, est de petit gabarit et ne connaît plus guère de trafic. Elle n'en est pas moins longée par un chemin de halage cyclable, que vous longez jusqu'à Carentan-les-Marais, à une douzaine de kilomètres de là. Savourez : presque aucune habitation, le silence absolu, l'eau et la nature. Le Parc naturel compte pas moins de 1 500 espèces ou sous-espèces de flore : s'il est difficile de s'y retrouver tant la richesse en la matière est importante, n'hésitez pas à vous renseigner auprès de la Maison du parc, à Saint-Côme-du-Mont, près de Carentan-les-Marais.

Peut-être aurez-vous également la chance d'apercevoir certaines des espèces animales emblématiques du parc : en plus des oiseaux, les lieux constituent une réserve unique pour la loutre d'Europe. Redécouverte en 2011 ici, elle reste discrète, et les données sur cette population restent difficiles à obtenir. Les chauves-souris sont également nombreuses et, dans un autre registre, l'agriculture permet la présence – et l'entretien – des pâtures en été. Car c'est une autre spécificité des lieux : en hiver, des milliers d'hectares sont recouverts par les eaux, créant une véritable mer intérieure. C'est pourquoi votre parcours, ici, est fortement conseillé – pour ne pas dire uniquement possible – de la fin du printemps au début de l'automne.

CARENTAN, LA CAPITALE DES MARAIS

Depuis le canal, vous apercevez au loin la haute flèche de l'église Notre-Dame de Carentan. Appelée Carentan-les-Marais depuis quelques années (là aussi, comme dans d'autres villes visitées le long de votre parcours, la fusion des communes a donné naissance à de nouveaux noms), la ville compte une dizaine de milliers d'habitants. Disposant d'une moindre notoriété que sa voisine Sainte-Mère-Église, elle n'en a pas moins été en plein cœur des événements de la libération de 1944 : si la ville a subi, elle aussi, les bombardements, elle n'en a pas moins gardé un joli patrimoine, fait d'hôtels particuliers et de belles arcades. Carentan-les-Marais, au cœur des marais, est la porte d'entrée dans la Manche, en venant de l'est : nœud routier, elle dispose d'une gare ferroviaire importante (on vous rappelle que les trains normands acceptent les vélos !). Commerçante, elle compte un port de plaisance, alors qu'elle est située à une dizaine de kilomètres de la mer : la cité est reliée à la mer par un canal, tandis que la Vire, qui poursuit son cours quelques kilomètres plus à l'est marque la frontière entre les départements de la Manche et du Calvados.

Le port de plaisance de Carentan, lieu plein de vie pendant la saison estivale, est suffisamment vaste pour accueillir plusieurs dizaines de bateaux, qui bénéficient ici d'un abri hors pair. De là, votre parcours longera le canal précité pour rejoindre la mer, dans la baie des Veys. Vous longez ainsi le canal, croisant de nombreux plaisanciers. Environ deux kilomètres après votre départ de la ville, la voie rapide qui relie Cherbourg à Caen passe sous les flots : là a été construit, au prix d'années d'efforts, un pont-canal dont le principe est simple : le canal et les bateaux au-dessus, la voie autoroutière en dessous ! D'une longueur de 615 mètres, il a nécessité 18 000 m^3 de béton et près de 2 000 tonnes d'acier. L'idée était de dévier Carentan, devenue synonyme de bouchons pour beaucoup. Or la construction d'un tel ouvrage, dans les marais, n'était pas chose aisée : les ingénieurs ont rivalisé de prouesses pour arriver à ce résultat.

LA BAIE DES VEYS : LA MER ET VOUS

Après quelques kilomètres, vous bifurquez vers la droite, en direction de la pointe de Brévands : celle-ci constitue le point de terre ferme le plus avancé dans la mer. Face à vous, un immense estuaire : la baie des Veys. Ici se jette la Vire, mais aussi la Taute, l'Aure et la Douve. Veys, qui signifie « Gué » en normand, mérite bien son nom : vous êtes comme au bout du monde. La marée, qui recouvre ces espaces principalement vaseux, découvre des centaines d'hectares à marée basse. Vierges d'habitation, les lieux sont connus pour la culture des huîtres, dont celles d'Isigny, et constitue un lieu unique de concentration de phoques veaux-marins : la plus vaste colonie de France. Un conseil : ne les approchez pas et ne cherchez pas de contact avec, ils sont craintifs et peuvent être dangereux pour l'homme. Et puis, ils y viennent pour être tranquilles, alors inutile de troubler leur quotidien ! L'observation de ces derniers peut se faire avec une bonne paire de jumelles ! À l'ouest, vous apercevez la plage de la Madeleine, également appelée Utah Beach, du nom de l'État d'origine de l'un des sous-officiers ayant participé à la Libération. À l'est, le rivage du Calvados : l'embouchure de la Vire, qui termine ici son parcours chaotique, se fait dans un cadre de toute splendeur.

LES BONNES ADRESSES SUR LE PARCOURS

Musée de Vire
Sq. du Chanoine
Jean Héroult
14 500 Vire-Normandie
✆ 02 31 66 66 50

Viaduc de la Souleuvre
Saut à l'élastique.
14 350 Souleuvre-en-Bocage
✆ 02 31 66 31 66
www.viaducdelasouleuvre.com

Haras National de Saint-Lô
Rue Maréchal Juin CS 21509
50 009 Saint-Lô
✆ 02 33 77 88 66
www.ifce.fr/toutes-nos-adresses

Château de Canisy
8, rue de Kergorlay
50 860 Canisy
✆ 06 75 82 08 30
www.chateaudecanisy.com

Abbaye de Cerisy la Forêt
50 680 Cerisy-la-Forêt
✆ 02 33 57 34 63
www.abbaye-cerisy.fr

Maison du Parc Naturel Régional des Marais du Cotentin et du Bessin
Maison du Parc
3 Village des Ponts Douve
50 500 Carentan-les-Marais
✆ 02 33 71 65 30
https://parc-cotentin-bessin.fr

ÉCO-VOYAGEUR

Randonnée à Étretat.

Il est aujourd'hui essentiel de préparer son voyage en pensant à son impact écologique. Pourtant, il n'est pas toujours facile de faire la différence entre bonne idée écoresponsable et greenwashing !

Quelle marque privilégier pour notre maillot de bain ou notre crème soleil, quel logement choisir ? Si je ne peux pas aller jusqu'à ma destination en train, quelle solution la plus « verte » possible choisir ? Bien qu'il existe une multitude de labels pour nous aider, tous ne sont pas connus du grand public, il était alors important de leur donner une plus grande visibilité. Pour vous aider tout au long de votre séjour, nous avons décidé de regrouper à la fin de ce guide nos astuces et nos conseils pour des vacances au vert !

Les indispensables DU VOYAGEUR

VOYAGER DANS LE RESPECT DE L'ENVIRONNEMENT, ÇA COMMENCE PAR LA VALISE ! LE SAC DE L'ÉCOVOYAGEUR COMPORTE DES VÊTEMENTS FAITS POUR L'ACCOMPAGNER DANS SES AVENTURES, TOUT EN RESPECTANT L'ENVIRONNEMENT. POUR CELA, ON ACHÈTE D'OCCASION DANS LES FRIPERIES OU SUR LES PLATEFORMES DE SECONDE MAIN, COMME VINTED.

SI VOUS NE TROUVEZ PAS VOTRE BONHEUR EN OCCASION, VOUS POUVEZ ÉGALEMENT VOUS TOURNER VERS WE DRESS FAIR, LA PLATEFORME EN LIGNE DE VENTE DE VÊTEMENTS ÉCOLOGIQUES. CONCERNANT LES COSMÉTIQUES, IL EST D'AUTANT PLUS DIFFICILE DE S'Y RETROUVER, QUE LES INGRÉDIENTS SONT GÉNÉRALEMENT INDIQUÉS EN LATIN !

POUR CELA, ON SE LAISSE GUIDER PAR LES LABELS, COMME SLOW COSMÉTIQUE, NATURE & PROGRÈS OU COSMOS. POUR RÉDUIRE VOTRE BILAN CARBONE, PENSEZ ÉGALEMENT À RENDRE VISITE AUX NOMBREUX ARTISANS SAVONNIERS RÉGIONAUX, PLUTÔT QUE DE COMMANDER SUR INTERNET. ENFIN, POUR S'ÉQUIPER, AVANT D'ACHETER DU NEUF, ON PENSE À REGARDER LES RECYCLERIES, DES ESPACES OÙ L'ON POURRA TROUVER TOUTES SORTES D'OBJETS AUXQUELS ON A ÉVITÉ LA DÉCHARGE, EN LES NETTOYANT, RÉPARANT, OU MÊME EN LES DÉTOURNANT !

S'HABILLER

Pour parfaire sa garde-robe, on adore Andore Paris et ses vêtements hauts un brin pop, en matières recyclées. Côté élastiques à cheveux, c'est Chou2, et ses élastiques à cheveux haut de gamme en tissus de récup qui fera notre bonheur. Chez Girafon Bleu, on achète des t-shirts, chemises et autres sweats en coton bio, dont les bénéfices sont en partie reversés pour la conservation des girafes. On aime aussi Thinking Mu, et son vestiaire survitaminé en matières bio et recyclées. Pour nos gambettes, c'est Nudie Jeans, qui nous fournira des jeans en coton bio certifié. Et ces messieurs tomberont sous le charme de Bask in the Sun, la marque masculine du Pays basque, en matières durables certifiées et fibres recyclées.

Les grands sportifs apprécieront quant à eux Lagoped et ses vêtements de ski, d'escalade et de rando recyclés. Ils se tourneront aussi vers Ternua, la marque de sports de montagne en matériaux durables innovants. Enfin, un grand classique : Patagonia, et ses vêtements de montagne et de surf recyclés ou bio, et en production raisonnée, dont 1 % du chiffre d'affaires est distribué aux associations environnementales.

Côté chaussures, en plus de celles de Patagonia, on adore les baskets écologiques de Veja, en coton bio issu de commerce équitable, caoutchouc naturel amazonien certifié et bouteilles recyclées. Dans un autre style, on enfile aussi les chaussons, mules et espadrilles recyclés d'Angarde, la marque zéro déchet qui recycle vos vieilles paires de chaussures.

Pour ne jamais être ébloui, on fait une confiance aveugle à Friendly Frenchy et ses lunettes de soleil en coquillages et en pépin de raison bio ! Huîtres, Saint-Jacques, moules, palourdes, et même homard bleu, issus des déchets de l'industrie de la pêche, viennent garnir ces montures recyclées, créatives, chics et uniques ! On adore aussi les montures de Sea2See, fabriquées en Italie à partir de plastique recyclé collecté par des pêcheurs en Méditerranée.

SE LAVER

Pour sa trousse de toilette, on raffole de la marque Comme Avant, qui propose des cosmétiques en tout genre, cumulant les labels, emballés en zéro déchet, et naturel et bio. Alors à nous les savons, démaquillants, crèmes solaires, baumes à lèvres et déodorant fabriqués en France et éthiques ! On est aussi sous le charme d'Andro Cosmétiques, la marque bretonne de cosmétiques bio et naturels sans emballage plastique. En plus d'une gamme classique composée entre autres de shampoings, gommages et masques, la marque propose une gamme anti-âge très complète pour prendre soin de sa peau même en voyage ! On peut aussi faire ses achats chez Huygens, une marque de cosmétiques bio et naturels fabriqués en France. Dans des emballages biodégradables, on trouvera toutes sortes de soins visage, gels douche, laits pour le corps, crèmes, parfums… En fait, la gamme est si complète qu'on pourrait facilement y garnir toute notre trousse de toilette !

Quand on sait à quel point l'industrie cosmétique produit du plastique en quantité, il est le bienvenu de fournir sa trousse de toilette en produits zéro déchet. Alors pour le démaquillage, on utilise des disques de coton lavables, comme ceux de Clarange, fabriqués en France, bio, et de très haute qualité. On adore aussi toute la gamme de Pachamaï : la marque française de cosmétiques zéro déchet : dentifrices, démaquillants et shampoings solides, mais aussi des accessoires, comme des brosses à dents en matériaux durables ou des cure-oreilles réutilisables.

Côté savon, les marques locales et artisanales ne manquent pas, mais on adore Marcus Île de Groix. Ses savons bio aux parfums divins ont l'air tout droit sortis d'une herboristerie ! Tout est fabriqué sur l'île de Groix, en Bretagne, souvent avec des herbes et essences locales.

Enfin, l'indispensable du voyageur, la crème solaire, doit faire l'objet d'un choix attentif ! On sait maintenant que les composés des écrans solaires traditionnels, comme l'oxybenzone, nuisent à la vie marine. On se tourne alors vers SeventyOne Percent, la marque de crèmes solaires naturelles, créée par des surfeurs, qui reverse 1 % de ses bénéfices à des associations de protection de l'environnement. Sinon, on se tourne vers EQ. Les surfeurs sont décidément bien inspirés pour protéger la nature ! Ceux-ci nous viennent de Biarritz, et nous proposent des écrans solaires minéraux, bio, intégralement naturels, et dans des emballages recyclables.

S'ÉQUIPER

Côté bagagerie, 727 Sailbags fera votre bonheur ! Ses sacs à dos, sacs à main, cabas ou gros sacs de voyage, sont tous cousus à partir de voiles de bateaux recyclées ! Vous trouverez aussi des sacs parfaits chez E2R et sa gamme très large de maroquinerie et bagagerie : bagages cabines, valises, portefeuilles, sacs de sport, trousses de toilette… L'originalité ? Ils sont fabriqués en textiles de sièges de voiture et de ceinture de sécurité recyclés !

Pour les sportifs, on peut aussi se fournir durablement ! Pour les skis, on s'équipe chez Rossignol. Le dernier industriel à fabriquer ses skis en France, est engagé en faveur de l'écologie, en soutenant diverses associations, utilisant des matériaux naturels recyclés, et bien plus encore. Les surfeurs, eux, trouveront leur bonheur chez Nomads Surfing, une entreprise française de planches et d'accessoires de surf en matières recyclées, recyclables et naturelles.

Dans son sac, on glisse aussi une gourde éco-conçue Gobi, fabriquée en France par des personnes en situation de handicap. On ajoute une batterie externe en plastique recyclé, pour charger son portable en toute situation, de la marque française XMoove. Pour dormir royalement pendant ses voyages en train, on s'équipe d'un masque de voyage en lin bio, garni de lavande, réputée pour ses vertus sur le sommeil, de la marque Mille Oreillers.

Les labels et ORGANISMES

S'IL Y A DE QUOI SE PERDRE DANS LA MYRIADE DE LABELS QUI EXISTENT, ILS SONT POURTANT FAITS POUR VOUS SIMPLIFIER LA VIE !

EN UN LOGO, ILS ATTESTENT QUE LE LIEU LABELLISÉ S'EST PLIÉ À UN CAHIER DES CHARGES STRICT ET COMPLET. ILS SONT AUSSI BIEN DÉLIVRÉS PAR LE GOUVERNEMENT QUE PAR DES ASSOCIATIONS, ET MÊME PARFOIS DES ENTREPRISES. ENSEMBLE, ILS COUVRENT UN LARGE ÉVENTAIL D'ENGAGEMENTS, QUI PEUVENT ÊTRE DE NATURE ÉCOLOGIQUE, PATRIMONIALE, SOCIALE, CULTURELLE… ON VOUS AIDE À Y VOIR PLUS CLAIR !

LES LABELS DES COMMUNES

Entre les certifications décernées par l'État, et celles attribuées par des associations ou le secteur privé, il y a de quoi perdre ses repères ! Les labels attribués aux communes peuvent se diviser en deux principales catégories : ceux qui attestent d'une certaine gestion du patrimoine, et ceux qui attestent de la durabilité de la destination.

Le label Villes d'art et d'histoire est décerné par le ministère de la Culture aux villes qui optent pour une politique de valorisation et de préservation de leur territoire. Elles sont environ 120 villes à avoir obtenu ce label, gage de leur volonté de protéger leur patrimoine bâti ou naturel.

Les Plus Beaux Villages de France, c'est avant tout le nom d'une association, qui a à cœur de valoriser le développement rural et de combattre la désertification des petites communes. Pour obtenir la certification, les 172 villages labellisés ont dû répondre à 31 critères scrupuleux, concernant leur patrimoine et sa valorisation.

Petites cités de caractère® est également le nom d'une association, qui valorise les petites villes de moins de 6 000 habitants, autrefois centres économiques, ou culturels, qui ont vu leurs activités se réduire. La commune doit alors répondre à des critères tels qu'avoir un site classé Monument Historique ou Site Patrimonial Remarquable, et un programme de restauration.

Les Plus Beaux Détours de France est une association, dont le label éponyme met en avant les petites communes écartées des grands axes routiers, et qui vaudraient pourtant bien la découverte !

Stations Vertes est un label associatif décerné aux stations de campagne, de mer ou de montagne, qui ont mis en place une politique en faveur d'un tourisme durable. On compte près de 500 stations vertes, dont un tiers localisé dans des parcs régionaux !

Le label Villes et Villages Fleuris regroupe 4 626 communes françaises qui ont végétalisé leur territoire. Chacune est notée entre 1 et 4 fleurs, selon le degré de fleurissement, et seules 277 ont obtenu la note maximale !

Le label Villes et Villages étoilés est attribué par l'ANPCEN aux communes et territoires agissant volontairement contre la pollution lumineuse, par une approche plus globale des éclairages extérieurs pour réduire leurs différents impacts, en modifiant d'abord la conception et les pratiques et en associant habitants et acteurs locaux.

Le label Ville vélotouristique, décerné par la Fédération Française de Cyclotourisme, célèbre les villes qui mettent en place des infrastructures pour les cyclistes : voies cyclables, lieux de stationnement, point d'informations, de location ou de réparation, et circuit cyclable entre les sites remarquables.

LES LABELS DES HÉBERGEMENTS

Qu'il s'agisse des hôtels, gîtes, campings ou autre, les hébergements eux aussi bénéficient de labels. Si vous voyez l'un d'entre eux, vous pouvez être sûrs que l'établissement suit un cahier des charges précis, alors ouvrez les yeux !

La Clé Verte est un label très complet qui assure que l'hébergement a mis en place une vaste politique durable, allant des achats responsables (alimentaire, entretien, mobilier…) à la gestion des déchets, en passant par la sensibilisation à l'environnement.

Accueil Vélo est une marque qui récompense notamment les hébergements adaptés pour les cyclistes, avec au moins un abri à vélo, un kit de réparation, une prise de recharge, un circuit cyclable à moins de 5 km, un sèche-linge et un transfert de bagage.

L'Écolabel européen est attribué aux entreprises, hôtels ou autres signataires d'un cahier des charges strict, comptant 67 critères, allant des énergies renouvelables à la gestion des énergies et des déchets.

Un établissement Refuge LPO est signataire d'une charte auprès de la Ligue pour la Protection des Oiseaux. Il s'engage alors à créer sur son terrain des conditions propices à l'installation de la faune et de la flore sauvages et à réduire son impact sur l'environnement. Zéro produits chimiques, installation de nichoirs ou zones d'herbes hautes sont des exemples d'actions pour faire de son espace extérieur une zone de protection de la biodiversité.

Green Globe est un label international qui œuvre pour le développement durable. Si un hôtel porte ce label, c'est qu'il a mis en place une série de critères sociaux, économiques, culturels et environnementaux.

Les Hôtels au Naturel sont des hôtels intégrés dans un espace naturel préservé, tout en ayant à cœur la préservation de l'environnement.

Le label Gîtes Panda est attribué par la WWF aux établissements respectant quatre piliers : la protection de la nature dans les espaces extérieurs, une conception architecturale respectueuse de l'environnement, une politique durable en gestion des énergies, de l'eau et des déchets, et la sensibilisation de la clientèle.

Les Écogîtes sont des hébergements chez l'habitant en milieu rural, qui répondent à des exigences strictes en matière de protection de l'environnement.

LES LABELS DES RESTAURANTS ET DE L'ALIMENTATION

Parce que l'agriculture et l'alimentation jouent un rôle majeur dans le virage écologique, soyez attentif à ces labels. Ils assurent que les restaurants et produits alimentaires qui les portent ont mis en place une politique environnementale stricte.

écotable® **Écotable** est une structure qui accompagne les restaurateurs vers leur transition écologique, puis leur attribue un label, entre 1 Écotable et 3 Écotables, selon leur degré d'implication. 1 Écotable indique par exemple 15 % au moins de produits biologiques, 2 Écotables indiquent 30 %, et 3 Écotables au moins 50 %.

Le label Green Food, affiché sur un restaurant, indique qu'il est signataire de la charte éponyme, et s'engage donc vers 10 critères, tels que l'utilisation de produits bio et/ou locaux, le tri des déchets, la revalorisation des déchets organiques ou encore proposer au moins un menu végétarien.

L'Agriculture Biologique, indiquée par un logo AB ou une feuille en étoiles sur fond vert, indique une agriculture qui a exclu les produits chimiques de synthèse et les OGM. Elle garantit des pratiques environnementales optimales, le respect de la biodiversité, la préservation des ressources naturelles et l'assurance d'un niveau élevé de bien-être animal. Depuis peu, les restaurants peuvent également être certifiés AB, et classés en trois catégories selon le pourcentage de produits bio : AB 50 %, AB 75 % ou AB 95 %.

Les Appellations d'Origine Protégées (AOP) désignent un produit intégralement créé dans une zone au savoir-faire reconnu, et ainsi protégé à échelle européenne. L'Appellation d'Origine Contrôlée (AOC), quant à elle, indique la même protection, mais à échelle française. Les deux protègent un savoir-faire traditionnel ! Les conditions de production de chaque produit AOP ou AOC sont consignées dans un cahier des charges contrôlé par les pouvoirs publics.

Les Indications Géographiques Protégés (IGP) garantissent elles aussi un lien à l'origine et une protection à l'échelle européenne. Pour des produits agricoles, agroalimentaires, une étape au moins parmi la production, la transformation ou l'élaboration du produit doit avoir lieu dans l'aire géographique délimitée. Pour les vins, toutes les opérations réalisées depuis la récolte du raisin jusqu'à la fin du processus d'élaboration du vin sont réalisées dans la zone géographique considérée. Les conditions de production des IGP sont consignées dans un cahier des charges contrôlé par les pouvoirs publics.

Pêche Durable est un label public français assez récent, puisque créé en 2017, et qui répond pourtant à une nécessité : proposer au consommateur des acteurs de la pêche qui n'impactent pas les écosystèmes, et assurent des conditions sociales satisfaisantes aux pêcheurs, et surtout une qualité des produits.

La Haute Valeur Environnementale est une certification de l'État, qui garantit que les pratiques agricoles d'une exploitation préservent son écosystème : sol, eau, biodiversité…

Ecocert est un label privé, mais reconnu par les autorités, qui œuvre notamment pour l'agriculture biologique. Il garantit des produits qui suivent des critères stricts en matière de bio ou de naturalité et des règles de production plus respectueuses de l'environnement et de la santé.

LES AUTRES LABELS

Espaces verts, ports, plages, sites naturels… Les labels couvrent une grande partie de l'offre touristique ! Et tant mieux : en un sigle seulement, ils garantissent au vacancier la grande qualité de l'acteur touristique, et lui facilitent la vie !

PEFC, ou le Programme de reconnaissance des certifications forestières, garantit la gestion durable d'une forêt. C'est le sigle qu'a choisi le Petit Futé pour sa collection Durable et Responsable !

Bienvenue à la Ferme est un réseau de fermes qui proposent une vente directe de produits, mais également un accueil : hébergement, restauration, ou activités...

Le Pavillon Bleu flotte au-dessus des plages et des ports du monde entier qui ont mis en place une gestion durable : propreté de l'eau, gestion des déchets, affichages d'informations de sensibilisation du public...

Le label Jardin Remarquable couronne les espaces verts d'un intérêt culturel ou botanique particulier. Il existe également un label arbre remarquable !

EcoJardin est un label pour les espaces verts publics ou privés gérés écologiquement, respectant toutes les composantes de l'environnement : le sol, l'eau, la faune et la flore tout en conciliant les usages. Le label concerne toutes les typologies d'espaces verts : parcs, squares, jardins mais également cimetières ou campings !

Grande Randonnée (GR®) : les GR sont de longs itinéraires pédestres balisés que l'on effectue en plusieurs jours, voire plusieurs semaines. Ils permettent de découvrir le territoire autrement sur des chemins remplis d'histoires ! On les remarque à leur marque de peinture blanche et rouge. La France en compte plus de 300 dont certains très connus comme le sentier des Douaniers ou la Grande traversée des Pyrénées !

LES ORGANISMES

Les Grands Sites de France sont quelques sites naturels d'exception en France qui ont reçu ce label par le ministère de l'Écologie, gage de leurs efforts de conservation et de la gestion raisonnée de leur haute fréquentation.

La marque Valeurs Parc naturel régional est attribuée aux acteurs présents dans l'enceinte des parcs naturels régionaux qui valorisent leur territoire par leurs produits ou leurs prestations, la rencontre et le partage de leur activité et qui contribuent à protéger la richesse de leur milieu naturel. En consommant leurs produits et services, on contribue à faire perdurer ces petites entreprises et à protéger le territoire.

Office Français de la Biodiversité (OFB) : cet établissement public a pour mission de surveiller, préserver et restaurer les espèces vivantes françaises.

Conservatoire du littoral : le but de cet établissement public sans équivalent dans d'autres pays, est la conservation et la restauration du littoral français. Pour cela, son arme principale est d'acquérir des sections côtières, pour s'assurer qu'elles ne soient pas en proie aux constructions.

Natura 2000 : ce réseau de l'Union européenne rassemble des sites naturels d'un grand intérêt, dans le but d'en préserver la biodiversité, tout en prenant en compte les besoins des populations locales.

Office national des forêts (ONF) : la mission de cet établissement public est de gérer les forêts publiques françaises, et notamment d'en assurer une exploitation durable, dans une logique de conservation de la biodiversité.

Parc naturel régional (PNR) : un territoire rural habité et à fort intérêt patrimonial, mais à prédominance naturelle fragile, qui a opté pour la protection de ce patrimoine naturel et culturel. À la différence d'un parc national, le PNR n'a pas le pouvoir d'interdire la chasse, la pêche ou la construction, mais encourage la protection, notamment à travers le label Valeurs Parc naturel régional. La France en compte près d'une soixantaine.

Parc national : une zone naturelle tout à fait exceptionnelle, par sa faune, sa flore, et ses paysages. Il se compose d'un cœur, où les activités humaines sont strictement réglementées, et d'une périphérie, non réglementée, mais où le parc doit encourager le développement social et économique. La France en compte un peu plus d'une dizaine.

Objectif voyage 0 CARBONE

LES SCIENTIFIQUES DU GIEC, DES EXPERTS INTERNATIONAUX QUI ÉTUDIENT LE CLIMAT DEPUIS PLUS DE 30 ANS, SONT UNANIMES : LE RÉCHAUFFEMENT CLIMATIQUE S'ACCÉLÈRE DE MANIÈRE ALARMANTE.

PIRE ENCORE : LE SEUIL D'1,5 °C DE RÉCHAUFFEMENT CLIMATIQUE, OBJECTIF VISÉ PAR L'ACCORD DE PARIS, POURRAIT ÊTRE ATTEINT D'ICI 2030. FACE À CETTE SITUATION, IL EST GRAND TEMPS DE SURVEILLER SON BILAN CARBONE ! DERRIÈRE CE NOM OBSCUR, SE CACHE UN CALCUL RECONNU PAR LES ACCORDS INTERNATIONAUX, QUI PERMET DE COMPTABILISER LES ÉMISSIONS DE GAZ À EFFET DE SERRE D'UNE ENTREPRISE OU D'UN INDIVIDU. CAR LE BILAN CARBONE NE COMPTABILISE EN RÉALITÉ PAS SEULEMENT LE DIOXYDE DE CARBONE, MAIS BIEN SIX GAZ DIFFÉRENTS, DONT L'IMPACT SUR LE RÉCHAUFFEMENT CLIMATIQUE A ÉTÉ RECONNU. LE CO_2 ÉTANT LE PLUS RÉPANDU, LES AUTRES GAZ, POUR DONNER UN RÉSULTAT UNIFORME, SONT CONVERTIS EN ÉQUIVALENT CARBONE, C'EST-À-DIRE QU'ILS SONT EXPRIMÉS EN TONNES DE CO_2.

POUR CALCULER SON BILAN CARBONE, IL SUFFIT DE SE RENDRE SUR LE SITE DE L'ADEME, L'AGENCE DE L'ENVIRONNEMENT ET DE LA MAÎTRISE DE L'ÉNERGIE.

LES TRAINS

Les données du gouvernement sont sans appel : les transports sont ce qui pèse le plus lourd dans la balance des gaz à effet de serre (GES). En 2019, ils représentaient un tiers des émissions françaises ! Pour l'immense majorité d'entre elles, elles sont issues du transport routier. N'allez pas imaginer que vous n'avez pas votre carte à jouer pour retourner la balance, car plus de la moitié de ces émissions routières incombent aux particuliers !

Et les trains dans tout ça ? Ils ne représentent même pas 2 % des émissions liées aux transports ! En fait, en vous installant confortablement dans le siège d'un train, vous émettez 30 fois moins d'émissions de GES que si vous aviez pris le volant tout seul. Et ce chiffre va encore évoluer vers le bien, puisque les compagnies ferroviaires travaillent de plus en plus à tendre vers le 0 carbone. Ainsi, la SNCF développe des trains à hydrogène, qui devraient remplacer les trains fonctionnant au diesel d'ici 2035, bien que les premiers tests ne soient pas très concluants. Le résultat espéré : des trains avec zéro émission de GES.

En plus de cela, le train tend vers une amélioration de ses services de plus en plus complète, notamment avec les billets dématérialisés, qui réduisent considérablement les déchets, ou avec la possibilité de connaître son bilan carbone à l'achat d'un billet auprès de la plupart des compagnies.

Le réseau de chemins de fer a un impact au sol beaucoup moins dévastateur que le réseau routier. Ici, pas de surfaces immenses de bitume qui imperméabilise les sols. Le train permet aussi de désengorger les villes, de réduire la pollution sonore, mais également la pollution lumineuse, véritable désastre insoupçonné pour la biodiversité. La cerise sur le gâteau : la plupart des compagnies ferroviaires vous permettent de voyager avec votre vélo !

Vous l'aurez compris, le train coche toutes les cases, et représente ainsi le moyen de transport le plus écologique. Et ça tombe bien, car avec 3 000 gares, la France est très bien fournie ! Au total, cela représente un réseau de 28 000 km de long. Rendez-vous compte : si les chemins de fer français étaient mis bout à bout, cela représenterait un aller-retour Paris-Sydney à vol d'oiseau ! Petites et grandes villes, villages, et même villes européennes…

Vous pouvez relier de nombreux endroits en train. Et ça n'est pas près de s'arrêter là, puisque le gouvernement a décidé de relancer les trains de nuit : ces trains qui vous permettent de relier de grandes distances, tout en dormant confortablement. S'endormir dans sa couchette à Paris, et se réveiller pour un petit-déjeuner sur la promenade des Anglais de Nice, tout en ayant une empreinte carbone irréprochable : le rêve de l'écovoyageur futé ?

LE VÉLO ET LA MARCHE

Si le train est le moyen de transport le plus écologique, il existe un mode de déplacement encore moins impactant : nos gambettes ! Si utiliser le vélo ou la marche vous semble une évidence pour les petites distances, sachez pourtant que c'est loin d'être le cas à échelle nationale. Car en France, un trajet en voiture sur 10 fait moins de 3 km ! Dans les agglomérations, cette part est encore plus grande, avec 4 trajets sur 10 !

Alors vous n'avez plus qu'à vous mettre en route, et le moins que l'on puisse dire, c'est que vous avez l'embarras du choix. La France compte plus de 180 000 km de sentiers pédestres balisés : l'équivalent de 4,5 fois le tour de la Terre par la ligne de l'Équateur ! Alors pourquoi ne pas se lancer dans une marche conséquente ? Pour cela, on jette un coup d'œil du côté des GR®, acronyme de « Grandes Randonnées ». En France, on compte plus de 300 de ces longs itinéraires balisés, de plusieurs jours à plusieurs semaines, dont le GR®20, l'un des plus difficiles, traversant la Corse, ou le très célèbre GR®34, longeant tout le littoral breton. Mieux vaut avoir les mollets accrochés, mais le jeu en vaut la chandelle !

Côté vélo, les cyclistes ne sont pas en reste, avec près de 20 000 km d'itinéraires aménagés. Et ça n'est pas près de s'arrêter là, puisque, bien conscients de l'intérêt écologique et physique de la pratique du sport, les politiques locales entendent bien multiplier les aménagements. On en compte deux types principaux : les véloroutes, de longs itinéraires partiellement partagés avec les voitures, et les voies vertes, qui sont exclusivement réservées à la circulation non motorisée. À vous de découvrir ces chemins de halage, anciennes voies ferrées, promenades littorales, et bien plus encore !

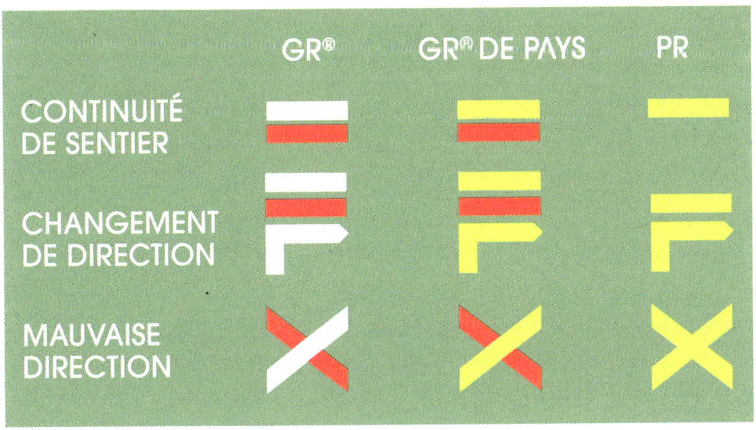

Certaines véloroutes vous permettent de réaliser de très grands itinéraires, comme la Vélodyssée, la plus longue d'Europe, qui relie le Portugal à la Norvège, en passant par le littoral Atlantique français.

BUS, COVOITURAGE ET VOITURES ÉLECTRIQUES

Autre option : les transports en commun, et notamment les bus et cars. Ils sont généralement gérés à échelle régionale, et chaque région dispose donc de son propre réseau. Lors d'un trajet en bus, un passager rejette environ deux fois moins de GES que s'il avait réalisé son trajet en voiture. Un chiffre qui tend à s'améliorer, car si la flotte de bus française fonctionne encore aux trois quarts au gazole, de plus en plus de villes optent pour des bus électriques. Marseille, Besançon, Paris, Nice, Nantes, Rouen… sont déjà en pleine conversion !

Il reste que certains endroits, qu'ils soient ruraux, en montagne, accidentés ou autres, sont inaccessibles en train, à vélo, ou en bus faute de gare, de voies cyclables ou de lignes. Pour ces endroits-ci, le transport routier est parfois la seule solution. D'accord, mais pas n'importe comment ! On oublie la voiture à essence avec un ou deux passagers, et on opte plutôt pour le covoiturage, un moyen de remplir sa voiture, de réduire ses frais, et de rencontrer de nouvelles personnes. Pour cela, on se dirige vers BlaBlaCar, le leader mondial du covoiturage, avec lequel vous avez le plus de chances de trouver un trajet qui vous convient. Si vous ne trouvez pas votre bonheur, dirigez-vous vers les réseaux sociaux, qui forment de plus en plus souvent des communautés locales. Les groupes de covoiturage, tout comme les groupes régionaux, sont légion, et vous devriez trouver votre bonheur !

Dernière option, si un véhicule vous est indispensable : opter pour une voiture électrique. Selon l'ADEME, une voiture électrique a un impact 2 à 3 fois inférieur à celui d'une voiture à moteur thermique. Pour cela, encore faut-il avoir une batterie de capacité pas trop élevée, à savoir inférieure à 60 kWh. Au-dessus, l'intérêt environnemental est discutable. Cependant, il faut également garder en tête que le recyclage des batteries au lithium pose également question. Alors la meilleure option reste encore de prendre le train ou de mettre ses mollets à contribution !

63 kgCO_2e / personne
Aller-retour Paris-Rouen

33 kgCO_2e / personne
Aller-retour Paris-Rouen

7 kgCO_2e / personne
Aller-retour Paris-Rouen

→ Le calcul de cette consommation CO_2 est fait à partir de Paris, mais l'idée est avant tout de montrer la différence entre les différents moyens de locomotion. Le différence entre chacun garde la même proportion depuis votre point de départ quel qu'il soit également.

Le covoiturage, une manière conviviale et responsable de réduire notre empreinte carbone.

© GROUND PICTURE - SHUTTERSTOCK.COM.

RESPONSABILISER

EN VOYAGE, NOUS AVONS TOUS NOTRE CARTE À JOUER. CAR CERTAINES PRATIQUES DU TOURISME PEUVENT PESER LOURD SUR LA BALANCE DE LA DURABILITÉ : ENTRE BILAN CARBONE, DÉCHETS SUR LES SITES NATURELS, ET DÉGRADATION DE SITES PATRIMONIAUX. EN ADOPTANT QUELQUES BONNES PRATIQUES, IL EST POURTANT SI SIMPLE DE PASSER DES VACANCES DANS LE RESPECT DE LA NATURE ET DES COMMUNAUTÉS LOCALES. PENSEZ D'ABORD À PRIVILÉGIER LES DESTINATIONS PROCHES DE CHEZ VOUS. NOS RÉGIONS REGORGENT DE TRÉSORS, ALORS POURQUOI GONFLER SON BILAN CARBONE ? S'INTÉRESSER AUX RÉGIONS LES MOINS FRÉQUENTÉES PERMET ÉGALEMENT D'AVOIR QUELQUES SURPRISES ET DE TOMBER SUR DE VÉRITABLES TRÉSORS. LOIN DE LA FOULE, VOUS PARTICIPEZ ÉGALEMENT À L'ESSOR ÉCONOMIQUE DE RÉGIONS RURALES ET À COMBATTRE LA SURFRÉQUENTATION DE CERTAINES DESTINATIONS. DANS LA MÊME LOGIQUE : PENSEZ À VOYAGER HORS SAISON ! LES BIENFAITS SONT MULTIPLES : ÉVITER LES FOULES, LES BOUCHONS, PAYER BIEN MOINS CHER, ÉQUILIBRER L'ÉCONOMIE DU TOURISME…

LA CHARTE DU RANDONNEUR

La FFRandonnée a mis au point la charte du randonneur. C'est simple : en suivant ces quelques consignes, vous vous assurez que votre marche n'ait pas d'impact sur la biodiversité des espaces naturels que vous traversez.

- **Respecter les espaces protégés :** qu'il s'agisse des parcs nationaux, des réserves, des espaces Natura 2000, ou bien d'autres, de nombreux espaces naturels sont protégés. Alors avant de découvrir leurs paysages préservés, assurez-vous de prendre connaissance de la réglementation qui les entoure.

- **Rester sur les sentiers :** sortir des espaces prévus pour la randonnée, c'est faire le choix de piétiner des espèces et de détériorer des espaces fragiles.

- **Nettoyer ses semelles :** vos semelles sont pleines de graines et de germes, que vous transportez d'un milieu à un autre sans même le réaliser, ouvrant la voie aux espèces exotiques envahissantes et aux maladies. Pensez à nettoyer vos semelles, particulièrement au retour d'un voyage à l'étranger.

- **Refermer les clôtures et les barrières après son passage :** nos balades nous font traverser des propriétés et des troupeaux ou cultures, alors pensons à rendre à ceux qui nous permettent de traverser leurs terrains, et à ne pas déranger les animaux.

- **Garder son chien en laisse :** même si l'espace est sauvage, même si le chien est dressé, les animaux sauvages, eux, y voient un prédateur, et votre chien pourrait leur porter atteinte.
- **Récupérer ses déchets :** puisque le meilleur déchet est celui que nous ne produisons pas, pensez à limiter les emballages dans vos sacs, et surtout récupérez tout déchet pour le jeter à votre retour.
- **Partager les espaces naturels :** ils appartiennent aussi bien aux randonneurs, qu'aux cavaliers, cyclistes, pique-niqueurs, animaux sauvages, plantes… Alors on se doit de rester attentif aux autres.
- **Laisser pousser les fleurs :** chaque fleur est la possibilité pour une plante de se reproduire, d'autant que certaines espèces végétales sont rares, menacées ou urticantes. Les fleurs sont bien plus belles dans leur espace naturel que dans un vase.
- **Être discret :** pour ne pas perturber les animaux sauvages, il est nécessaire de veiller à ne pas faire trop de bruit, et surtout, ne pas toucher un animal, qui pourrait par la suite être rejeté par sa mère.
- **Ne pas faire de feu :** un nombre important de feux de forêt est dû à un petit feu innocent dont on a perdu le contrôle, alors on oublie le feu, et on appelle le numéro des pompiers (18) au cas où l'on en apercevrait un.
- **Préserver les sites :** grâce au programme Suricate, lancé par le ministère des Sports, vous pouvez signaler tout problème rencontré lors de votre randonnée sur une application ou sur le site sentinelles.sportdenature.fr. L'incident sera ensuite traité par les fédérations sportives de nature et les conseils régionaux.
- **Privilégier le covoiturage et les transports en commun :** cela permet de réduire les émissions de gaz à effets de serre, d'autres polluants, et de limiter le trafic routier.

LES DÉCHETS

Canettes, emballages de sandwichs, mégots de cigarettes, couches pour bébés… Tous les jours, nous sommes confrontés à des déchets qui envahissent l'espace public et la nature. Loin d'être anodins, ils représentent une problématique majeure pour l'écologie, en détériorant les sols, envahissant les habitats des espèces sauvages, et en finissant dans l'océan. Alors lutter contre les déchets devient urgent. Pour cela, il est essentiel de recycler, bien sûr, mais nous pouvons également être acteurs de la propreté des espaces sauvages. Ainsi, lorsque nous croisons un déchet dans la nature ou l'espace public, l'espace d'un instant, il nous est offert l'opportunité de le ramasser. Pendant quelques secondes, nous sommes donc à notre tour responsable de ce déchet, et ce, même sans en être l'auteur.

Lors de vos balades, pensez à vous équiper de gants (réutilisables !) et d'un sac en papier, pour ramasser les déchets que vous rencontrerez. Mieux encore : participez aux marches de nettoyage, ou clean-up, organisées par de nombreuses associations sur tout le territoire.

Pour réaliser l'ampleur du problème, voici alors les durées de décomposition de certains déchets :

- **Papier toilette :** 2 à 4 semaines
- **Papier journal :** 3 à 12 mois
- **Brique de lait :** 5 mois
- **Mégot :** 1 à 5 ans
- **Chewing-gum :** 5 ans
- **Polystyrène :** 50 ans
- **Briquet en plastique :** 100 ans
- **Canette :** 100 ans
- **Masque chirurgical :** 400 à 450 ans
- **Sac plastique :** 450 ans
- **Bouteille plastique :** 100 à 1 000 ans
- **Verre :** 4 000 à 5 000 ans

Utiliser une gourde, un geste simple pour préserver notre planète.

CONSOMMER LOCAL

Consommer local est un véritable mode de vie. Cette simple décision a un impact écologique, social et économique. Consommer local, c'est d'abord soutenir les artisans, fermiers, apiculteurs, artistes et autres acteurs de notre environnement. On stimule ainsi toute une économie, et l'activité de notre région. Mais quand on sait que l'alimentation représente un quart des émissions françaises, on comprend aussi que l'enjeu écologique est vital ! Car l'un des avantages premiers de consommer local, c'est le fait de pouvoir consommer de saison. Ainsi, une tomate consommée hors saison consomme 4 fois plus de CO_2 que si elle est consommée entre juin et septembre. Dans la même logique, un kilo de fraise produit 40 % de gaz à effet de serre en plus que si nous les mangions entre mai et juillet ! Et que vous choisissiez la tomate, la fraise ou n'importe quel fruit ou légume de saison, il aura, surtout, bien plus de nutriments et de goût !

Gardez aussi en tête que la saisonnalité ne vaut pas que pour les légumes, mais également pour les poissons et fruits de mer. Ainsi, consommer ces poissons à la bonne saison permet de leur laisser le temps de se reproduire, et donc de ne pas impacter le renouvellement des stocks halieutiques, c'est-à-dire des réserves de pêche, tout en s'assurant d'avoir les meilleures qualités gustatives. Bien sûr, consommer local ne concerne pas que notre alimentation, mais bien tous les biens de notre quotidien : vêtements, cosmétiques, linge de maison, décoration… Cela permet ainsi de réduire grandement les émissions de gaz à effet de serre dues au transport.

Consommer local, c'est choisir de soutenir les producteurs de notre région.

© ZJ PHOTOGRAPHYY - SHUTTERSTOCK.COM

PETIT LEXIQUE DE L'ÉCOVOYAGEUR

- **Écotourisme :** façon de voyager en accord avec les principes du développement durable, et donc qui contribue à la préservation de l'environnement, et de l'équilibre des populations locales.
- **Slow tourisme :** véritable retour à l'authentique, il s'agit ici de choisir de voyager en prenant son temps, tout en privilégiant les mobilités douces, dans une volonté de découvrir profondément sa destination plutôt que de la survoler rapidement.
- **Empreinte carbone :** c'est la quantité de gaz à effet de serre émise par la consommation d'énergie et de matières premières d'une personne, d'un organisme ou d'un procédé. On la mesure en volume de CO_2 émis. Pour son calcul, on prend en compte trois gaz à effet de serre : le dioxyde de carbone (CO_2), le méthane (CH_4) et le protoxyde d'azote (N_2O).
- **Compensation carbone :** il s'agit du fait de contrebalancer ses émissions de carbone, en finançant dans le même temps des solutions de décarbonisation, telles que l'achat de parcelles de forêts, pour absorber le CO_2. Ces projets sont toutefois très décriés, et interprétés par certains comme des achats de permis de polluer.
- **Agrotourisme :** plus que du tourisme en zone rurale, l'agrotourisme,

aussi appelé agritourisme, invite à la découverte des paysages, des traditions et des produits locaux d'un territoire.

- **Slow food** : né en Italie, ce mouvement prône un retour à une alimentation agro-rurale, non transformée, dans le respect des producteurs, de la nature, et surtout pour une qualité des produits optimale. C'est une réponse directe à l'émergence des fast-foods.

- **Locavore** : consommation de produits locaux et de saison, pour contribuer au développement durable.

- **Bio** : au-delà des différentes appellations et labels, un produit bio, c'est tout simplement un produit exempt de produits chimiques de synthèse, tels que les pesticides, herbicides et fongicides.

- **Circuit court** : distribution d'un produit dans laquelle interviennent le moins d'intermédiaires possibles entre le producteur et l'acheteur, au maximum un intermédiaire, mais idéalement zéro !

- **Vin biodynamique** : vin produit selon les principes de l'agriculture biodynamique, mis au point par Rudolf Steiner au début du XXe siècle. L'un des principes majeurs est de suivre le calendrier lunaire. Ces méthodes ne reposent toutefois sur aucun dogme scientifique, et sont considérées comme des pseudo-sciences.

- **Vin naturel** : issu de raisin bio cueilli à la main, le vin naturel exclut tout intrant lors de la vinification. Il s'agit d'un vin qui se détache des méthodes de production industrielle.

- **Développement durable** : c'est une conception du développement qui répond aux besoins du présent sans compromettre la capacité des générations futures à répondre aux leurs, tout en cherchant à avoir un impact bénéfique sur le long terme. Ce type de développement intègre des contraintes environnementales et sociales à l'économie.

- **Biodiversité** : elle désigne la diversité de tous les êtres vivants présents dans un milieu (la biodiversité marine est composée de planctons, d'algues, de poissons, de crabes…)

- **Biotope** : c'est un milieu de vie défini par des caractéristiques physiques et chimiques qui restent uniformes. Ce milieu est influencé par la température, le taux d'humidité et l'éclairement de sa zone. Ces zones sont variées et souvent de taille réduite. Elles hébergent un ensemble de vies formant la biocénose, c'est-à-dire l'ensemble des êtres vivants qui coexistent dans cet espace.

- **Écosystème** : c'est l'alliance des biotopes et de la biocénose. Par exemple, l'écosystème d'un milieu aquatique est induit par la température, son taux de lumière et la salinité de l'eau, ce qui va amener telles ou telles espèces à y vivre.

- **Suivi des espèces** : ces actions, coordonnées par l'Office Français de la Biodiversité, ont pour but de surveiller les effectifs de différentes espèces. Vous pouvez y participer en vous rapprochant de certaines associations locales ou nationales, comme la LPO (Ligue de Protection des Oiseaux).

- **Espèces exotiques envahissantes (EEE)** : après avoir été introduites par l'Homme hors de leur aire naturelle de répartition, ces espèces s'adaptent un peu trop à leur nouveau territoire, au point de devenir une menace pour la biodiversité locale. C'est même l'une des causes majeures de la perte de biodiversité. En France, c'est par exemple le cas du ragondin, du frelon asiatique ou du mimosa. Pensez-y avant de ramener des boutures de vos vacances !

- **Espèces menacées** : l'Union internationale pour la conservation de la nature (UICN) est l'ONG internationale qui fait foi pour attribuer des statuts de conservation, attestant de l'état de la population d'une espèce. Si ce statut est « vulnérable », « en danger », ou « en danger critique », alors l'espèce est considérée comme menacée.

- **Clean up** : aussi appelé nettoyage, il s'agit d'actions de ramassage de déchets, organisées par des associations ou par des citoyens. Chaque année, le troisième samedi de septembre, a lieu le World Clean Up day. Participez-y !

En parler et DIFFUSER

UN ÉCOVOYAGEUR FUTÉ, EST UN ÉCOVOYAGEUR AVERTI !

ÇA TOMBE BIEN : DE PLUS EN PLUS D'INITIATIVES FLEURISSENT, POUR VOUS ACCOMPAGNER DANS VOTRE TRANSITION ÉCOLOGIQUE, VOUS PERMETTRE DE PARTICIPER À DES ACTIONS, OU TOUT SIMPLEMENT VOUS ENRICHIR DE CONNAISSANCES. POUR CELA, ON S'ABONNE À DES WEBZINES EN LIGNE, QUI RÉALISENT SOUVENT UN TRAVAIL ADMIRABLE DE SÉRIEUX, ET PARFOIS MÊME AVEC UN ACCÈS TOTALEMENT GRATUIT, ON TÉLÉCHARGE LES APPLICATIONS, QUI NOUS OFFRENT DE VÉRITABLES COUPS DE POUCE POUR ÊTRE PLUS ÉCOLOGIQUES DANS NOTRE QUOTIDIEN, ET ON ÉCOUTE LES PODCASTS, POUR ENTENDRE DES CONSTATS DE SCIENTIFIQUES OU DES RÉCITS INSPIRÉS D'ACTEURS ENVIRONNEMENTALISTES. ET SI L'ON VEUT PASSER À LA VITESSE SUPÉRIEURE, ON DEVIENT ADHÉRANT D'UNE ASSOCIATION !

LOCALES, NATIONALES, OU INTERNATIONALES, ELLES SONT NOMBREUSES À MENER DES ACTIONS, QU'IL S'AGISSE DE SENSIBILISATION, DE PRESSIONS SUR LES POLITIQUES, OU DE SUIVIS NATURALISTES POUR LES ESPÈCES VIVANTES.

LES MÉDIAS

Pour vous assurer de rester à la page, il existe des médias qui ont décidé de faire de l'environnement leur priorité. C'est notamment le cas de **Reporterre**, une référence en la matière. Ce média entièrement en ligne traite, toujours avec un grand sérieux, de sujets très divers, tels que le réchauffement climatique, le nucléaire, les innovations… Petit plus : le site internet est intégralement en accès libre, sans publicité, et dépend des dons des lecteurs. Pour rester au courant des derniers articles, il vous suffit donc de vous abonner à la newsletter !

On lit aussi les lignes de l'**ID l'Info Durable**, un jeune média d'infos sur le développement durable, lancé sur le web en 2017. Son slogan : « Tous Acteurs » ! Alors pour montrer que tout le monde peut mettre le pied à l'étrier, les articles présentent toutes sortes de propositions sur comment agir au quotidien : dans son alimentation, son travail… et ses voyages !

Un autre média en ligne tout aussi riche : **Natura Sciences**. La ligne éditoriale de ce média se base sur un fait : l'urgence d'agir face au réchauffement climatique. Ainsi, il analyse l'actualité politique et scientifique, en mettant l'accent sur les leviers du changement, avec un certain militantisme.

Pour ceux qui préfèrent quand même le contact du papier, même si le magazine existe aussi en version numérique, on se tourne du côté de **Simple Things**, le magazine de la slow life. Le bimensuel prône un retour aux choses simples et authentiques comme véritable art de vivre. Au programme : artisanat, recettes, tourisme de proximité, bien-être, arts créatifs…

Côté papier, on aime aussi lire **Terra Darwin**. Ce bimensuel associatif totalement indépendant traite des sujets allant de la biodiversité, au climat, en passant par l'écotourisme, l'actualité scientifique et le mieux-vivre.

LES APPLICATIONS ET PODCASTS

Vous recherchez des enquêtes pointues sur les grandes thématiques de l'écologie, sans vous restreindre à un domaine en particulier ? Tournez-vous vers **De Cause à Effet** ! Réalisé avec le sérieux que l'on connaît à France Culture, ce podcast traite dans des épisodes d'une heure, de sujets aussi diversifiés que l'industrie de la mode, les pesticides, la surconsommation ou l'alimentation, tout en n'omettant jamais, pour chaque problématique, d'évoquer des solutions. Un podcast aussi enrichissant qu'inspirant !

Bien plus thématisé, on adore **Les Déferlantes**, le podcast entièrement centré sur la pollution plastique. À l'origine, des experts en la matière : The Sea Cleaners, une ONG qui a fait de la dépollution des océans son combat. Constats, problématiques, solutions, histoire… Au fil des épisodes, de nombreux experts défilent pour évoquer l'enfer du plastique, et son impact sur nos écosystèmes et notre santé.

Pour ceux qui adorent écouter des experts scientifiques, on se dirige vers **Pour que Nature Vive**, le podcast du Muséum national d'histoire naturelle. Loin d'être moralisateur ou pessimiste, le podcast se concentre sur la nature dans tous ses états. Chaque épisode, un scientifique prend la parole sur son thème de prédilection : l'ADN, les perturbateurs endocriniens, les grands singes, l'évolution… Et si vous avez trois quarts d'heure devant vous et vous vous intéressez au réchauffement climatique ? Prenez le temps d'écouter Chaleur Humaine, le podcast du Monde entièrement dédié au climat.

Côté applications mobiles, on télécharge absolument **Sentinelles de la Nature**, qui permet de signaler tout comportement abusif, qui sera alors traité par les autorités compétentes : décharges sauvages, destruction de sites naturels, pollution d'un cours d'eau…

Quand il s'agit de l'alimentation, on télécharge sans hésiter **Too Good to Go**, l'appli qui se bat contre le gaspillage alimentaire, tout en faisant du bien à votre porte-monnaie, et à votre estomac ! Le principe est simple : vous repérez sur l'application les paniers d'invendus proposés par les commerçants autour de vous, allez les récupérer pour un prix largement réduit, et vous mangez bien, tout en évitant des déchets inutiles !

Et au moment de faire son shopping, on pense à utiliser **Clear Fashion**, l'appli qui scanne les étiquettes des vêtements ! Nous le savons : l'industrie de la mode est particulièrement polluante. Alors, soyez un consommateur éclairé, et futé, en analysant en un clin d'œil les compositions, labels et pratiques des vêtements !

Enfin, pour vous accompagner lors de vos balades, pensez à télécharger **BirdNET**. Cette application, développée par l'Université de Cornell (États-Unis) et l'Université Technologique de Chemnitz (Allemagne), analyse en direct les chants des oiseaux, pour vous permettre de les identifier ! C'est presque magique : vous entendez un gazouillement, vous dégainez l'application, et l'espèce apparaît sur votre écran ! Pensez toutefois à confirmer ce diagnostic par votre observation, et munissez-vous de jumelles.

LES ASSOCIATIONS

Face à l'urgence climatique, à l'érosion des espèces, et à la pollution, nous avons tous notre carte à jouer. Sur tout le territoire, des centaines d'associations régionales, nationales ou internationales, n'attendent que vous. Bien sûr, dans le domaine, il y a des mastodontes comme la **WWF** ou **Greenpeace**, ou même notre très nationale **Fondation Nicolas Hulot**, auprès desquelles vous pouvez vous engager. Mais il existe également un tas d'autres associations à taille humaine dont vous n'avez pas forcément entendu parler.

Renseignez-vous d'abord au sujet des associations locales, qui agissent et organisent des actions au sein même de votre territoire. Pour n'en citer que quelques-unes, cela peut être **VivArmor Nature** pour les Côtes-d'Armor, la **Société Alpine de Protection de la Nature** pour les Hautes-Alpes, **Nature en Occitanie** pour la région du même nom… Toutes ces associations ont un vrai impact sur les décisions politiques locales. En devenant adhérent, vous pourrez participer à leurs sorties naturalistes, suivi des espèces, ateliers, conférences, débats, actions politiques, et bien plus encore.

Il existe également de nombreuses associations qui agissent à échelle nationale. Notons par exemple **Générations Futures**, qui se bat pour une agriculture durable à coup d'enquêtes coup de poing, Zéro Waste France, qui mène de nombreuses actions pour la réduction des déchets, **The Sea Cleaners**, qui lutte contre la pollution plastique marine… Si vous êtes un peu perdu entre toutes ces propositions, pensez également à jeter un œil à **France Nature Environnement**, qui fédère les différentes associations de protection de la nature présentes sur le territoire !